Andreas Gadatsch

IT-Controlling realisieren

Andreas Gadatsch

IT-Controlling realisieren

Praxiswissen für IT-Controller, CIOs und IT-Verantwortliche

Mit 110 Abbildungen

Bibliografische Information Der Deutschen Bibliothek
Die Deutsche Bibliothek verzeichnet diese Publikation in der Deutschen Nationalbibliografie;
detaillierte bibliografische Daten sind im Internet über <http://dnb.ddb.de> abrufbar.

1. Auflage November 2005

Alle Rechte vorbehalten
© Friedr. Vieweg & Sohn Verlag / GWV Fachverlage GmbH, Wiesbaden 2005

Lektorat: Dr. Reinald Klockenbusch / Andrea Broßler

Der Vieweg Verlag ist ein Unternehmen von Springer Science+Business Media.
www.vieweg-it.de

Konzeption und Layout des Umschlags: Ulrike Weigel, www.CorporateDesignGroup.de
Umschlagbild: Nina Faber de.sign, Wiesbaden

ISBN-13: 978-3-528-05926-2   e-ISBN-13: 978-3-322-80264-4
DOI: 10.1007/978-3-322-80264-4

Vorwort

IT-Controlling ist eine etablierte Disziplin der Wirtschaftsinformatik. In der Praxis stellt man jedoch häufig Defizite in der Umsetzung und Anwendung von Methoden und Konzepten fest. Möglicherweise liegt es daran, dass der Forschungstransfer nicht ausreichend gelingt.

Dieses Buch ist in erster Linie für Praktiker gedacht. Es möchte zeitsparend zeigen, wie ein modernes IT-Controlling-Konzept funktioniert und wie es im Unternehmen eingeführt und genutzt werden kann. Auf theoretische Herleitungen wird daher weitgehend verzichtet. Der Autor hat versucht, möglichst viele Praxisbeispiele in das Werk zu integrieren. Zitate und Quellenangaben werden nur dort eingesetzt, wo eine inhaltliche Vertiefung anhand der Originalquellen sinnvoll erscheint.

An Anregungen zur Weiterentwicklung des Buches sind Autor und Verlag stets interessiert. Wenn Sie einen Vorschlag zur Verbesserung des Werkes machen oder ein Praxisbeispiel beisteuern möchten, senden Sie bitte eine E-Mail an andreas.gadatsch@fh-brs.de. Der Autor wird sich umgehend bei Ihnen melden.

Einen Onlineservice zum Buch finden Sie im Internet unter: www.wis.fh-brs.de/gadatsch.

Niederkassel, im November 2005

Andreas Gadatsch

Inhaltsverzeichnis

Abbildungsverzeichnis

Grundlegende Begriffe

A.1   IT-Controlling: Defintion und Zielsetzung

Kosten-orientierung

Durch den gestiegenen Kostendruck wird IT-Controlling oft mit Kostenreduktion in der IT verwechselt. Ursache dafür ist die stärkere Durchdringung der Geschäftsprozesse mit Informations- und Kommunikationstechnologien und der hierdurch zwangsläufig angestiegene IT-Kostenanteil. Mangelnde Transparenz dieses Kostenblocks führt bei der Unternehmensleitung oft zu dem Eindruck, dass die IT-Kosten reduziert werden müssen.

Stellvertretend für diese kostenorientierte Einstellung kann das Aufgabenfeld der Abteilung „DV-Controlling" eines deutschen Versicherungsunternehmens dienen:

- Ermittlung des EDV-Budgets im Rahmen der Jahresplanung,

- Mitzeichnung der Genehmigung von DV-Projekten in monetärer Hinsicht,

- Monatlicher Soll/Ist-Vergleich und Prognose der DV-Kosten,

- Verursachungsgerechte Zuordnung der DV-Kosten (Kostenrechnung und Leistungsverrechnung),

- Plan-Ist-Vergleiche der IT-Projektbudgets,

- Kontrolle der Projektplanung und des Projektfortschrittes in DV-Projekten sowie Aufzeigen von Überlastsituationen.

Der IT-Controller wird in diesem „DV-Controlling-Konzept" zum Kostenkontrolleur und Kostensenker degradiert. Die Demotivation und fehlende Akzeptanz des IT-Controllers im Unternehmen sind die unausweichliche Folge.

Leistungs-orientierung

Eine leistungsorientierte Sichtweise erkennt, dass der IT-Einsatz mit Leistungssteigerung und Effizienzverbesserung vernetzt ist. Zunehmend wird erkannt, dass die IT nicht eine „Handwerkerabteilung", sondern ein Kernelement zur Sicherstellung der Wettbewerbsfähigkeit des Unternehmens darstellt. Der IT-Controller unterstützt den IT-Einsatz im Unternehmen im Rahmen eines IT-Controlling-Konzeptes (vgl. Gadatsch/Mayer, 2005).

Stellvertretend für diese leistungs- und serviceorientierte Sichtweise kann die Definition für IT-Controlling eines deutschen Dienstleistungsunternehmens gelten: „IT-Controlling ist ein System der Unternehmensführung, das die Planung, Überwachung und Steuerung aller IT-Aktivitäten unterstützt und insbesondere die notwendige Transparenz herbeiführt".

IT-Controlling-Konzept

Der IT-Controller plant, koordiniert und steuert die Informationstechnologie und ihre Aufgaben für die Optimierung der Geschäftsorganisation (Geschäftsprozesse und Aufbauorganisation).

Typische Fragen

Einen praxisnahen Katalog typischer Fragestellungen, auf die das IT-Controlling geeignete Antworten für das Management liefert, haben Müller et. al. (2005, S. 101-102) zusammengestellt:

- Welche Chancen eröffnen innovative IT-Systeme zur Steigerung der Wettbewerbsposition?

- Wie können die Risiken der zunehmenden Abhängigkeit von der IT beherrscht werden?

- Wie können die vielfältigen IT-Anwendungen priorisiert werden?

- Wie können die IT-Projekte in einem ganzheitlichen Programm-Management optimal aufeinander abgestimmt werden?

- Wie kann der Beitrag der IT zur Optimierung der Geschäftsprozesse beurteilt werden?

- Wie kann ex ante die Wirtschaftlichkeit der IT-Anwendungen beurteilt werden?

- Wie kann die Effizienz der Infrastruktur und der Leistungserbringung der IT beurteilt werden?

- Wie kann die Qualität der Zusammenarbeit mit internen und externen Partnern gemessen werden?

- Wie kann der Leistungsaustausch zwischen IT- und Fachabteilung effizient bewertet und gesteuert werden?

- Wie kann die Gesamtleistung der IT in einem ganzheitlichen System gemessen werden?

Schnelltest IT-Controlling

Nicht alle Unternehmen können den Nutzen eines IT-Controlling-Konzeptes nachvollziehen. Höhnel et al. (2005) haben einen praxisnahen „Schnelltest" zur Reifegradermittlung des Unternehmens in Bezug auf die Realisierung eines IT-Controlling-Konzeptes entwickelt, der relativ schnell die Schwachstellen eines Unternehmens offenlegt. Sie gliedern die IT eines Unternehmens nach Prozess-Schritten (IT-Planung, IT-Entwicklung und IT-Betrieb) sowie nach IT-Ressourcen und IT-Leistungen. Hieraus resultiert eine Matrix, die mit typischen standardisierten Fragestellungen aus der täglichen Praxis ergänzt werden kann. Durch Addition der Aussagen (trifft nicht zu = 0, trifft zu = 1 usw.) ergeben sich Zellen-, Spalten- und Zeilensummen, die zu Punktwerten verdichtet werden können. Je nach Beantwortung der Fragen ergeben sich hieraus interessante Schlussfolgerungen für das weitere Vorgehen zum Aufbau bzw. zur Wieterentwicklung des IT-Controlling-Konzeptes. Die Struktur des Schnelltests und einige ausgewählte Standardfragen sind in der Abbildung 1 aufgeführt. Der ausführliche Fragebogen ist in Höhnel et al. (2005, S. 158-158) dokumentiert.

		IT-Prozesse		
		IT-Planung	IT-Entwicklung	IT-Betrieb
IT-Res-sourcen und IT-Leis-tungen	IT-Infra-struktur	Die Unterneh-mensplanung ist bekannt? …	Die Kosten der Infrastruktur sind bekannt? …	Die SLAs wer-den regelmäßig berichtet. …
	IT-Anwen-dungen	Ist die Alters-struktur der An-wendungen be-kannt? …	Werden Anwen-dungen vor dem Einsatz systema-tisch getestet? …	Werden berich-tete Fehler einer Anwendung systematisch überwacht? …
	IT-Mitar-beiter	Gibt es Stellen-beschreibungen für jeden IT-Mitarbeiter? …	Sind die Mitarbei-ter entsprechend ihrer Aufgabenstel-lung angemessen ausgebildet? …	Kennen die IT-Mitarbeiter ihre Kunden? …

Abbildung 1: Schnelltest IT-Controlling (vgl. Höhnel et al. 2005, S. 157-158, modifiziert)

A.2   Gestaltungsoptionen und Werkzeuge

Betrachtet man Geschäftsprozesse in der IT, d. h. die Prozess-Schritte Strategische Planung, Entwicklung und Betrieb von Software, dann lassen sich die in Abbildung 2 aufgeführten Aufgaben des Informationsmanagements als Wirkungsnetz darstellen.

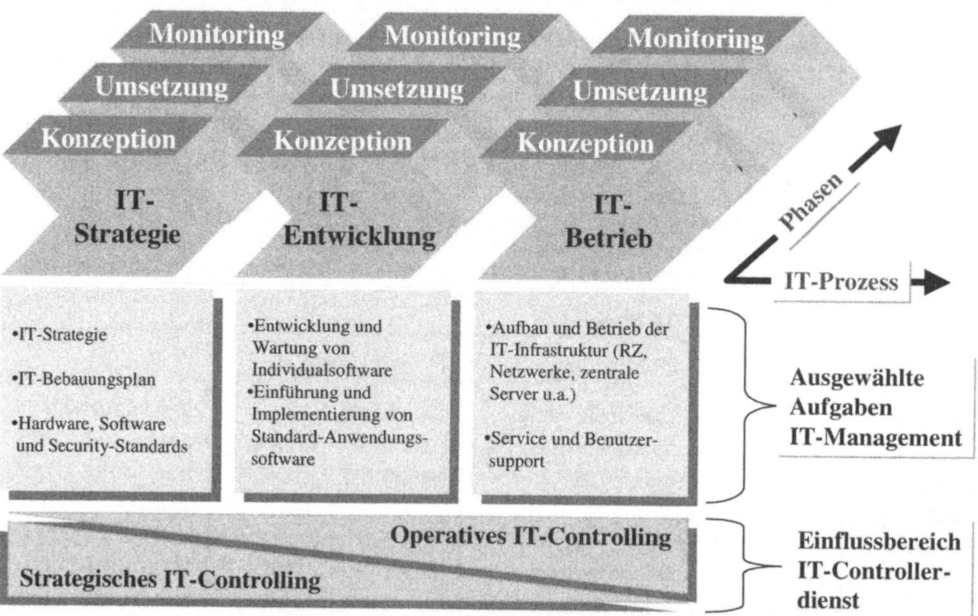

Abbildung 2: Geschäftsprozesse in der IT (IT-Prozessmodell)

Im Rahmen des Prozess-Schrittes IT-Strategie wird zunächst eine umfassende IT-Strategie konzipiert, welche die Umsetzung und Überwachung von IT-orientierten Maßnahmen zur Erreichung der strategischen Unternehmensziele übernimmt. Die wesentlichen Inhalte der IT-Strategie umfassen:

- Formulierung eines zukünftigen ***Sollzustandes*** (Wohin wollen wir?),

- Aufzeigen des ***Handlungsbedarfs*** (Was müssen wir tun? Wo sind die Schwachstellen?),

- Ermittlung von ***Handlungsoptionen*** (Was haben wir für Alternativen?),

- Setzen von Zielen und Definieren von **Maßnahmen** (Was soll konkret gemacht werden? Bis wann sollen die Ziele erreicht werden?),

- Festlegung der **Verantwortung** (Wer führt die Maßnahmen durch?),

- Bestimmung von **Messgrößen** für das Ziel-Monitoring (Wann haben wir die Ziele erreicht?).

Als ein Kernelement der IT-Strategie gilt die Entwicklung eines **IT-Bebauungsplanes**. Er ist auch unter einer Reihe anderer Begriffe bekannt: Unternehmensbebauungsplan, Bebauungsplan, IS-Plan bzw. Informationssystemplan, IT-Masterplan oder Rahmenarchitekturplan. Der IT-Bebauungsplan beantwortet folgende Fragen:

- Welche Informationssysteme haben wir derzeit im Einsatz?

- Wer hat die Verantwortung für diese Informationssysteme?

- Wann wurde ein Informationssystem eingeführt und welchen aktuellen Releasestand benutzen wir?

- Wann wird das nächste Release produktiv und wann wird es abgelöst?

- Über welche Verbindungsstellen (Schnittstellen) werden die verschiedenen Informationssysteme im Unternehmen verknüpft?

- Welche Informationen werden an den Verbindungsstellen ausgetauscht?

- Welches Informationssystem ist das „führende" System, z. B. für Kundendaten oder Produktdaten?

- Durch welche Abteilung mit welchem Informationssystem werden unternehmensweite Daten (z. B. Kundendaten) erfasst und geändert?

- Wohin werden die Änderungen weitergeleitet?

- Wo (welche Organisationseinheiten) und wofür (welche Geschäftsprozesse) setzen wir im Konzern bzw. im Unternehmen Standardsoftware des Herstellers XYZ ein?

- Wo und wofür lässt sich Standardsoftware weiterhin einsetzen?

Auf die Verwendungsmöglichkeiten von IT-Bebauungsplänen insbesondere bei Unternehmensakquisitionen weist Herold (2003) hin. Bei Unternehmenszusammenschlüssen wird regelmäßig durch Zusammenlegung der Informationssysteme auch nach Synergiepotenzialen gesucht. Der Abgleich der Bebauungspläne, soweit vorhanden, erleichtert diese Aufgabe erheblich.

Daneben sind eine Reihe von **Hardwarestandards** (z. B. Standard-PCs), **Softwarestandards** (z. B. Bürosoftware für Textverarbeitung und Mail) und **Sicherheitsstandards** (z. B. Verschlüsselungs- und Virenschutzprogramme) festzulegen und zu verabschieden.

Der Prozess-Schritt ***IT-Entwicklung*** unterstützt die Entwicklung und Wartung von Individualsoftware sowie die Einführung und Implementierung von Standard-Anwendungssoftware, wie etwa SAP® R/3®. Nach der Einführung der Individual- oder Standardsoftware folgt der Prozess-Schritt ***IT-Betrieb***. Hier stehen zum einen die Planung und der Aufbau der IT-Infrastruktur, also dem Rechenzentrum, Unternehmensnetz, zentralen Servern für die Datenhaltung u.a. an. Weiterhin ist die im Einsatz befindliche Software zu betreiben und für einen regelmäßigen Service und Benutzersupport (Hotline etc.) zu sorgen.

Alle genannten Aufgaben durchlaufen die Phasen Konzeption, Umsetzung und Monitoring. In allen Phasen ist das IT-Controlling, oder besser formuliert der „IT-Controllerdienst" im Sinne eines Dienstleisters gefordert. Der Übergang zwischen dem strategischen und operativen Controlling-Konzept ist vernetzt und fließend.

Das strategische IT-Controlling (vgl. Abbildung 3) orientiert sich ohne Zeithorizont am Gesamtunternehmen. Es dient der Steigerung der Effektivität des Unternehmens. Die Kernfrage des Strategischen IT-Controlling lautet: Welche Aufgaben müssen wir für die Zukunft lösen? („to do the right things"). Die IT (als Wettbewerbsfaktor) unterstützt die Erreichung der Unternehmensziele als strategischer Baustein im Werkzeugkasten.

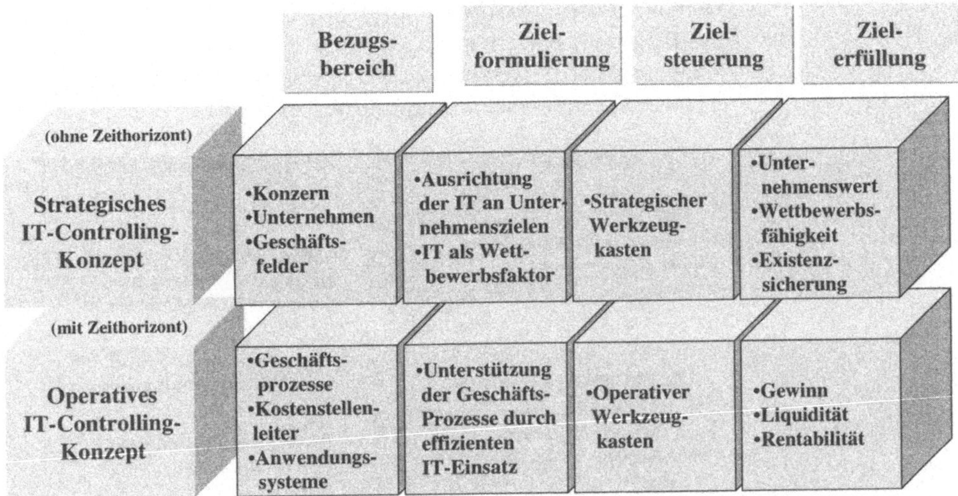

Abbildung 3: Merkmale des IT-Controlling-Konzeptes

Die richtige Werkzeugauswahl lässt sich langfristig am Unternehmenswert und der Wettbewerbsfähigkeit des Unternehmens messen (vgl. dazu Liessmann, 2001).

Operatives IT-Controlling = Steigerung der Effizienz (Wirkkraft)

Der operative IT-Controlling-Werkzeugkasten steigert die Effizienz der vom strategischen IT-Controlling vorgegebenen Maßnahmen. Die Kernfrage lautet: Wie lassen sich die Maßnahmen optimal durchführen („to do the things right")? Das operative IT-Controlling-Konzept (vgl. Abbildung 3) arbeitet innerhalb eines definierten Zeithorizontes und betrachtet ausgewählte Geschäftsprozesse, Informationssysteme oder einzelne Kostenstellen und dient der konkreten Prozessunterstützung (vgl. dazu Mayer, 2003).

Der Einsatz des operativen IT-Controlling-Werkzeugkastens wird am Gewinn, der Liquidität und der Rentabilität des Unternehmens bzw. von IT-Projekten gemessen. Damit wird deutlich, dass sich die IT voll hinter die Geschäftsziele des Unternehmens stellen muss.

Werkzeuge

Dem IT-Controller stehen mehrere Werkzeuge zur Verfügung. Sie werden in der Praxis leider oft nicht ausreichend genutzt. Strategische IT-Controlling-Werkzeuge dokumentiert Abbildung 4. Sie unterstützten das IT-Management bei der Formulierung, Umsetzung und laufenden Überwachung (Monitoring) der IT-Strategie des Unternehmens. Die IT-Strategie arbeitet mit IT-Standards (z. B. Betriebssystemen, Office-Produkten), die vom

IT-Management erarbeitet und für IT-Verantwortungsträger verbindlich vorgegeben werden. Der IT-Controllerdienst kann das IT-Management wirkungsvoll unterstützen, wenn nur mit standardkonformen Maßnahmen gesteuert wird.

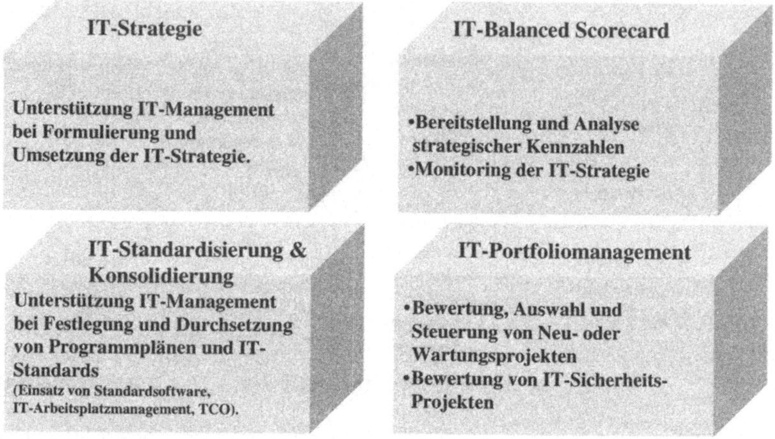

Abbildung 4: Strategische IT-Controlling-Werkzeuge

Die Überwachung eingeleiteter Maßnahmen unterstützt die Balanced Scorecard-Methode, die für den IT-Bereich zunehmend eingesetzt wird. Die Mitwirkung im IT-Portfolioausschuss für strategisch wichtige IT-Projekte ist anzustreben. Dort werden langfristig wirkende Entscheidungen vorbereitet, verabschiedet und, im Rahmen des IT-Portfolio-Mangements, IT-Projekte priorisiert.

Operative
Werkzeuge

Den operativen IT-Controlling-Werkzeugkasten dokumentiert Abbildung 5.

IT-Kosten- und Leistungsrechnung
- Kostenarten-, Kostenstellen-, und Kostenträgerrechnung, Deckungsbeitragsrechnung
- Investitionsrechnung / Wirtschaftlichkeitsanalysen / Projektkalkulationen
- Abweichungsanalysen / Soll-Ist-Vergleiche

Geschäftspartner-Management
- Vertragsmanagement
- IT-Beratermanagement und -Benchmarking
- Service Level Agreements (SLA)
- Target Costing

IT-Berichtswesen und Kennzahlen
- IT-Berichtswesen
- IT-Kennzahlen
- IT-Projektstatus-reports

IT-Projektmanagement
- Mitwirkung in IT-Projektteams (Projektcontroller)
- Planungstechniken (Netzplantechnik)
- Formale Projektgenehmigungsverfahren
- Pflichtenheft/Beschaffungsanträge
- Reviews/Audits, Projektbenchmarking

IT-Prozessmanagement
- IT-Prozessmodellierung
- Prozesskostenrechnung
- Prozessbenchmarking
- IT-Bereitstellungsprozess
- IT-Asset-Management
- IT-Outsourcing
- IT-Offshoring
- ITIL

Abbildung 5: Operative Controlling-Werkzeuge

IT-Kosten- und Leistungsrechnung

Hier steht die klassische Kosten- und Leistungsrechnung, angepasst an die Belange der IT, zur Verfügung. Nur eine funktionierende IT-Kostenrechnung liefert detaillierte Analysen.

Geschäftspartnermanagement

Bei IT-Projekten ist es üblich, externe Dienstleister einzubinden. Ein funktionierender IT-Controllerdienst vernetzt ein umfassendes Vertrags- und Beratermanagement für ein zeitnahes Benchmarking der eingebundenen Geschäftspartner. Service-Level-Agreements sichern einen hohen Leistungsgrad der Geschäftspartner und erlauben es dem IT-Controllerdienst, bei Vertragsverletzungen rechtzeitig einzugreifen. Hierzu gehört auch ein Vertragscontrolling zur Sicherstellung der inhaltlichen, terminlichen, organisatorischen und finanziellen Ziele, die mit den IT-Verträgen verbunden sind (vgl. Klotz/Dorn, 2005, S. 98, Tab. 1). Auf der technischen Seite wird das Vertragscontrolling durch den Einsatz spezieller Vertragsmanagementtools ergänzt, um die Vielzahl der IT-Verträge (insbesondere Kauf-, Leasing, Miet-, Beratungsverträge) zu verwalten. Zahlreiche IT-Verträge werden nach Abschluss nicht systematisch überwacht. Als Folge hieraus werden Kündigungsfristen übersehen oder Gebühren für nicht mehr vorhandene Geräte bezahlt.

IT-Berichtswesen

Das IT-Berichtswesen basiert auf den Daten des Rechnungswesens und speziellen Berichten. Darin liefern Kennzahlen und

Projektstatusreports dem IT-Controller ein umfassendes Bild über geplante, laufende und abgeschlossene IT-Projekte.

IT-Projekt-management

Die aktive Mitarbeit des IT-Controllers in IT-Projektteams erlaubt es, frühzeitig IT-Projekte beeinflussen zu können. Die Genehmigung von IT-Projekten wird durch ein formalisiertes Genehmigungsverfahren des IT-Controllerdienstes standardisiert. Es verhindert den Start riskanter und unwirtschaftlicher Projekte. Regelmäßige Reviews kontrollieren laufende Projekte, um frühzeitig Schwachstellen und Fehlentwicklungen zu korrigieren. Das innerbetriebliche Projektbenchmarking garantiert einen Wettbewerb zwischen den IT-Projekten. Plan-Ist-Vergleiche und Kennzahlenanalysen lassen sich dann leichter durchführen.

IT-Prozess-management

In vielen Unternehmen werden Geschäftsprozesse modelliert, um eine Dokumentation und Basis für laufende Prozessverbesserungen zu erhalten. Kernprozesse des Unternehmens wie Vertriebsabwicklung, Fertigung usw. werden bevorzugt. Auch IT-Prozesse wie die Entwicklung von Individualsoftware, die Einführung von Standardsoftware usw. sind einzubeziehen. Die Prozesskostenrechnung liefert für typische Verwaltungsprozesse wie z. B. im Vertrieb Kostenanalysen von Geschäftsprozessen.

Die Kosten für den IT-Bereitstellungsprozess, also die Beschaffung, Installation, Betrieb und Entsorgung von IT-Arbeitsplätzen sind in das Prozessmanagement einzubeziehen. Sie benötigen oft große Anteile des gesamten IT-Budgets.

Das IT-Assetmanagement übernimmt die Inventarisierung und Verwaltung der IT-Ressourcen im Unternehmen. Der IT-Controllerdienst kann auf die Bestands- und Analysedaten der Asset-Software zugreifen, eine Optimierung der IT-Bestände (z. B. Arbeitsplatzsysteme, Laptops, Drucker, Organizer) steuern.

Outsourcing von IT-Leistungen wird seit Jahren zur Vereinfachung der IT-Prozesse und deren Reduktion praktiziert. Zunehmend wird die Verlagerung in Niedriglohnländer (Offshoring) diskutiert und auch praktiziert.

A.3   Organisatorische Einbindung

Rollen verteilung

Oft wird in großen Unternehmen die Aufgabenverteilung zwischen dem Leiter IT-Controlling und dem Leiter des Informationsmanagements, dem CIO „Chief Information Officer", (treffender „Corporate Information Officer") diskutiert.

Organisation

In Großunternehmen ist der IT-Controllerdienst entweder dem CIO unterstellt oder als gleichrangiger Partner im Unternehmen etabliert (Partnerschaftsmodell). Im Mittelstand ist der IT-Controllerdienst dem Leiter Finanzen/Controlling unterstellt. Beide Modelle sind in der Praxis anzutreffen.

CIO-Konzept

Das CIO-Konzept, entwickelt in den USA, wird seit einigen Jahren von deutschen Großunternehmen adaptiert. Deutsche Unternehmen haben einen CIO eingestellt, um die Bedeutung des Informationsmanagements zu dokumentieren. Der CIO ist, anders als seine Controllerkollegen, in Deutschland i.d.R. nicht auf der Vorstandsebene, sondern in der zweiten Führungsebene zu finden. Im Finanz- und Versicherungswesen dagegen ist der CIO auf Vorstandsebene positioniert (vgl. Heinzl, 2001). Die Allianz AG hat beispielsweise zwei Vorstandsmitglieder mit IT-Aufgaben benannt, die dem Aufgabenumfang des CIO entsprechen (vgl. Klostermeier 2004b, S. 18). In den USA ist der CIO vielfach im „Management Board" gleichrangig mit dem CFO (Chief Finance Officer) oder COO (Chief Operating Officer) zu finden und kann die Interessen des Informationsmanagements stärker vertreten.

Abgrenzung
zum IT-Leiter

Die Abgrenzung des CIOs zum klassischen IT-Leiter zeigt die enge Verbindung seiner Aufgaben mit dem IT-Controllerdienst. Der IT-Leiter ist Leiter der Datenverarbeitung. Sein Aufgabenbereich besteht in der Softwareentwicklung und dem RZ-Betrieb. Er ist schwerpunktmäßig mit der Bereitstellung ***technischer Lösungen für aktuelle Geschäftsprozesse*** betraut und verfügt vorwiegend über technisches IT-Know-how. Der CIO dagegen ist Leiter des Informationsmanagements. Er konzentriert sich auf das Informations-, Wissens- und Technik-Management, erarbeitet Visionen und Konzepte für zukünftige technische Möglichkeiten, berät die Fachbereiche bei der ***Gestaltung ihrer Geschäftsprozesse***. Sein Berufsbild ist analog dem IT-Controller interdisziplinär strukturiert, erfordert vernetztes fachliches, technisches und Management-Know-how.

Aufgaben
des CIOs

Der Aufgabenbereich des CIO umfasst:

- ***Entwicklung und Umsetzung einer IT-Strategie*** für das Informationstechnik-, Wissens- und Informationsmanagement. Der IT-Controllerdienst unterstützt den CIO bei dieser Aufgabe im Hinblick auf die Erreichung der Unternehmensziele.

- ***Erarbeitung, Festlegung und Durchsetzung von IT-Standards*** zur Sicherstellung kompatibler und integrierter

Informationssysteme. Der CIO unterstützt gemeinsam mit dem IT-Controllerdienst die Geschäftsprozesse durchgängig mit vernetzten IT-Lösungen.

- ***Unterstützung der Fachbereiche bei der Entwicklung und Optimierung von Lösungen für deren Geschäftsprozesse***. Wichtig ist der ganzheitliche Fokus, d. h. Prozessanalyse und Prozessoptimierung sind wichtiger als der reine Technikeinsatz. Der IT-Controllerdienst ist bei dieser Aufgabe beratend tätig, um die Wirtschaftlichkeit der IT-Projekte sicherzustellen.

- ***Identifikation und Einführung von so genannten „Best Practices" für das Unternehmen.*** Der CIO identifiziert bewährte State-of-the-Art-Lösungen für das Auftragsmanagement oder die Kostenreduktion.

- ***Kommunikation im IT-Umfeld anregen und moderieren:*** Der CIO fördert den Informationsfluss zwischen allen Gruppen des Unternehmens, die an IT-Lösungen arbeiten bzw. mit diesen arbeiten. Der IT-Controllerdienst stellt sich hierbei als aktiver Gesprächspartner zur Verfügung und unterstützt den CIO bei der Erfüllung seiner Aufgaben.

- ***IT-Budgets und IT-Kosten:*** Planung, Überwachung und Analyse der IT-Budgets und IT-Kosten sowie Initiierung und Überwachung von Kostensenkungsprogrammen (z. B. TCO-Analysen, Einführung von Service-Level-Agreements). Bei einer Aufgabentrennung zwischen CIO und IT-Controllerdienst fallen diese Aufgaben primär dem IT-Controllerdienst zu. Der CIO liefert Mengengerüste, der IT-Controllerdienst stellt Methoden und Werkzeuge sowie Kosteninformationen zur Verfügung.

Der CIO arbeitet in einem betriebswirtschaftlich-technisch-organisatorischen Umfeld. Er muss die Anforderungen des Managements nach einer Unterstützung der Geschäftsprozesse durch die IT erfüllen. In Zusammenarbeit mit dem IT-Controllerdienst gewährleistet er die Effizienz und Wirtschaftlichkeit der IT. Die Zufriedenheit der Endbenutzer im Umgang mit Arbeitsplatzcomputern stärkt den Rückhalt des CIO im Unternehmen.

Weiterbildung des IT-Personals   Der CIO muss sicherstellen, dass sich Chancen und Risiken des technischen Fortschritts durch die permanente Weiterbildung des IT-Personals optimal nutzen bzw. bewältigen lassen.

Eine sinnvolle Zusammenarbeit zwischen dem CIO und dem IT-Controllerdienst lässt sich wie folgt empfehlen:

IT-Manager (CIO)

Der IT-Manager (CIO = Chief Information Officer) hat die Entscheidungs- und Umsetzungsverantwortung für IT-Maßnahmen. Er informiert und beteiligt den IT-Controllerdienst in wesentlichen Fragen.

IT-Controllerdienst

Der IT-Controller ist der **unabhängige** Berater des IT-Managers (CIO). Er liefert betriebswirtschaftliche Methoden und Werkzeuge, ist verantwortlich für die Steuerung des IT-Controllerdienstes und auch „Anwalt" der Endbenutzer, überwacht aber auch deren IT-Projekte.

Rollenkonflikte

In der Praxis tauchen häufig Rollenkonflikte zwischen dem IT-Controllerdienst und dem CIO auf, wenn die Frage der Unterstellung bzw. Gleichstellung beider Positionen im Organigramm nicht klar geregelt ist. Dies kann z. B. dann der Fall sein, wenn die Beurteilung der Wirtschaftlichkeit eines durchzuführenden strategisch wichtigen IT-Projektes ansteht und der IT-Controller zu anderen Ergebnissen kommt als der CIO. Gerade wenn es um eine „Go-or-Not-Go"-Entscheidung geht, prallen Zuständigkeitsfragen aufeinander. Aus diesem Grunde ist im Organigramm eine präzise Rollenverteilung zwischen beiden Verantwortungsträgern zu dokumentieren.

Rollen verteilung

Abbildung 6 informiert über die Rollenverteilung für Informationsflüsse und Beziehungen. Das IT-Management erstellt IT-Strategien und Standards, erteilt Aufträge zur Umsetzung an interne und externe IT-Dienstleister. Der IT-Controller unterstützt das IT-Management und wird in den Informationsprozess eingebunden. Der IT-Controllerdienst führt ein Kosten-Monitoring der IT-Projekte durch. Es umfasst eigene IT-Projekte des IT-Managements und IT-Projekte der Endbenutzer (Fachbereiche), die bei internen und externen Dienstleistern IT-Projekte vergeben können. Die Beziehungen sind als Rollen- und nicht als Organisationsmodell zu verstehen. Diese Unterscheidung ist wichtig, da sich in der Praxis die Aufgaben des IT-Controllerdienstes wegen der starken Vernetzung nicht immer von denen des IT-Managements trennen lassen. Häufig werden Aufgaben des IT-Controllerdienstes durch den CIO (IT-Management) wahrgenommen. Letzlich ist jedoch entscheidend, dass sie überhaupt wahrgenommen werden. Der Name der ausführenden Organisationseinheit ist von sekundärer Bedeutung.

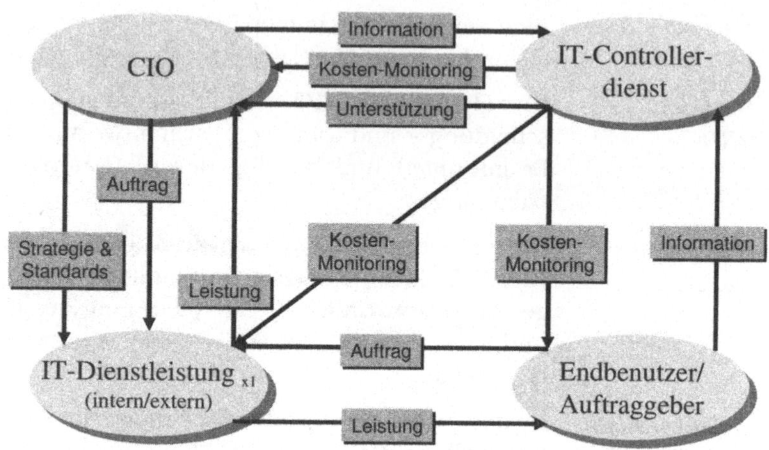

Abbildung 6: Rollenverteilung zwischen IT-Controllerdienst und
CIO

PRAXISBEISPIEL: IT-ORGANISATION IN GROßUNTER-NEHMEN

Ein weiteres Beispiel zeigt die IT-Organisation einers Tochterunternehmens eines Dienstleistungskonzerns mit mehr als 100.000 Mitarbeitern (vgl.Abbildung 7). Es verfügt über keine IT-Abteilung. Die operativen IT-Prozesse (Softwareentwicklung und RZ-Betrieb) wurden an externe Dienstleister übergeben. In diesem Beispiel wurde der IT-Controllerdienst in den Aufgabenumfang des Chief-Information-Officers integriert.

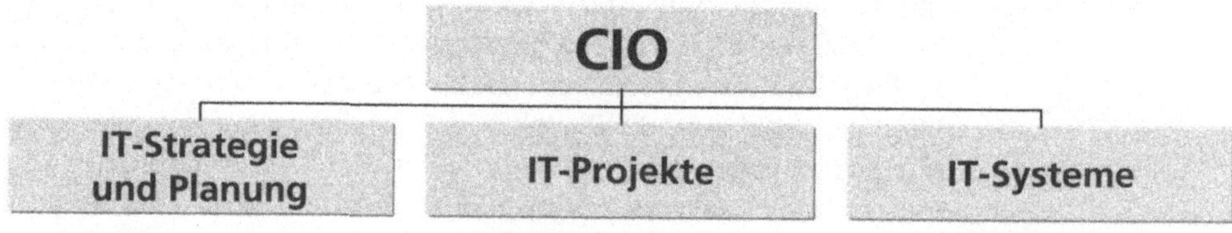

Aufgaben
- Strategische Anwendungsplanung
- Unterstützung bei Projektbewertung und Projektportfolio
- Budgetierung
- IT-Controlling

Aufgaben
- Multiprojektmanagement
- Projektmanagement
- Steuerung der fachlichen Abnahme
- Beratung und Unterstützung

Aufgaben
- Management und Controlling der IT-Dienstleister
- Vertragsmanagement
- Steuerung von Betrieb, Wartung und Support
- Rollout-Management

Abbildung 7: IT-Organisation in einem Großunternehmen

Die Einordnung des IT-Controllers in die Unternehmenshierarchie ist sehr unterschiedlich geregelt. Folgende Grundvari-
anten sind in der Praxis anzutreffen:

- Partnerschaftsmodell (IT-Controller gleichrangig mit CIO),

- CIO-Mitarbeiter-Modell (IT-Controller als CIO-Mitarbeiter),

- Controlling-Modell (Mitarbeiter im Controlling).

Beim Partnerschaftsmodell ist der Leiter IT-Controlling direkt der
Unternehmensleitung unterstellt und damit auf der gleichen Hier-
archiestufe, wie der CIO und Leiter Unternehmenscontrolling
angesiedelt (vgl. Abbildung 8). Die in Abbildung 6 beschriebene
Rollenverteilung zwischen CIO und Leiter IT-Controlling ist damit
ideal realisiert und vollständig abbildbar.

Abbildung 8: Partnerschaftsmodell

Das Mitarbeitermodell (vgl. Abbildung 9) ordnet den Leiter IT-
Controlling dem CIO unter. Die in Abbildung 6 vorgestellte Rollenverteilung zwischen CIO und dem IT-Controllerdienst ist wegen der disziplinarischen Einordnung nur teilweise realisierbar.

Abbildung 9: Mitarbeitermodell

Das Controlling-Modell (vgl. Abbildung 10) betrachtet IT-Controlling als Teilaufgabe des Unternehmens-Controlling. Der Leiter IT-Controlling berichtet an den Leiter Controlling. Er ist damit gegenüber dem CIO nicht weisungsgebunden.

Abbildung 10: Controlling-Modell

Ein Praxis-Beispiel für das „Controlling-Modell" aus einem mittelständischen Softwarehaus (etwa 250 Mitarbeiter) ist in Abbildung 11 dokumentiert. Das IT-Controlling wird hier durch die zentrale Abteilung „Projektcontrolling" repräsentiert, welche für die kaufmännische Planung, Steuerung und Überwachung der IT-Projekte verantwortlich ist. Dezentrale Projektcontroller sind den IT-Projektleitern zugeordnet und arbeiten mit dem zentralen Projektcontrolling zusammen.

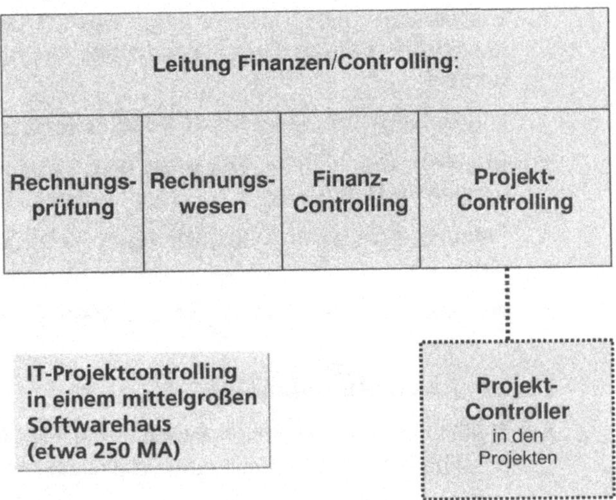

Abbildung 11: IT-Projektcontrolling in einem Softwarehaus

A.4   Stellenbeschreibung für IT-Controller

Die typischen interdisziplinär ausgerichteten Aufgaben eines „IT-Controllers" gibt die modifizierte Stellenanzeige eines Dienstleistungsunternehmens wieder.

PRAXISBEISPIEL: STELLENANGEBOT IT-CONTROLLER

Für die Organisationseinheit IT-Management suchen wir zum nächstmöglichen Termin eine/n ***Referent IT-Controlling - m/w***

Hauptaufgaben:

- Vernetzung des IT-Kosten- und IT-Projektcontrollings in Abstimmung mit dem Bereich Projektmanagement,

- Planung, Nachhaltung und Analyse der gesamten IT-Kosten im Rahmen einer mittelfristigen Planung,

- Identifizierung von Kostentreibern und Plan-/Ist-Abweichungen sowie Erarbeitung von Maßnahmen zur Gegensteuerung,

- Konzeption und Umsetzung von Methoden und Verfahren zum Externen-, Vertrags- und SLA-Management (insbesondere Etablierung von Regularien / Steuerungsgrößen zur Messung interner/externer IT-Leistungen),

- Etablierung und Durchführung des IT-Controlling-Werkzeugkastens im Bereich Geschäftspartner-, Vertrags- und SLA-Management,

- kontinuierlicher Ausbau des IT-Berichtswesens,

- Erstellen, Durchführen, Bewerten und Verhandeln von Ausschreibungen für IT-Systeme,

- Planung, Analyse und Optimierung der externen Anwendungskosten,

- die Position ist dem Leiter IT-Management unterstellt.

Fachliche Voraussetzungen:

- abgeschlossenes Hochschulstudium der Fachrichtungen Betriebswirtschaftslehre, Informatik oder vergleichbare Ausbildung,

- mehrjährige Berufserfahrung in entsprechender Funktion bei Softwarehäusern, Konzernen oder bei Beratungsgesellschaften,

- sehr gute Kenntnisse der IT-relevanten Planungs- und Steuerungsprozesse,

- fundierte Kenntnisse der inhaltlichen und rechtlichen Gestaltung von SLAs,

- fundierte Kenntnisse im Outsourcing-Bereich und Steuerung von externen Dienstleistern.

Persönliche Voraussetzungen:

- analytische und konzeptionelle Fähigkeiten,

- Engagement und Motivation,

- verbindliches und sicheres Auftreten,

- Belastbarkeit und selbständige Arbeitsweise,

- Teamfähigkeit,

- Präsentations- und Moderationssicherheit,

- verhandlungssicheres Englisch.

B

Vorgehen und Werkzeuge

B.1   Konzeption und Monitoring einer IT-Strategie mit der IT-Balanced Scorecard

B.1.1   Begriff der IT-Strategie

Eine Strategie ermöglicht eine vorausschauende Planung zukünftigen Handelns. Die IT-Strategie ist ein Kernbestandteil der Unternehmensstrategie. Sie dient der Umsetzung und dem Monitoring geeigneter IT-orientierter Maßnahmenbündel zur Realisierung strategischer Unternehmensziele. Wesentliche Inhalte sind:

- Formulierung des Sollzustands (Wohin wollen wir?)

- Auflistung des Handlungsbedarfs (Was müssen wir tun? Wo sind Schwachstellen?)

- Aufzeigen von Handlungsoptionen (Welche Alternativen haben wir?)

- Setzen von Zielen und Definieren von Maßnahmen (Was ist konkret zu tun? Wann sollen die Ziele erreicht werden?)

- Benennung der Verantwortungsträger (Wer führt die Maßnahmen durch?)

- Bestimmung von Messgrößen für das Ziel-Monitoring (Wann haben wir die Ziele erreicht?)

IT-Bebauungs-plan

Ein Element ist die Entwicklung eines IT-Bebauungsplans. Er ist auch bekannt als: Unternehmensbebauungsplan, Bebauungsplan, IS-Plan bzw. Informationssystemplan, IT-Masterplan oder Rahmenarchitekturplan. Er gibt Antworten auf folgende Fragen:

- Welche Informationssysteme haben wir derzeit im Einsatz?

- Welchen Releasestand haben die im Unternehmen eingesetzten Informationssysteme?

- Wann wurde ein Informationssystem eingeführt?

- Wann wird das nächste Release produktiv?

- Wann wird das Informationssystem abgelöst?

- Über welche Verbindungsstellen (Schnittstellen) werden die verschiedenen Informationssysteme verknüpft?

- Welche Informationen werden ausgetauscht?

- Welches Informationssystem ist das „führende" System, z. B. für Kundendaten?

- Wo werden z. B. Kundendaten erfasst und geändert?

- Wohin werden die Änderungen der Kundendaten weitergeleitet? (z. B. muss eine Änderung der Kundenanschrift wegen Umzug des Kunden im Vertriebssystem und in der Finanzbuchhaltungssoftware bekannt sein)

- Wo (welche Organisationseinheiten) und wofür (welche Geschäftsprozesse) setzen wir im Konzern bzw. Unternehmen Standardsoftware des Herstellers XYZ ein?

- Wo und wofür lässt sich die Standardsoftware weiterhin einsetzen?

Praxisbeispiel Versicherung

Abbildung 12 zeigt den Zielbebauungsplan einer Versicherung.

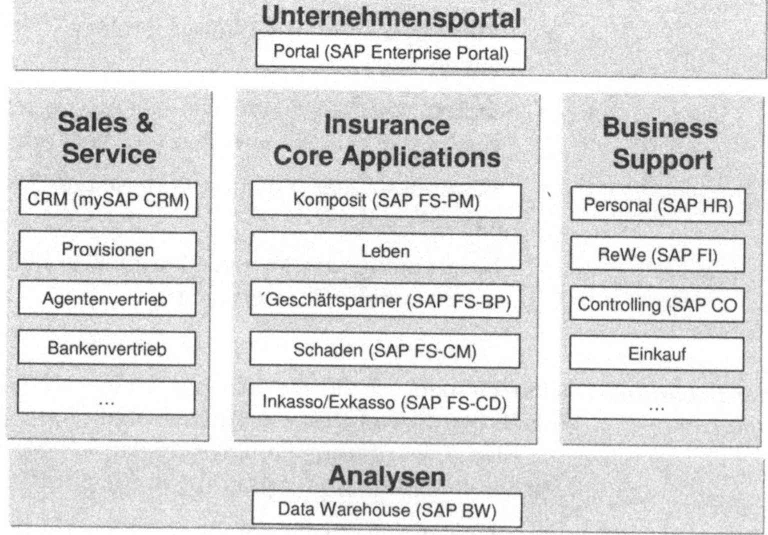

Abbildung 12: Zielbebauungsplan einer Versicherung

Aus dem Bebauungsplan ist ersichtlich, dass sämtliche Softwarefunktionen über ein Unternehmensportal erreichbar sein sollen.

Hierzu möchte man sich des SAP Enterprise-Portals, einem Standardprodukt der Firma SAP AG, bedienen. Weiterhin ist erkennbar, dass die Vertriebsprozesse weitgehend mit Eigenentwicklungen (Provisionen, Agentenvertrieb, Bankenvertrieb) unterstützt werden sollen. Lediglich für das Customer-Relationship-Management (Kundenbeziehungsmanagement) wird ein Standardprodukt der Firma SAP (mySAP CRM) eingesetzt, das branchenunabhängig genutzt werden kann. Die Querschnittsprozesse (Business Support) der Versicherung werden durch Standard-SAP-Systeme (Module FI für Finanzen, HR für Human Ressource Management usw.) abgedeckt. Die Besonderheit dieses Bebauungsplans besteht darin, dass das Unternehmen seine Kernprozesse (Insurance Core Applications:) mit Standardsoftware abdecken möchte, was für die Versicherungsbranche sehr ungewöhnlich ist. Hierzu gehört z.B. der Prozess Geschäftspartnermanagement, der durch das Produkt „SAP FS-BP" unterstützt wird. Lediglich der Bereich „Leben" wird durch ein selbst entwickeltes Softwareprodukt abgedeckt. Betriebswirtschaftliche Analysen werden unternehmenseinheitlich über das Data Warehouse von SAP unterstützt.

Terminplanung Zu einem IT-Bebauungsplan gehört auch die zeitliche Perspektive. Abbildung 13 dokumentiert den zum IT-Bebauungsplan zugehörigen Terminplan. Der Terminplan zeigt die langfristige Vorgehensweise der Umsetzung. Zu Beginn der Umsetzung stehen grundlegende Prozesse wie Rechnungswesen, In- und Exkasso sowie das Geschäftspartnermanagement. Hierauf aufbauend werden Kernprozesse der Versicherung (z.B. Lebensversicherung) realisiert. Gegen Ende der Umsetzung erfolgt der analytische Teil des Plans mit dem Customer Relationship-Management und dem Data Warehouse.

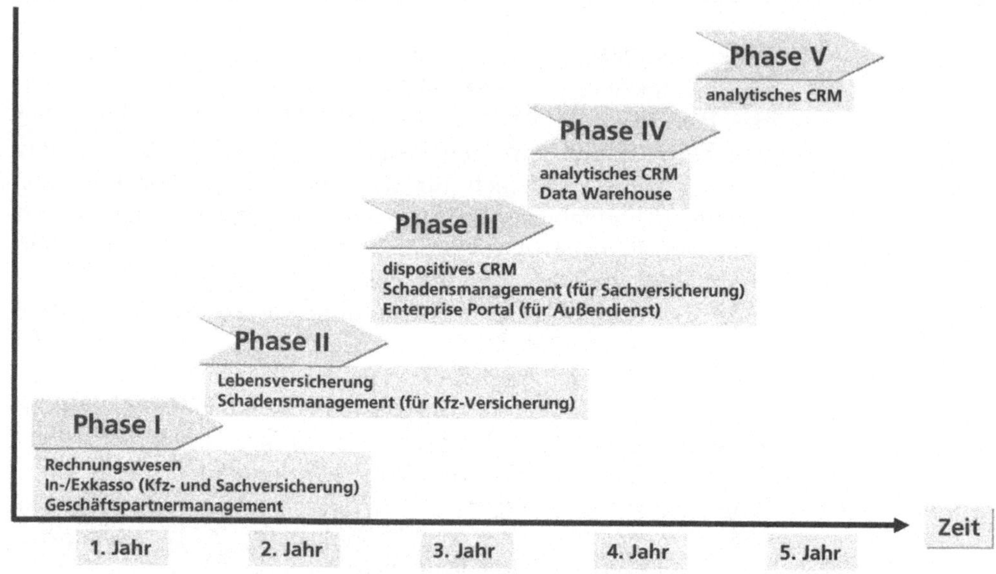

Abbildung 13: Terminplanung für den IT-Bebauungsplan einer
Versicherung

B.1.2   Realisierung einer IT-Strategie

Eine Ende 2004 durchgeführte Untersuchung zum Stand des IT-
Controlling hat unter anderem folgende Stichworte identifiziert,
die Gegenstand der IT-Strategie der untersuchten Unternehmen
war: (vgl. Gadatsch/Juszczak/Kütz, 2005, S. 6):

- Anwendungslandschaft
- Applikationen (Ertrags-
  steigerung/Effizienz)
- Ausfallsicherheit
- Budget
- Controlling
- Datenqualität und
  -management
- Dienstleistungs-
  Infrastruktur
- DV- und Projekt-
  organisation

- einheitliche Prozesse
  und Tools
- Entwicklung des
  Diensteportfolios
- Erhöhung der Kunden-
  zufriedenheit
- Erreichung operativer
  Exzellenz
- Externe Unterstützung
- Geschäftsfelder /
  Prozesse
- Governance-Prinzipien
- Hardware-Infrastruktur

- Implementation Plan
- Infrastruktur (Hardware, Betriebssysteme, Datenbanken)
- Innovation
- Internationalisierung
- Investitionen, Kosten, Budget
- Investment
- IT-Prozesse
- IT-Services
- IT-Wissensaufbau
- Kennzahlen
- Lizenz-Sicherheits-Management
- Make or Buy, Verlängerte Werkbank
- Marktausrichtung
- Marktdifferenzierung
- Mitarbeiterentwicklung
- Outsourcing
- Personalplanung
- Plattformen
- Positionierung IT-Lösungen (IST-SOLL-GAP)
- Projektportfolio
- Reduzierung IT Infrastruktur / Regionales Hosting
- Ressources: budget, sales and responsibility
- Roadmap IT-Anwendungen
- SAP-Entwicklung
- Security, Sicherheit
- Software-/Hardwareplanung
- Sourcing (Make or Buy)
- Standardisierung
- Standards
- Steuerungsorganisationen
- Strategische Anwendungen
- SWOT
- Synergienpotentiale
- Systems
- Verankern der IT als Kernkompetenz in der Standortstruktur
- Verbesserung Projektierung + Service
- Virenschutz
- VPN und Security
- Web-Shop
- Wirtschaftlichkeit
- Workflow Management

Die Vorgehensweise zur Entwicklung einer IT-Strategie dokumentiert Abbildung 14.

Abbildung 14: IT-Strategiefindung (Heinrich, 1992, S. 135)

Projektliste statt Strategie

Oft werden in der „IT-Strategie" nur geplante IT-Projekte aufgelistet, ohne dass gegenüber der Unternehmensstrategie ein eigenständiger Mehrwert zu erkennen ist. Notwendig ist es, eine aus der Unternehmensstrategie abgeleitete IT-Strategie zu erstellen, welche die Grundlage für folgende Maßnahmen liefert:

- Ausgangsbasis für die operative IT-Planung (z. B. Ressourcenverteilung für laufende IT-Projekte, Bemessung von IT-Investitionen, Planung von IT-Schulungen),

- Anpassung der IT-Organisation,

- Gestaltung computerunterstützter Geschäftsprozesse (z. B. Einführung eines neuen ERP-Systems,

- Festlegung und Priorisierung zukünftiger IT-Projekte (z. B. Aufbau eines Kundeninformationssystems).

Damit stellt sich die IT-Strategie als ein Hilfsmittel im Strategiefindungsprozess des Unternehmens dar, das sich an betriebswirtschaftlichen Zielen orientiert. Zur Steuerung dieses Prozesses ist eine moderierte Strategiediskussion für die Abstimmung der IT-Strategie mit dem Management notwendig.

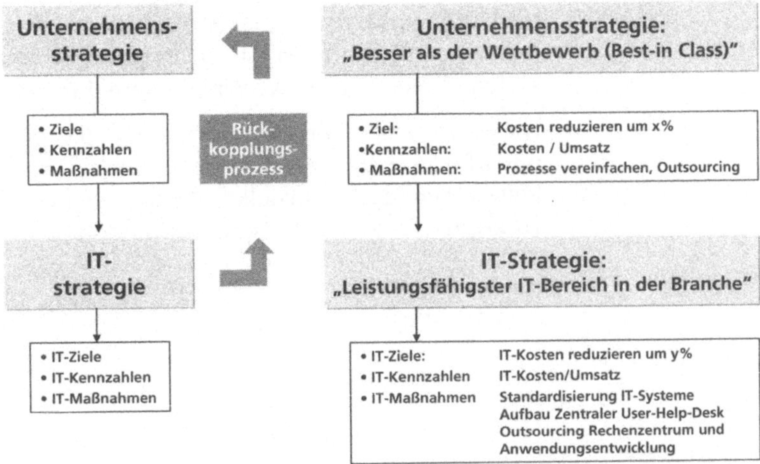

Abbildung 15: Abstimmung der IT-Strategie bei einem Logistik-
dienstleister

Der Rückkopplungsprozess gemäß Abbildung 15 klärt Fragen,
die eine Rückwirkung der IT-Strategie auf die Unternehmensstrategie, die Kennzahlen und Maßnahmen haben können. Fragen
des Rückkopplungsprozesses liefern Impulse:

- Wie kann die IT genutzt werden, um interne Geschäftsprozesse zu beschleunigen und kostengünstiger zu gestalten?

- Wie können zwischenbetriebliche Geschäftsprozesse mit
  Hilfe der IT verbessert werden (z. B. Einbindung der Zuliefe-
  rer durch IT-gestütztes Supply-Chain-Management)?

- Wie kann die IT-genutzt werden, um die Wettbewerbsfähigkeit des Unternehmens zu steigern?

- Wie können mit Hilfe der IT neue Kundengruppen erschlos-
  sen werden (z. B. durch Nutzung neuer Technologien)?

B.1.3   Grundlagen der Balanced-Scorecard-Methode

Historische
Entwicklung

Das Konzept der Balanced Scorecard (BSC) wurde Anfang der
1990er Jahre als neues Instrument für das Standard-Controlling-
Konzept entwickelt. Seine rasche Verbreitung hat zu einer Übertragung in das IT-Controlling-Konzept geführt. Bis dahin verfügbare Kennzahlen des Performance Measurement (Leistungsbeur-

teilung) waren unzureichend, da sie nur finanzielle Größen betrachteten und damit das Management unzureichend informierten. Die BSC dagegen ist ein strategisch-operatives Kennzahlensystem für eine ausgewogene Unternehmenssteuerung.

Die Balanced Scorecard verknüpft die Unternehmensstrategie und die operative Maßnahmenplanung über Ursache-Wirkungsketten, um das finanzielle Gleichgewicht schaffen und erhalten zu können (vgl. das Beispiel in Abbildung 16).

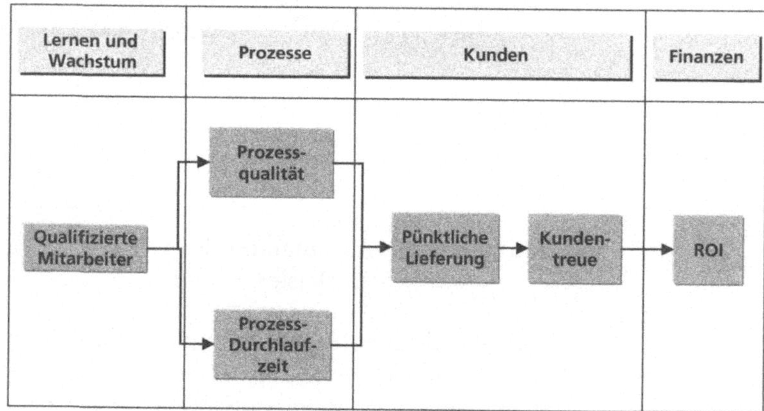

Abbildung 16: Ursache-Wirkungskette (Appel et al., 2002, S. 88).

Die Ursache-Wirkungskette in Abbildung 16 verknüpft Mitarbeiterqualität, Kundenorientierung und Finanzziele:

- Qualifizierte Mitarbeiter verbessern die Prozessqualität und reduzieren die Durchlaufzeiten.

- Die Kunden werden pünktlicher beliefert, sie bleiben dem Unternehmen treu, die Gesamtkosten reduzieren sich.

- Stammkunden sichern einen ausreichenden ROI (Return on Invest).

Ziele

Die BSC ersetzt eine rein finanzielle Betrachtungsweise, vernetzt operative und strategische Maßnahmen für zukunftsorientierte Aktivitäten.

Traditionelle Kennzahlen waren oft vergangenheitsorientiert. Die BSC liefert ein zukunftsorientiertes vernetztes Kennzahlensystem und koordiniert die im Unternehmen eingesetzten Führungssysteme.

*Aufbau
der BSC*

Je Teilbereich der Balanced Scorecard (Perspektive) werden Ziele, Kennzahlen, Vorgaben und Maßnahmen mit aussagefähigen Grunddaten festgelegt. Hierdurch entsteht ein komplexes Kennzahlensystem, das die wichtigsten unternehmerischen Steuerungsbereiche darstellt, vgl. Abbildung 17.

Finanzen

Für finanzielle Perspektiven sind die Geschäftsprozesse zu optimieren, durch Kennzahlen inner- und außerbetrieblich zu dokumentieren.

Prozesse

Die Prozessperspektive dokumentiert die kundenorientierten Anforderungen an die Erzeugnisse für den Verkauf bzw. das Niveau von Dienstleistungen.

Lernen

Eine ständige Weiterentwicklung der Leistungsfähigkeit des Unternehmens und seiner Mitarbeiter bildet den Grundstein für den zukünftigen Erfolg. Er ist ohne permanente Weiterentwicklung nicht realisierbar.

*Markt und
Kunde*

Bei der Markt- und Kundenperspektive steht die Frage im Vordergrund: Wie sieht uns der Kunde und wie verhalten wir uns kundengerecht?

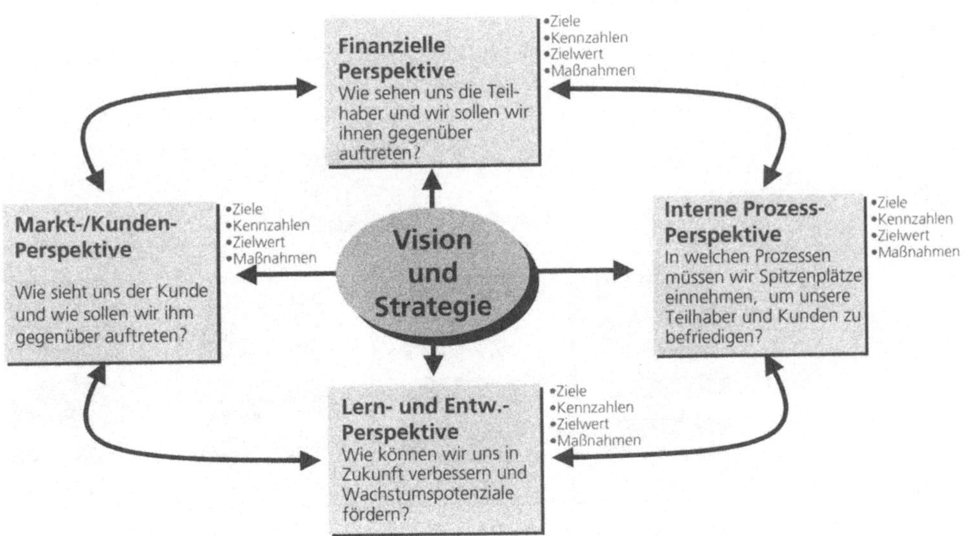

Abbildung 17: Schematischer Aufbau der Balanced Scorecard

Für die praktische Durchführung wird empfohlen, etwa 20-25 Ziele mit den zugehörigen Maßnahmen in der Scorecard festzulegen (vgl. z. B. Kaufmann, 2002, S. 38), um die Übersicht nicht zu gefährden.

B.1.4 Einsatz der IT-Balanced Scorecard

BSC im IT-Controlling-Konzept

Die BSC wurde ursprünglich für das Standard-Controlling-Konzept entwickelt. Viele Unternehmen nutzen die BSC für Aufgaben im IT-Controlling. Die Anzahl und Inhalte der Perspektiven variieren. Mögliche Perspektiven für den Einsatz im IT-Controlling sind: IT-Mitarbeiter, Projekte (in der Informationstechnik), Kunden (der Informationstechnik), Infrastruktur (Hardware, Software, Netzwerk), Betrieb (von IT-Systemen), Finanzen.

Voraussetzungen

Als Voraussetzung für die Implementierung einer IT-Balanced Scorecard als Werkzeug im IT-Controlling-Konzept ist der Aufbau eines kaskadierten Systems von IT-Scorecards mit folgenden Bestandteilen zu empfehlen (vgl. Abbildung 18):

- Eine Konzern-Scorecard,

- die Ableitung von Unternehmens-Scorecards (z. B. für jede Tochtergesellschaft),

- die Ableitung von Bereichs-Scorecards (z. B. für den IT-Bereich),

- eine weitere Untergliederung, z. B. nach Abteilungen, Prozessen und IT-Projekten.

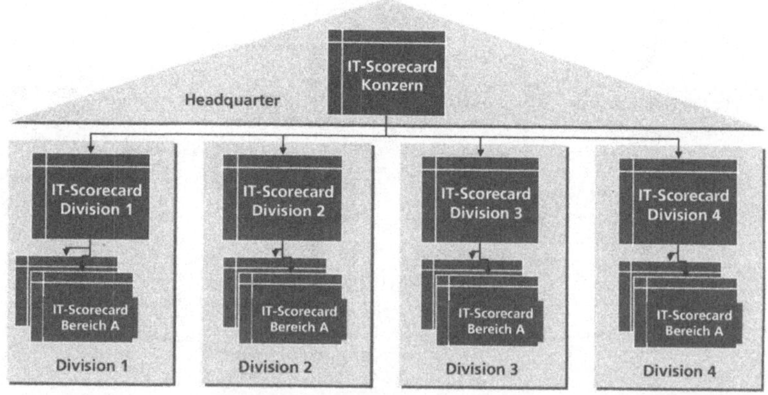

Abbildung 18: Kaskadierte Scorecards im IT-Controlling-Konzept

Wichtig für die erfolgreiche Implementierung einer IT-Balanced Scorecard ist eine intensive Abstimmung aller BSCs im Gesamtunternehmen bzw. Konzern. Dann lassen sich Zielkonflikte ver-

meiden und ganzheitliche Effekte für ein ausgewogenes Kennzahlensystem erreichen (vgl. Abbildung 19).

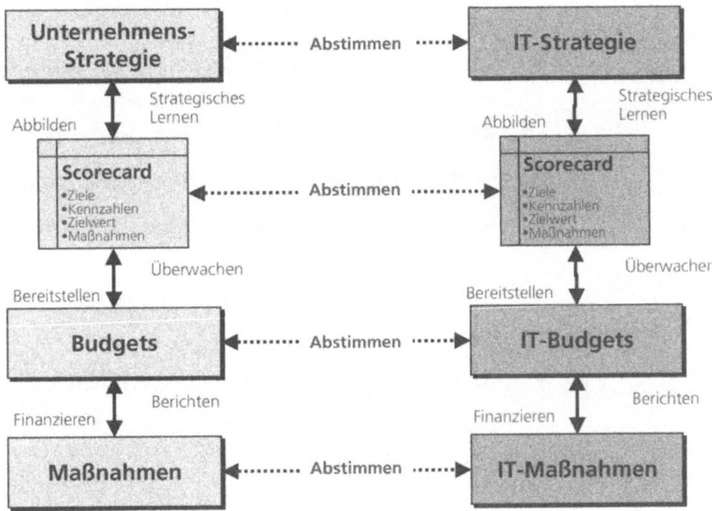

Abbildung 19: Integration der IT-Balanced Scorecard

Finanzielle Perspektive

Die ***Finanzielle Perspektive*** der IT-Balanced Scorecard klärt z. B. die Fragen:

- Welchen Beitrag kann die IT zum Finanzerfolg des Unternehmens leisten?

- Wie lassen sich die TCO für PCs reduzieren?

- Wie kann man IT-Prozesskosten reduzieren?

Als Kennzahlen der finanziellen Perspektive sind empfehlenswert:

- IT-Kosten je Mitarbeiter,

- IT-Projektkosten und -nutzen,

- Rentabilitätszuwachs nach IT-Projektdurchführung (z. B. nach Einführung eines ERP-Systems),

- Anzahl der Arbeitsplatzsysteme je Mitarbeiter,

- TCO je IT-Arbeitsplatz / je Mitarbeiter,

- Anteil der IT-Kosten am Umsatz/Absatzmenge/Gesamtkosten.

*Interne
Prozess-
Perspektive*

Eine **interne Prozess-Perspektive** beantwortet z. B. die Fragen:

- Wie verbessert der Informationstechnikeinsatz die Prozessqualität?

- Wie lassen sich IT-Prozesse (z. B. Einführung einer Standardsoftware, Beseitigung von Störungen an Personalcomputern) durch Outsourcing beschleunigen?

Als Kennzahlen der Prozess-Perspektive gelten:

- Anzahl der Beschwerdefälle, Reklamationen, Eskalationen ins Top-Management,

- Anzahl der Eingriffe von Führungskräften in operative IT-Prozesse,

- Anzahl der Prozessinnovationen durch eigene Mitarbeiter,

- Durchlaufgeschwindigkeit eines IT-Prozesses vom Prozesseingang bis -ausgang.

*Lern- und Ent-
wicklungs-
perspektive*

Aspekte der **Lern- und Entwicklungsperspektive** lassen sich durch folgende Fragen erfassen und klären:

- Über welche Potenziale verfügen unsere IT-Fachleute?

- Wie lassen sich die Fach- und Sozialkompetenzen unserer IT-Mitarbeiter erhöhen?

- Wodurch lässt sich das Wissensmanagement verbessern?

- Welchen Grad erreicht die Mitarbeiterzufriedenheit?

- Lassen sich Motivation und Identifikation im Unternehmen messen und steigern?

Kennzahlen für eine Lern- und Entwicklungsperspektive liefern folgende Daten:

- Fluktuations-, Überstunden- und Krankenquote im IT-Bereich,

- Anzahl der Verbesserungsvorschläge (absolut/je IT-Mitarbeiter),

- Anzahl von Veröffentlichungen durch IT-Mitarbeiter (absolut/je Mitarbeiter),

- Anzahl der IT-Mitarbeiter mit tätigkeitsbezogenen Nebenaktivitäten (Lehraufträge an Hochschulen, als Refe-

rent bei externen oder internen Schulungen, Mitglied-
schaft in Forschungs- und Arbeitsgruppen),

- Anzahl der Teilnehmer an Weiterbildungsveranstal-
tungen, Betriebsfesten oder Betriebsversammlungen,

- Grad der Termineinhaltung von Zeitvorgaben.

*Markt- und
Kunden-
Perspektive*

Eine **Markt-/Kunden-Perspektive** sucht Antworten auf folgende Fragen:

- Welche Produkte erstellt die IT für ihre Kunden?

- Wie lässt sich durch SLAs (Service Level Agreements) die
Kundenzufriedenheit steigern?

- Wie beurteilen Kunden unsere Leistungen im Vergleich zu
anderen Dienstleistern (Benchmarking)?

Kennzahlen der Markt- und Kundenperspektive liefern folgende
Daten:

- Anzahl der Besucher auf Fachmessen, Hausmessen und
ähnlichen Veranstaltungen,

- Anzahl der Kundengespräche,

- Anzahl der Kundenveröffentlichungen (Produktinfos,
Newsletter, u.a.),

- Zugriffshäufigkeit auf vertriebsorientierte Webseiten,

- Bearbeitungsdauer von Anfragen, Kundenaufträgen, Reklamationen, Störungsbeseitigung etc.,

- der Anteil von Neukunden am Gesamtkundenbestand,

- das Verhältnis von Standardbestellungen zu Individual-
aufträgen,

- Anteil der termingerechten Lieferungen,

- die Anzahl von SLA-Verletzungen.

Die Abbildung 20 dokumentiert anhand von vier Beispielen,
welche Perspektiven und Ziele für den IT-Bereich sich mit Hilfe
der IT-Balanced Scorecard formulieren lassen. Die Kundenperspektive wird durch die Benutzerorientierung dargestellt, der
Unternehmensbeitrag repräsentiert die interne finanzielle Perspektive. Die Prozessperspektive ist von der Ausführungskapazi-

tät abhängig. Die Lern- und Entwicklungsperspektive wird durch den Unternehmensbeitrag sichtbar.

<table>
<tr><td>

Benutzerorientierung
Wie sehen die Benutzer die IT-Abteilung?

</td><td>

Unternehmensbeitrag
Wie sieht das Management die IT-Abteilung?

</td></tr>
<tr><td>

Auftrag
Vorzugslieferant für IKS zu sein und optimale Ausnutzung der Geschäftsmöglichkeiten durch IT

Ziele
- Vorzugslieferant für Anwendungen
- Vorzugslieferant für den Betrieb
- Partnerschaft mit Benutzern
- Benutzerzufriedenheit

</td><td>

Auftrag
Akzeptabler Beitrag von Investitionen in der IT

Ziele
- Kontrolle der IT-Kosten
- Verkauf von IT-Produkten und IT–Dienstleistungen an Dritte
- Geschäftswert neuer IT-Projekte
- Geschäftswert der IT-Funktion

</td></tr>
<tr><td>

Ausführungskapazität
Wie leistungsfähig sind die IT-Prozesse?

</td><td>

Unternehmensbeitrag
Ist die IT-Abteilung für zukünftige Herausforderungen gut positioniert?

</td></tr>
<tr><td>

Auftrag
Effiziente Fertigstellung von IT-Produkten und Dienstleistungen

Ziele
- effiziente Softwareentwicklung
- effizienter Betrieb
- Beschaffung von PCs und PC-Software
- Problemmanagement
- Benutzerausbildung
- Management der IT-Mitarbeiter
- Benutzung der Kommunikationssoftware

</td><td>

Auftrag
Entwicklung der Fähigkeiten, um auf zukünftige Herausforderungen reagieren zu können

Ziele
- ständige Aus- und Weiterbildung der IT-Mitarbeiter
- Expertise der IT-Mitarbeiter
- Alter des Anwendungsportfolios
- Beobachtung neuer IT-Entwicklungen

</td></tr>
</table>

Abbildung 20: IT-BSC (van Grembergen/van Bruggen 2003, modifiziert)

Ein einfaches Beispiel für eine IT-Balanced Scorecard dokumentiert Abbildung 21.

Markt / Kunde

Ziel	Kenn-zahlen	Ziel-werte	Maßnahmen
IT-Vorzugs-lieferant im Konzern werden	Umsatzanteil am IT-Volumen	Anteil > 75%	Kunden befragen Anforderungen analysieren
	Anteil betreuter IT-Anwen-dungen	Anteil > 80%	Preise auf Marktniveau Leistungen auf Marktniveau

IT - Prozesse

Ziel	Kenn-zahlen	Ziel-werte	Maßnahmen
Leistungs-fähigkeit der IT-Prozesse auf Markt-niveau steigern	Anteil zeitnah behobene Störungen / Gesamtzahl	Anteil > 95%	Prozessanalyse und Bench-marking mit Wettbewerbern durchführen
	Anzahl Beschwerden	Anteil < 10%	IT-Prozesse auf ITIL-Basis standardidieren

Personal / Lernen

Ziel	Kenn-zahlen	Ziel-werte	Maßnahmen
IT-Personal anfor-derungs-gerecht ausge-bildet und einsatz-bereit	Anzahl Weiterbil-dungstage / Mitarbeiter	10 Tage pro Jahr	Stellenbeschrei-bungen aktua-lisieren Anforderungen mit Ausbildungs-stand abgleichen
	Einhaltung von Termin-verein-barungen	Anteil > 95%	Schulungsplan erstellen

Finanzen

Ziel	Kenn-zahlen	Ziel-werte	Maßnahmen
Beitrag jeder IT-Maßnah-me zum Unter-nehmens-erfolg ist trans-parent	TCO je IT-Arbeitsplatz	TCO < xxxx TEUR	TCO Analyse durchführen ROI in Geneh-migungsverfah-ren integrieren
	Wirtschaft-lichkeit (ROI)	ROI > 10%	ROI monatlich je IT-Maßnahme erheben

Abbildung 21: Einfaches Beispiel einer IT-Balanced Scorecard

Praxisbeispiel Die durchgängige Verzahnung der allgemeinen Bereichsscorecards mit der IT-Balanced Scorecard anhand eines Praxisbeispiels aus einem Versicherungskonzern dokumentiert Abbildung 22. Sie zeigt einen Auszug aus einer Bereichs-BSC (linke Seite) bzw. der IT-BSC des Unternehmens (rechte Seite). Die Pfeile geben an, welche Einflussfaktoren der Bereichsscorecard auf den IT-Bereich wirken. Für diese Einflussfaktoren werden durch den IT-Bereich Messgrößen mit Zielwerten und Maßnahmen definiert.

Die hierdurch erreichte Integration der Bereichssicht mit der IT-Sicht stellt sicher, dass von der IT durchgeführte Maßnahmen einen konkreten Bezug zu Geschäftszielen der betroffenen Bereiche aufweisen.

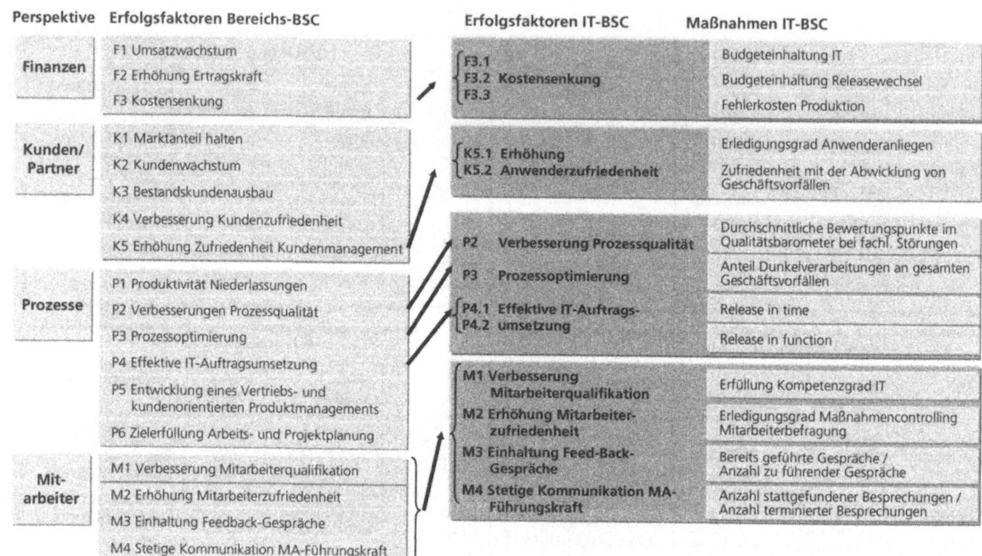

Abbildung 22: Zusammenhang zwischen Bereichs- und IT-BSC
(vgl. Kudernatsch, 2002, S. 59, modifiziert)

Die Bewertung der IT-Balanced Scorecard aus Sicht des IT-Controlling-Konzeptes zeigt eine Reihe von Vorteilen, denen vergleichsweise wenige Nachteile gegenüber stehen.

Unternehmerische Sicht

Sie fördert eine ganzheitliche unternehmerische Sicht des gesamten IT-Bereiches. Durch die Einbeziehung von Nicht-IT-bezogenen Aspekten rücken Fachbereich und IT-Abteilung näher zusammen.

Integration

Durch eine ganzheitliche Verknüpfung von Unternehmensstrategie, IT-Strategie und Maßnahmen des Informationsmanagements erfolgt eine enge Verzahnung des Unternehmens mit dem IT-Controlling-Konzept. Der IT-Einsatz dient bei Einsatz der IT-Balanced Scorecard nachweislich der Unternehmensstrategie.

Investitionsschutz

Eine Vernetzung vorhandener Führungsinstrumente und Kennzahlensysteme integriert bewährte Lösungen in das IT-Controlling-Konzept.

Nur interne Sicht

Die Balanced Scorecard konzentriert sich beim Planungsprozess allerdings in der Praxis meist auf interne Problemlösungen. Zwischenbetriebliche Fragen werden häufig unterbewertet.

Komplexität	Viele Wechselwirkungen sind in der Praxis oft nicht über Ursache-Wirkungsbeziehungen nachweisbar und daher nicht Gegenstand der Betrachtung. Viele Zielvorstellungen, Kennzahlen usw. lassen sich im praktischen Einsatz nur schwer auf einzelne Bereiche, Abteilungen und Personen differenzieren.
Aufwand	Einführung und Nutzung der IT-Balanced Scorecard verursachen einen hohen Zeitaufwand für die unteren Führungsebenen. Ohne den Einsatz der IT mit spezieller Software wird die Einführung einer IT-Balanced Scorecard problematisch.

B.2   Senkung der IT-Kosten durch Konsolidierung und IT-Standards

B.2.1   Begriff der IT-Standardisierung und Konsolidierung

Eine historisch gewachsene IT-Infrastruktur mit zahlreichen Lösungen für gleichartige Problemstellungen (z. B. Nutzung unterschiedlicher ERP-Systeme, E-Mail-Programme oder Betriebssysteme, Einsatz unterschiedlicher PC-Typen, Einkauf bei verschiedenen PC-Herstellern) führt zu hohen Kosten für die Aufrechterhaltung der Betriebsbereitschaft. Viele Unternehmen stehen vor der Herausforderung, die Anzahl der unterschiedlichen Lösungsvarianten zu reduzieren.

Im Rahmen der IT-Strategieentwicklung sind hausinterne IT-Standards zu entwickeln, als verbindlich zu erklären und fortlaufend zu verbessern. Anschließend erfolgt die Bestandsaufnahme des Ist-Zustands mit dem Ziel der Konsolidierung. Dies bedeutet eine Überführung des heterogenen Ist-Zustands in einen homogenen Sollzustand.

Im operativen IT-Controlling-Konzept ist die Einhaltung der Standards, z. B. die Genehmigung von Projektanträgen oder bei Revisionen zu überprüfen. Das Ziel der Standardsisierung besteht darin, eine angemessene und sinnvolle IT-Ausstattung für den Großteil der IT-Anwender im Unternehmen festzulegen und nicht die IT-Anforderungen eines einzelnen Benutzers umfassend abzudecken (vgl. Buchta et al. 2004, S. 152). Durch einheitliche Informationssysteme und IT-Prozesse sinken die Kosten für Einführung, Betrieb und Wartung in erheblichem Umfang. Beispiele für Standardisierungsfelder sind in Abbildung 23 dokumentiert.

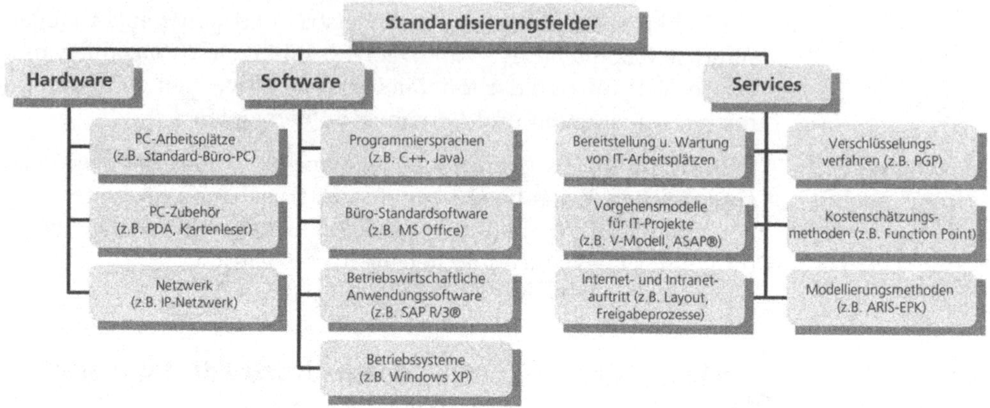

Abbildung 23: Standardisierungsfelder der IT

Hardware

Im Bereich der IT-Hardware sind intelbasierte Arbeitsplatzcomputer weit verbreitet. Innerhalb des Unternehmens ist darauf zu achten, dass möglichst nur standardisierte Komplettsysteme mit der im Unternehmen üblichen Softwaregrundausstattung zum Einsatz kommen. Hierzu sind Standard-IT-Arbeitsplätze zu definieren, die an unterschiedlichen Einsatzszenarien (Büroarbeitsplatz, mobiler Arbeitsplatz) orientiert sind.

Software

Im Bereich der Softwareentwicklung hat die Verwendung von Standards durch Nutzung standardisierter Programmiersprachen wie COBOL, C++ oder Java eine lange Tradition. Hinzu kommt die Nutzung von Industriestandards, wie z. B. die Programmiersprache ABAP® der SAP AG.

Häufig verwenden Unternehmen betriebswirtschaftliche Standardsoftwarepakete, wie etwa das Produkt SAP® R/3® und definieren die Nutzung für den abgedeckten Bezugsbereich (z. B. Vertrieb, Produktion, Finanzen und Personal) als obligatorisch.

PRAXISBEISPIEL: IT-STANDARDISIERUNG (BASF)

Das Ziel des BASF-Projektes „Global PC-Standardisation" war die weltweite Standardisierung von PC-Hardware und Software. Es umfasste folgende Eckdaten (vgl. ausführlich Schmitz, 2004): ca. 30.800 PC-Clients, IT-Budget ca 460 Mio Euro, IT-Mitarbeiter ca. 2300 (Mitarbeiter Gesamt ca. 90.000).

Nach Durchführung des Projektes umfasst die Komplexität nur noch 2 Rechner-Varianten (Desktop oder Mobil). Die individuellen Rechner-konfigurationen und Daten werden im Netz gesichert. Ein Rechneraus-tausch ist innerhalb von einem Arbeitstag möglich. Die Zahl der An-wendungen wurde von 5000 auf 1200 drastisch reduziert. Gesamter-gebnis: Die IT-Kosten konnten um 12-15 % gesenkt werden.

PRAXISBEISPIEL: IT-STANDARDISIERUNG (HEIDELBER-GER DRUCK)

Wie wichtig die Standardisierung von IT-Arbeitsplätzen sein kann, zeigt das Beispiel der Heidelberger Druck AG (vgl. ausführlich Vogel, 2003, S.31). Das Unternehmen verfügt über etwa 19.500 Clients, auf denen bei einer Stichprobe unter 6150 Geräten über 5984 verschiedene Soft-wareprodukte installiert waren. Nach einer Reihe von Standardisie-rungsmaßnahmen konnte die Anzahl der Softwareprodukte auf etwa 300 reduziert werden.

Ein Beispiel für technische Standards im Hause der deutschen ALBA-Gesellschaften, einem Beratungsunternehmen, zeigt Abbildung 24.

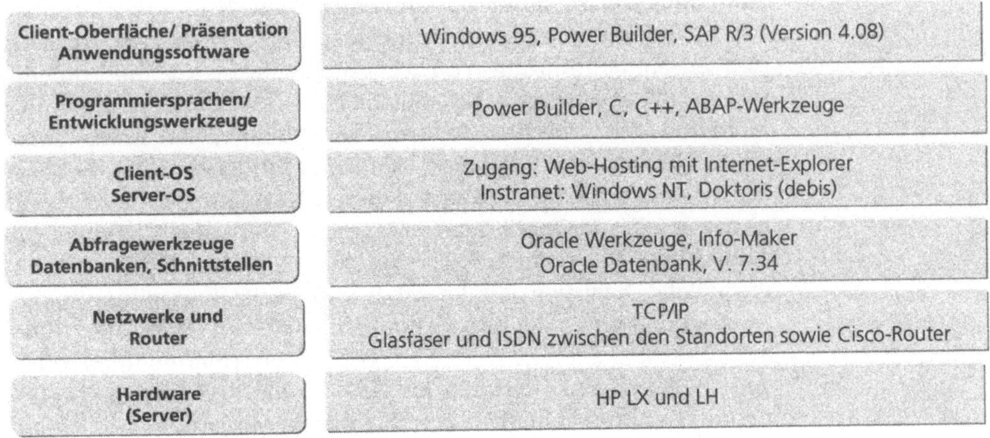

Abbildung 24: ALBA-IT-Standards (Heinrich/Bernhard, 2002, S. 108)

Ein Beispiel für eine gelungene Konsolidierung beschreiben Buchta et al. (2004, S. 153). Ausgehend von einer Vielzahl an Hardware und Softwarevarianten konnten die Kosten der IT-Infrastruktur um 34 % gesenkt werden (vgl. Abbildung 25).

Kategorie	Ausgangslage (Beispiele)			Anzahl Varianten	Zielarchitektur (Beispiele)		Anzahl Varianten
Hardware	Terminals, PCs: IBM, Compaq, Siemens	Midrange IBM, SUN Compaq	IBM 9272 R45 Siemens	9	IBM PCs RS/6000 IBM G6	IBM 9672 AS400	3
Netzwerk	Novell 5.1 X.25, X.400 X.21, G703	Ethernet Token-Ring CISCO	PCM ISDN FDDI	21	Novell Ethernet	X.25 X400 X.21 PCM	12
System-software	Windows 3.1 NT 4.0 Solaris, AIX OS/390, OS/D1	ADABAS DB/2 Small-world	TIVOLI Manage Wise Openview	24	Windows 2000 AIX OS/390	TIVOLI Oracle DB/2	16
Standard-software	SAP R/2 SAP R/3 PAISY PT-Com	GIS Smallw. Valex M/Mail	ABB-EMAD BKK GroupWise Visio, ABC	144	SAP R/3 Edifax Valex FAME	CCR DWH MS Office Outlook	39

Abbildung 25: Konsolidierungsbeispiel (Buchta et al. 2004, S. 153)

Die Standardierung und Konsolidierung heterogener Informationssysteme ist eine Aufgabe, die regelmäßig im Umfeld von Unternehmenszusammenschlüssen zu bewältigen ist. In Abbildung 26 ist dieser Zusammengang mit Hilfe einer Prozess-Informationssystem-Matrix schematisch dargestellt. Im Rahmen der Zusammenführung von Unternehmen ist zu untersuchen, welche Prozess-Schritte für welche Produkte vor bzw. nach der Migration mit welchen Informationssystemen zu unterstützen sind. Hierbei sind mehrere Strategien möglich. Der Best-of-breed-Ansatz „pickt" sich aus den zur Verfügung stehenden Alternativen die jeweils leistungsfähigsten Alternativen heraus (vgl. Abbildung 26, rechte Seite der Darstellung). Dies erfordert gründliche Analysen der Prozesse und der Informationssysteme. Alternativ könnte die Prozessunterstützung auf Basis der Informationssysteme eines der zu migrierenden Unternehmen erfolgen. Beispielsweise würden im Beispiel die Prozesse des Unternehmens 2 ausschließlich durch Informationssystem des Unternehmens 1 unterstützt. Diese Vorgehensweise ist generell möglich bei kaufmännisch-administrativen Prozessen (z.B. Finanzen, Personal) und bei gleichartigen Prozessen (z.B. Zusammenführung von zwei Mobilfunkunternehmen). Die nicht mehr benötigten Informationssysteme können einschließlich der IT-Infrastruktur stillgelegt werden.

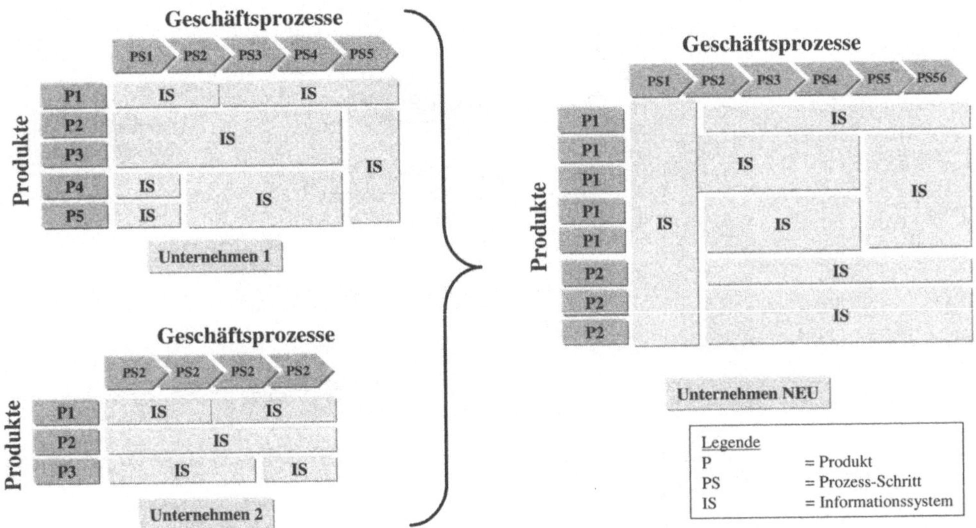

Abbildung 26: Konsolidierung der Geschäftsarchitektur (Prozess-IS-Matrix)

Aus Managementsicht ist es wichtig, alle Projekte mit IT-Beteiligung (z.B. Einführung oder Update eines ERP-Systems) und insbesondere die reinen IT-Projekte (z.B. Implementierung einer Firewall, Umstellung von Betriebssystemen) zu identifizieren und nach einheitlichen Aspekten zu analysieren. Die Entscheidung, welche Projekte fortgesetzt werden sollen, sollte rasch, aber in enger Abstimmung mit allen Beteiligten erfolgen. Die Projekte mit IT-Beteiligung oder reinen IT-Projekte, die fortgesetzt werden sollen, sollten nach Richtlinien fortgesetzt werden, die einheitliche Vorgehensweisen und ein einheitliches Berichtswesen regeln.

Die gestiegene Bedeutung der Standardisierung hat beispielsweise die Degussa AG dazu bewogen, in Anlehnung an die bekannte Bedürfnispyramide nach Maslow eine Standardisierungspyramide abzuleiten (vgl. Abbildung 27). Sie zeigt, dass die Standardisierungsaufgaben oberhalb der technischen IT-Infrastruktur vor allem durch die Fachseite getrieben werden müssen: Daten, Funktionen und Prozesse sind Objekte, die aus dem Geschäft eines Unternehmens heraus betrachtet werden müssen. Der

Hauptaufwand sowie -nutzen der Standardardisierung ist in diesen Ebenen zu realisieren.

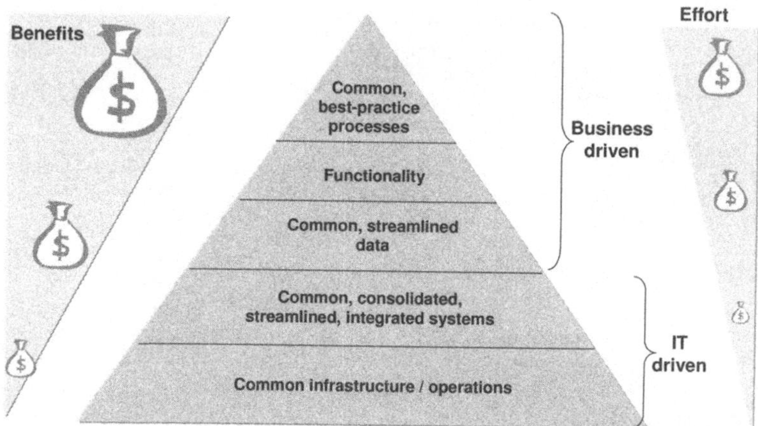

Abbildung 27: Harmonization Pyramid »Maslow« der Degussa AG (Neukam 2004)

Services   IT-Services nehmen in der Informationstechnik an Bedeutung zu. Hinzu kommt, dass Marktstandards, wie sie aus den Bereichen Hard- und Software bekannt sind, hier weniger stark auftreten. Deshalb lassen sich zahlreiche Beispiele für die Standardisierung finden. So sind z. B. die Prozesse für die Bereitstellung, Wartung und Entsorgung von Computerarbeitsplätzen Aufgaben, die häufig nicht in standardisierter Form vorliegen und vergleichsweise hohe Kosten verursachen (vgl. hierzu das Kapitel IT-Arbeitsplatzmanagement).

Vorgehensmodelle für die Softwareentwicklung und deren Dokumentation sind in Softwarehäusern und größeren Unternehmen vorzufinden, in kleineren Unternehmen jedoch weniger stark verbreitet. Das gleiche gilt für Methoden der Kostenschätzung, die in den Projekten zum Einsatz kommen sollen. Bei Unternehmen mit hoher Eigenentwicklungsquote findet man z. B. häufig die Function-Point-Methode, bei SAP-Anwendern wird meist die von der SAP AG bereitgestellte ASAP®-Methode eingesetzt.

Nutzt ein Unternehmen die Möglichkeit, E-Mails und weitere elektronische Dokumente verschlüsselt auszutauschen, so sind selbstverständlich einheitliche Verschlüsselungsmethoden einzuhalten. Die Vielzahl der innerhalb der in Unternehmen aufgebauten Intranet-Server und vor allem der nach außen gerichteten

Internetserver müssen mit einheitlichen Layoutvorschriften und Freigabeprozessen standardisiert werden, um einem „Wildwuchs" hinsichtlich der Inhalte und Gestaltung entgegenzuwirken. Werden im Unternehmen Geschäftsprozessmodelle erstellt, so ist es sinnvoll, dass die hierfür verwendeten Modellierungsmethoden (z. B. die häufig genutzten ereignisgesteuerten Prozessketten, EPK) einheitlich verwendet werden.

Nutzen der Standardisierung

Der Nutzen der Standardisierung liegt in der kostengünstigeren Beschaffung, einfacheren Administration, Anwendung und Vernetzung von IT-Komponenten. Darüber hinaus wird die Durchgängigkeit der IT-Infrastruktur verbessert (vgl. Buchta et al. 2004, S. 152), da weniger Schnittstellen und Systemübergänge zu versorgen sind.

B.2.2 Senkung der Total Cost of Ownership von Informationssystemen

Begriff der Total Cost of Ownership (TCO)

IT-Arbeitsplätze und Informationssysteme verursachen neben den ***direkten Kosten*** (z. B. Anschaffungskosten für Hardware und Software), die für die Verantwortlichen transparent und sichtbar sind, enorme ***indirekte Kosten***, (z. B. durch Fehlbedienung und/oder mangelhafte Schulung) die sich der Beeinflussung entziehen.

Kaufpreis < Gesamtkosten

Der Kaufpreis eines typischen Arbeitsplatzcomputers beträgt nach vielen Analysen nur etwa 14-15 % der gesamten Kosten, die er im Laufe seiner Lebensdauer insgesamt verursacht. Die restlichen Kosten werden häufig nicht transparent, wenn sie dem betrieblichen Rechnungswesen nicht zu entnehmen sind.

Direkte Kosten

Direkte Kosten entstehen bei der Beschaffung und dem Betrieb von Hard- und Software. Hierzu zählen die Anschaffungskosten und Prozesskosten der Beschaffungsprozesse, der Aufwand für die Installation von Hardware und Software, die Schulung der Mitarbeiter, Wartung und Support, Betrieb von Help-Lines, Netzwerkbetrieb und Raumkosten.

Indirekte Kosten

Neben den direkten Kostenbestandteilen fallen nicht direkt sichtbare Kostenblöcke an, die sich dem Einflussbereich des Managements entziehen. Diese **indirekten Kosten** entstehen durch Produktivitätsverluste der Mitarbeiter (z. B. fehlende Ausbildung) und Ausfallzeiten bei unzureichender Wartung oder Fehlfunktionen. Ein weiteres liefern Opportunitätsverluste durch

Nichtnutzung von technologischen Möglichkeiten (z. B. Datensicherungskonzept, Laufwerke im Netz), deren Nicht-Nutzung höhere Kosten verursacht als ihr konsequenter Einsatz. Ein fehlendes Datensicherungskonzept kann zu einem Datenverlust führen, wenn ein Mitarbeiter Unternehmensdaten auf einem Laptop aufbewahrt und diesen verliert. Der Ausfall eines zentralen Mailservers, ein Virenangriff auf das Unternehmensnetz oder nur ein nicht korrekt eingespieltes Upgrade eines Textverarbeitungsprogramms verursachen Arbeitszeitausfälle und Folgekosten durch nicht erfasste Aufträge.

Diese nicht transparenten Kosten lassen sich mit einem Schiff im Wasser vergleichen, dessen Rumpf unterhalb der Wasserlinie nicht sichtbar ist (vgl. dazu Abbildung 28). Der Anteil der direkten Kosten erreicht etwa 45 % der Gesamtkosten, während die nicht durch das Management beeinflussbaren Kosten bis zu 55 % betragen können.

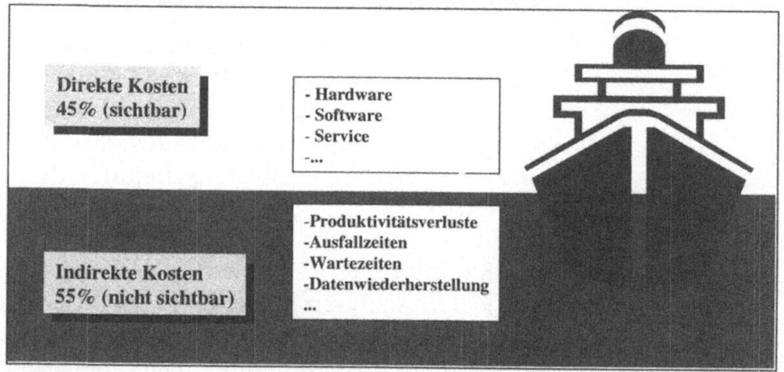

Abbildung 28: Direkte versus indirekte IT-Kosten

TCO

Zur Beschreibung dieses Phänomens wurde von der Gartner-Group und anderen führenden Beratungsunternehmen der Begriff TCO (Total Cost of Ownership) geprägt, der alle Kosten eines IT-Arbeitsplatzes umfasst (vgl. Wolf/Holm, 1998, S. 19). Die TCO-Definition umfasst nicht nur die Kosten der Anschaffung, der Installation der Hard- und Software, die Wartung und den Betrieb, sondern auch die Anschaffung und Wartung von Servern und Netzwerken, Benutzersupport, Schulung und Training, Entwicklung spezieller Anwendungen sowie die Kosten für den Systemausfall.

Ziele des TCO-Ansatzes

Der TCO-Ansatz analysiert die IT-Kostenstrukturen durch eine vollständige Erfassung der Kosten, die im Rahmen der Beschaffung, Bereitstellung und Entsorgung von IT-Komponenten entstehen. Der IT-Controller strebt nach der Bereitstellung von ganzheitlichen Kosteninformationen zur Beurteilung von IT-Investitionsentscheidungen und die Ergänzung klassischer ROI-Kennzahlen (Return-on-Investment).

TCO-Analyse als Voraussetzung der Kostenreduktion

Eine TCO-Analyse gliedert die IT-Kosten in direkte Kosten, sichtbar im Rechnungswesen, und in indirekte Kosten, die im Rechnungswesen nicht ermittelbar sind (vgl. Abbildung 29).

Direkte Kosten **(im Rechnungswesen sichtbar)**	**Indirekte Kosten** **(im Rechnungswesen unsichtbar)**
• Hardware (Anschaffung, Leasing) • Software (Lizenzen, Updates) • IT-Infrastruktur (Netzwerk, Telefongebühren)	• Versteckte dienstliche Endbenutzer-Kosten (Arbeitszeitverlust durch Kollegenschulung [Hey Joe-Effekt], Trial-and-Error-Schulung)
• IT-Entwicklung von Firmen-Add Ons (z. B. Schriftarten, Makros für Geschäftsbriefe, Funktionstest, Anwenderdokumentation) • Schulung und Support (Grundlagenkurse, Telefonhotline, Individualtraining)	• Produktivitäts- und Arbeitszeitverluste durch technische Probleme (Zusammenbruch des Netzwerks, nicht nutzbarer Endbenutzerarbeitsplatz, Druckerprobleme, Serverausfall etc.)
• Verwaltung- und Wartung (Eigene Mitarbeiter, Fremdfirmen bei Outsourcing)	• Versteckte private Endbenutzerkosten (Arbeitszeitverlust durch private Internetnutzung)

Abbildung 29: Direkte und indirekte IT-Kosten

TCO-Analysen dokumentieren übersichtlich die für Arbeitsplatzsysteme anfallenden hohen Kosten. Allerdings liegen die Ergebnisse vieler Untersuchungen oft auseinander.

Gründe für unterschiedliche TCO

Die Gründe für die TCO-Unterschiede liegen in den niedrigeren Kosten für Hardware, Software und Supportbedarf. Untersucht werden hierbei nicht nur direkte Kosten (Hardware, Software, Upgrades, Service, Support, Wertverlust, Server, Peripherie), sondern auch die vielfach höheren indirekten Kosten (Helpdesk, Schulungen, nichtproduktive Ausfallzeiten).

Maßnahmen zur TCO-Reduzierung

Im Anschluss an die Ermittlung der direkten und indirekten IT-Kosten werden Empfehlungen zur Reduzierung der indirekten Kosten erarbeitet, die in den Unternehmen meist übersehen werden. Hierzu zählen technische Verbesserungen, die Standardisierung von IT-Komponenten und organisatorische Veränderungen.

Technik

- Einsatz von Thin Clients (kostengünstige Personalcomputer ohne Festplatte, Disketten- und CD-Laufwerk usw., die über einen Netzanschluss betrieben werden)

- Einsatz von Tools zur Ferninstallation und -wartung

- IT-Assetmanagement

IT-Komponenten

- Hardware (z. B. ein Desktop-PC und ein Laptop-Modell)

- Software (z. B. Office, Mail)

- Services (z. B. SLAs)

Organisation

Zu den organisatorischen Verbesserungen zählen die Geschäftsprozessoptimierung im IT-Umfeld oder das Outsourcing von IT-Prozessen, hier insbesondere die Bereitstellung und Wartung von IT-Komponenten.

Bewertung des TCO-Konzeptes

Vorteile

Die Vorteile des TCO-Ansatzes bestehen in einer vollständigeren Erfassung der IT-Kosten, als dies in der klassischen Kostenrechnung möglich ist, und hierauf aufbauenden Konzepten, z. B. ROI. Das TCO-Konzept ist stärker an den Anforderungen eines IT-ausgerichteten Rechnungswesens orientiert. Die höhere Kostentransparenz erleichtert eine deutliche Kostenreduktion.

Nachteile

Die Nachteile sind darin zu sehen, dass vor allem Nutzen bzw. Erlöse nicht betrachtet werden. Das TCO-Konzept ist im Vergleich zu dynamischen Verfahren der Investitionsrechnung eine rein statische Rechnung, welche die Zeitpunkte der Zahlungen nicht berücksichtigt. Nachteilig ist die rein technikzentrierte Sichtweise, da sie Personalkosten von IT-gestützten Prozessen nicht berücksichtigt.

TBO

Abhilfe schaffen prozessorientierte Ansätze, wie z. B. die Prozesskostenrechnung. Verbesserungen des TCO-Konzeptes werden durch Einbeziehung von Nutzenkomponenten diskutiert. So erweitert die Gartner-Group das TCO-Modell durch ihr TBO-Konzept (Total Benefit of Ownership). Einzubeziehende Benefits für drahtlose PDAs (Personal Digital Assistent) sind z. B.:

- geringere Fehlerquote bei der Datenerfassung,

- beschleunigte mobile Prozesse durch permanenten Zugriff auf Unternehmensdaten (z. B. beim Kunden),

- höhere Erreichbarkeit der Mitarbeiter steigert Entscheidungsprozesse,

- höhere Mitarbeiterzufriedenheit.

B.2.3 Standardisierung von PC-Arbeitsplätzen

Wenn es gelingt, die Benutzeranforderungen sinnvoll zu standardisieren, erhalten IT-Lieferanten die Basis für kostengünstige Produktentwicklungen. Die Anforderungsprofile beschreiben für einen relevanten IT-Arbeitsplatztyp sämtliche fachlichen Anforderungen.

TYPISCHE IT-ARBEITSPLÄTZE

Call-Center-Arbeitsplatz, Manager-Arbeitsplatz,

Sekretariats-Arbeitsplatz

Unternehmens- bzw. konzernweit standardisiert werden prozessneutrale IT-Komponenten, wenn sie die Kommunikationsfähigkeit des Unternehmens verbessern. Hierzu zählen Hardware-Anforderungen (z. B. mobiler Arbeitsplatz); Software-Anforderungen (z. B. Synchronisationssoftware) und Zugangsmerkmale (z. B. Account für Großrechner-Zugang).

Vorgehensweise

Den ersten Schritt zur Standardisierung liefern Anforderungsprofile der betroffenen Konzerneinheiten mit aktiver Unterstützung durch das Arbeitsplatzmanagement im Sinne des Controllerdienstes. Es bedient sich zur Unterstützung ggf. auch interner oder externer IT-Experten. Anschließend wird der IT-Dienstleister mit der Entwicklung und Definition von konkreten IT-Produkten beauftragt. Hierunter ist jedoch keine einfache 1:1-Umsetzung von Anforderungen in IT-Produkte zu verstehen, sondern eine baukastenorientierte Produktdefinition. Dieser Prozess ist vergleichbar mit der Produktentwicklung in anderen Branchen, wie z. B. der Automobilindustrie. Nach Verfügbarkeit der IT-Produkte (Angebote durch den ASP-Dienstleister) erfolgt deren Aufnahme und Freigabe im IT-Katalog. Er enthält die für Endbenutzer bestellbaren Produkte. Abbildung 30 stellt einen hierarchischen Katalog mit Anforderungsprofilen vor.

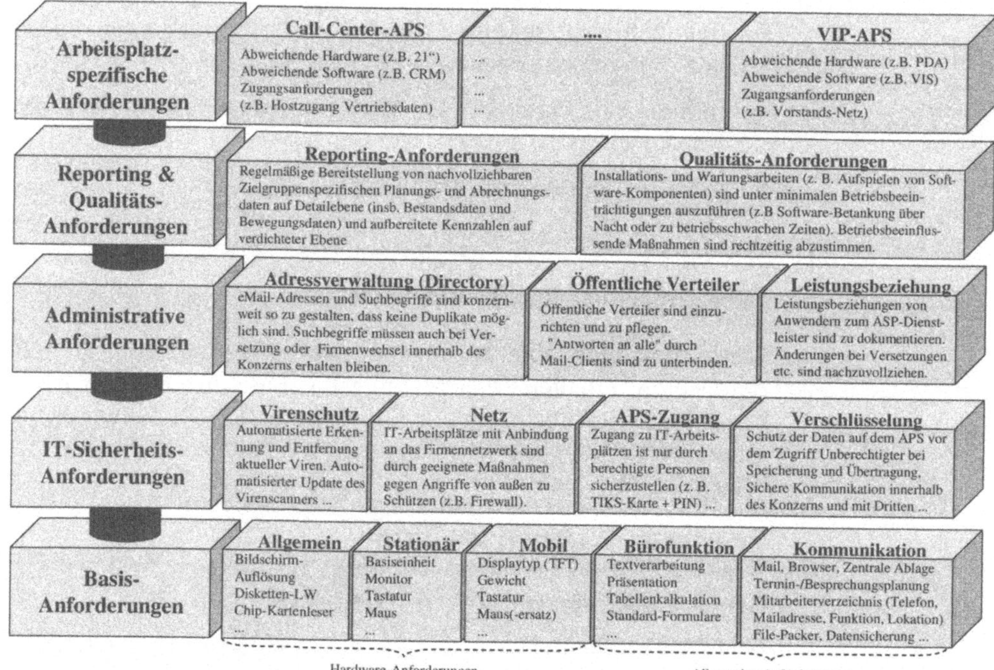

Abbildung 30: Anforderungsprofile für Standard-IT-Arbeitsplätze

Basisanforde-
rungen

Die Grundlage für einen standardisierten IT-Arbeitsplatz bilden Basisanforderungen. Sie lassen sich in Hardware- und allgemeine funktionale Anforderungen gliedern. Auf dieser Ebene werden grundlegende Leistungsmerkmale definiert. Sie bilden die Grundlage für die Angebotsbildung durch den IT-Lieferanten.

IT-Sicherheits-
anforderungen

Die zweite Ebene baut auf den Basisanforderungen auf. Sie wird durch IT-Sicherheitsanforderungen gebildet, die für jeden Standardarbeitsplatz, differenziert nach Sicherheitskategorien (z. B. Mitarbeiter, Führungskraft, Vorstand), Gültigkeit haben.

Administrative Anforderungen

Administrative Anforderungen haben für viele IT-Arbeitsplätze Gültigkeit. So wird festgelegt, in welcher Form eMail-Adressen vergeben werden, welche Daten im zentralen Adressbuch (Directory) für jeden Mitarbeiter erfasst werden müssen. Von besonderer Bedeutung ist die Historisierung der Leistungsbeziehung zu jedem Endkunden durch den IT-Lieferanten. Diese Anforderung stellt sicher, dass ein Endbenutzer beim Anruf im Support-Center identifizierbar ist und seine Hardware/Software-Konfiguration einschließlich der Vergangenheitsdaten für Beratungszwecke verfügbar ist. Damit ist eine individuelle Anwenderbetreuung möglich:

- „Welche Produkte benutzt der Anwender derzeit?",

- „Womit hatte der Anwender früher Probleme?",

- „Welche Serviceeinsätze wurden durchgeführt?".

Reporting & Qualitäts-Anforderungen

Das IT-Arbeitsplatzmanagement und der Endbenutzer sind auf Informationen zur Beurteilung ihrer Leistungsbeziehung mit dem IT-Lieferanten angewiesen. Der Endbenutzer benötigt einen detaillierten Nachweis der von ihm bezogenen Leistungen und Bestandsübersichten, um eine Rechnungsprüfung durchzuführen. Für einen Kostenstellenleiter ist es wichtig zu wissen, welche IT-Kosten auf seiner Kostenstelle für welchen Arbeitsplatz anfallen. Das IT-Arbeitsplatzmanagement benötigt verdichtete Planungs- und Qualitätsinformationen. Hierzu gehören z. B. Kennzahlen über die vereinbarten Service-Level (Wann und wo gab es Störungen? Wie lange wurde der Betrieb unterbrochen?).

Arbeitsplatzspezifische Anforderungen

Die Spitze der Anforderungspyramide bilden arbeitsplatzspezifische Anforderungen, welche die Anforderungen von einzelnen Personengruppen (Sekretärin, Manager, Vertriebs-Mitarbeiter, Mobiler Arbeitsplatz u.a.) bündeln. Die Erfassung dieser Anforderungskategorie erfordert eine Mitwirkung der Endbenutzer.

B.2.4   Aufbau eines IT-Kataloges

Um den Leistungsaustausch zwischen Auftraggeber und Auftragnehmer zu regeln, werden zunehmend IT-Kataloge zur Spezifizierung der IT-Leistungen und Konditionen eingesetzt. Der IT-Katalog ist auch für das IT-Arbeitsplatzmanagement ein unverzichtbares operatives Controlling-Werkzeug, weil es die Leistungs- und Kostentransparenz erhöht und zugleich den Bezug zum Endanwender fördert. Das IT-Arbeitsplatzmanagement definiert Anforderungen an die vom IT-Lieferanten bereitzustellenden Produkte. Je höher der Standardisierungsgrad der Anforderungen ist, desto höher sind die erzielbaren Kostenvorteile durch standardisierte IT-Produkte. Die durchschnittliche Nutzungsdauer der IT-Arbeitsplatzsysteme ist auf einen vom Auftraggeber gewünschten Wert zu fixieren. Hierdurch wird ein Technology Refresh durch den IT-Lieferanten möglich. Der Auftraggeber erhält regelmäßig einen Austausch seiner IT-Arbeitsplatz-Ausstattung auf den neuesten technischen Stand. Die Entsorgung erfolgt durch den IT-Lieferanten. Muster eines IT Kataloges listet Abbildung 31 auf.

Allgemeine Hinweise zur Bestellung von IT-Arbeitsplatzsystemen	**Desktop-Services, Produktportfolio, Bestellprozess, Projekte, Budgetplanung, Inbetriebnahme**
Allgemeine Hinweise zur Nutzung von IT-Arbeitsplatzsystemen	**Erstmalige Bereitstellung eines IT-APS, Helpline- und Vor-Ort-Services, Regelmäßiger Austausch (Refresh), Verbrauchsmaterial**
Bestellpakete und optionale Komponenten für Aufgabenprofile	**Vorkonfigurierte Bestellpakete** (z.B. Außendienst-PC, Standard-Büro-APS), **Optionale Komponenten für Bestellpakete** (z.B. Drucker, Monitore), **Bestellpakete Netzwerkdrucker, Bestellpakete Pocket PC**
Dienstleistungs-komponenten	**Datensicherung, Fax, SMS, Internetzugang, IT-Remote, Mail-, File- und Printservice, Öffentliche Ordner, Postfacherweiterung, Umzug, T-Online-Zugang, Großrechnerzugang (MVS), Kabelloser Netzzugang im Büro**
Komponenten zur Selbstkonfiguration	**Individual-PC** (z.B. als Basispaket Desktop-PC), **Optionale Komponenten für Basiskomponenten** (z.B. Monitor, Drucker)
Technische Artikel für besondere Zwecke	**Hardware** (z. B. Artikel für Desktops, Notebooks, Druckerkabel) **Software** (z.B. Standardsoftware)
Sonstige Dienst-leistungen nach Aufwand	**z.B. Installation und Inbetriebnahme spezieller Software auf einem Individual-PC**
Leistungsbeschreibung IT-Arbeitsplatz	**Liefermengen, Einzelbeauftragung, Service-Level-Agreement (SLA) der Bereitstellung, Virenschutz, Wizard, Service-Level-Agreements (SLA) für Problem Management, HelpLine u.v.m.**

Abbildung 31: Inhalt eines IT-Kataloges

B.2.5   Fallstudie zur IT-Standardisierung

Ausgangssituation

Gegenstand der Fallstudie ist ein Maschinen- und Anlagenbaukonzern mit einem Jahresumsatz von etwa 10.000 Mio. EUR/Jahr und etwa 50 Konzerneinheiten, die weitgehend rechtlich selbständig sind. Das Unternehmen ist weltweit mit Schwerpunkten in Europa und USA vertreten. Produktions- und Vertriebsstandorte befinden sich in allen Kontinenten. Etwa 60 % des Jahresumsatzes werden im Anlagenbau erzielt. Weitere umsatzstarke Konzernbereiche sind im Spezialfahrzeugbau und der Elektrotechnik angesiedelt. Die Zahl der Mitarbeiter beträgt weltweit etwa 40.000.

IT-Organisation

Die gesamte IT-Organisation ist dezentral organisiert. Die IT-Verantwortlichen des Konzerns kennen sich untereinander häufig nicht. Kontakte kommen eher zufällig zustande.

Die IT-Budgets sind dezentralisiert und wegen des fehlenden zentralen IT-Controllings nicht genau spezifizierbar. Ein CIO ist nicht vorhanden.

Jede Konzerneinheit plant und steuert ihre IT-Projekte eigenständig. Synergien durch gemeinsame Rechenzentren, gemeinsame Rahmenverträge bei IT-Dienstleistern werden nicht genutzt. Selbst Standleitungen in Ländern mit gemeinsamen Vertretungen werden doppelt und mehrfach von verschiedenen Providern angemietet.

Handlungsbedarf

Fehlende IT-Standards

Durch die fehlende Abstimmung der IT-Aktivitäten werden zahlreiche gleichartige Produkte unterschiedlicher Hersteller verwendet (z. B. mehrere ERP-Systeme von Herstellern wie SAP, Oracle und Infor sowie mehrere E-Mail-Systeme wie MS Exchange oder Lotus Notes). Konzerneinheiten mit gemeinsamen Kunden, Produkten oder überlappenden Geschäftsprozessen stimmen ihre Informationssysteme bilateral ab, sofern die Geschäftsprozesse es erfordern.

Zahlreiche „Schnittstellen"

Über zahlreiche Schnittstellen werden Daten zwischen den Konzerninformationssystemen ausgetauscht. Ein zentrales Repository hierüber existiert nicht. Bei Releasewechseln einzelner Softwaresysteme tauchen immer wieder Probleme mit inkompatiblen Schnittstellenprogrammen der beteiligten Informationssysteme anderer Konzerneinheiten auf. Datenredundanzen und widersprüchliche, inkonsistente Datenbestände sind häufig anzutreffen. Selbst Gesellschaften mit gleichartigen Produkten (z. B. SAP® R/3® als ERP-System, MS Outlook als Mail-Client) müssen mangels abgestimmter Customizing-Einstellungen (z. B. uneinheitliche Produktgruppenschlüssel) oder unterschiedlicher Mail-Verzeichnisse individuelle Abstimmungen herbeiführen.

Kein gemeinsames Erscheinungsbild

Externe Auftritte im Internet fallen durch unterschiedliche Layouts und Inhalte auf. Gemeinsame Portale mit zentralen Suchmaschinen, Verzeichnissen und Verzweigungen auf Einzel-Angebote sind nicht vorhanden. Auch innerhalb des Intranets herrscht eine unüberschaubare Vielfalt vor. So ist z. B. der Versand verschlüsselter und signierter E-Mails innerhalb des Unternehmens mangels gemeinsamer Sicherheitsstandards und mangels eines integrierten Unternehmensnetzes nicht ohne Zusatzaufwand möglich. Eine Reihe kleinerer Unternehmen des Konzerns sind nicht ins Firmennetzwerk integriert. Die Kommunikation läuft – ungeschützt – über das Internet oder über Fax und Post.

Überkapazitäten

Die Konzerneinheiten betreiben bis auf sehr wenige Ausnahmen keine gemeinsamen Rechenzentren. Sie nutzen zahlreiche verschiedene externe Provider oder betreiben eine eigene Infrastruktur. Hierdurch sind an einigen Stellen im Konzern ungenutzte Kapazitäten entstanden, die man versucht, am externen Markt anzubieten.

Aufgabenstellung

Entwerfen Sie eine Strategie zur Lösung der geschilderten Probleme des Unternehmens.

Lösungsvorschlag

CIO (Chief Information Officer)

Der Konzernvorstand beschließt die Einrichtung und Etablierung eines CIO für den Gesamt-Konzern mit weitreichenden Kompetenzen: Strategie, Planung und Controlling der IT-Aktivitäten des Konzerns in gleichberechtigter Abstimmung mit allen Konzerneinheiten.

Der neu eingestellte Konzern-CIO richtet eine zentrale Strategie- und Steuerungsgruppe mit für den Start etwa 20-25 Mitarbeitern ein. Sie ist für die Abstimmung der Geschäftsprozesse und IT-Anwendungen verantwortlich, die mehr als zwei Konzerneinheiten betreffen. Hinzu kommt die Verantwortung für die IT-Infrastruktur in übergreifenden Fragen.

Die operative Durchführung von Maßnahmen kann durch externe Dienstleister oder beauftragte Konzerneinheiten erfolgen. Der

IT-Controllerdienst übernimmt Wirtschaftlichkeitsanalysen und Prüfungen von IT-Projekten, unterstützt und berät projektbegleitend die verantwortlichen IT-Projektmanager.

IT-Board

Es empfiehlt sich, die Abstimmung von IT-Projekten gemeinschaftlich durchzuführen und ein IT-Board einzurichten, in dem die IT-Chefs der zentralen Konzerneinheiten und der CIO gemeinsam mit dem IT-Controllerdienst gleichberechtigt vertreten sind. Der CIO hat die Aufgabe, dieses Gremium zu führen und den Entscheidungsprozess zu moderieren. Entscheidungen sind einvernehmlich zu treffen.

Budgetierung

Der Konzern-CIO erhält ein IT-Budget für konzernweite Maßnahmen. Es beträgt nur etwa 5 % der gesamten IT-Budgets aller Konzerneinheiten. Die wesentlichen Ausgaben werden also dezentral geplant und überwacht, unterliegen aber der gemeinsamen Verantwortung für den Konzern. Synergien durch Standardisierung und gemeinsame Verwendung von Ressourcen sind zu nutzen. Dezentrale Projekte zu ausgewählten Themen (z. B. Einführung oder Erweiterung von ERP-Systemen) oder vorgegebener Größenordnungen (über 250.000 EURO) sind im IT-Board einvernehmlich abzustimmen.

IT-Strategie und Standardisierungsprojekte

Primäre Aufgabe des CIO ist die Erarbeitung einer Konzern-IT-Strategie, aus der mehrere Standardisierungsprojekte resultieren.

- ***IT-Standards und Rahmenverträge:*** Aufbau einer zentralen Gruppe mit operativer Unterstützung durch Mitarbeiter der Konzerneinheiten zur Erarbeitung und Festlegung von IT-Standards (z. B. ERP-Systeme, Betriebssysteme, Office-Produkte) und IT-Rahmenverträgen (z. B. mit Hardware und Softwarelieferanten, Beratern).

- ***RZ-Konsolidierung:*** Aufbau einer zentralen Organisation zum gemeinsamen Betrieb der bisher mehr als 20 Einzelrechenzentren und Rückführung der an Provider ausgelagerten Applikationen. Ziel ist der Aufbau von weltweit drei Standorten für Rechenzentren (Europa, USA und Asien). Die Rechenzentren unterliegen einheitlichen Qualitätsnormen und werden nach üblichen Standards (ISO9000, EFQM, ITIL) zertifiziert.

- ***Kommunikations-Competence-Center:*** Die Aufgabe des neu einzurichtenden Competence-Centers ist der Aufbau eines leistungsfähigen Konzern-Netzwerkes mit einheitlichen

Kommunikationsapplikationen (Mail, Telefon, Intranet, Portale, Directory, Verschlüsselung, Signatur).

- ***Konzern-Competence-Center Standardsoftware:*** Aufbau eines Competence-Centers für die Unterstützung der Einführung und Wartung von betrieblichen Standardsoftwaresystemen (z. B. SAP, Oracle, Microsoft). Die Mitarbeiter dieser Einheit werden rekrutiert aus Spezialisten der Konzerneinheiten sowie externen Einstellungen. Die Nutzung des Competence-Centers dient dem Abbau von nicht ausgelasteten dezentralen IT-Spezialisten und der Reduzierung von externen Beratungsaufwänden.

B.3   Leistungsvereinbarungen (Service Level Agreements)

B.3.1   Begriff

Definition SLA

Ein Service Level Agreement (SLA) ist eine Vereinbarung über die termingerechte Erbringung von (IT-)Leistungen in einer vereinbarten Qualität zu festgelegten Kosten (vgl. Abbildung 32).

Interne SLAs regeln das Verhältnis zwischen dem IT-Bereich (Auftragnehmer) und der Fachabteilung (Auftraggeber). Externe SLAs regeln das Verhältnis zwischen der IT-Abteilung oder der Fachabteilung, die beide als Auftraggeber agieren können, und externen IT-Lieferanten bzw. Dienstleistern, die als Auftragnehmer agieren.

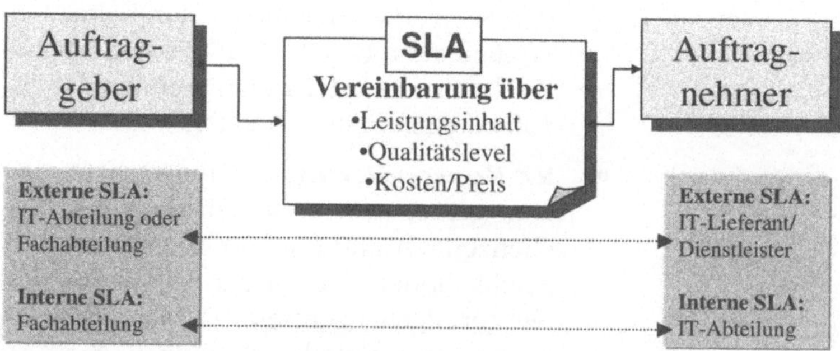

Abbildung 32: SLA-Konzept

Grundidee

Nach der Grundidee des SLA-Konzeptes betrachtet der Auftragnehmer nur die für ihn erbrachte Leistung. Detailprobleme, die der Auftragnehmer während der Leistungserbringung zu bewältigen hat, sollen und brauchen den Auftraggeber nicht zu interessieren. Hierdurch reduziert er die Komplexität und damit die Kosten seiner Geschäftsprozesse.

Im IT-Umfeld finden sich überall Beispiele für einen sinnvollen SLA-Einsatz, wenn unterschiedliche Partner für die Leistungserbringung benötigt werden, d. h. eine Aufteilung der Arbeiten auf mehrere Geschäftspartner möglich ist. Typische Beispiele sind: Application Service Providing (Miete von Software über das Internet), Externe Dokumentenerfassung (z. B. von Eingangsrechnungen), Externer Massendruck (z. B. von Ausgangsrechnungen), Outsourcing des gesamten Rechenzentrums, PC-Benutzerservice durch ein externes Softwarehaus.

Beispiele

Zahlreiche konkrete SLA-Beispiele sind im Buch von Jäger-Goy (2002, S. 106) zusammengestellt:

- „Verfügbarkeit: z. B. 96 % jeden Tag, von Montag bis Freitag von 7-20 Uhr für jedes Call-Center;

- Zuverlässigkeit: z. B. nicht mehr als drei Ausfälle pro Zeiteinheit;

- Servicefähigkeit: z. B. 96 % aller Netzwerkausfälle in jeder Arbeitswoche werden innerhalb von 30 Minuten nach Fehlermeldung behoben;

- Mindestabnahmemengen: z. B. die vereinbarte Anzahl von 180 R/3-Power-Usern gilt für mindestens ein Jahr;

- Zeiten: (Antwort-, Wiederanlauf-, Durchlaufzeiten), z. B. 66 % aller Telefonanrufe werden spätestens nach dem vierten Klingeln angenommen;

- Kundenzufriedenheit: z. B. zweimal jährlich wird eine Kundenzufriedenheitsmessung durchgeführt, um die Help-Desk-Service-Leistung zu messen“.

Zweckmäßigkeit

Bei der Festlegung von SLAs ist vor allem auf die Zweckhaftigkeit der Vereinbarungen zu achten. Ein häufiger Fehler wird in der Praxis beim „Desktop-Outsourcing“ gemacht, wenn die Service-Hotline, die Benuzeranfragen bearbeitet, in die Hände eines externen Dienstleisters gegeben wird. Wird die Hotline nach der Anzahl der Benutzeranfragen oder der benötigten Arbeitszeit bezahlt, besteht die Gefahr, dass Anwender die Hotline meiden und zur Selbsthilfe greifen. Die steigende Selbsthilfe unter den Kollegen kann jedoch dazu führen, dass indirekte IT-Kosten (Arbeitszeitverlust, Folgefehler) deutlich steigen. Daher sind

Computer-Hotlines möglichst über eine monatliche Pauschale zu
honorieren. Um dennoch zu erreichen, dass der IT-Dienstleister
an einer hohen Serviceleistung Interesse zeigt, sollte die zugehö-
rige SLA z.B. vorsehen, dass 80 % der Erstanrufe zu einer Problemlösung führen. Denn nur Anwender, denen überwiegend
sofort geholfen wird, werden eine Hotline langfristig nutzen.

B.3.2 Zentrale Inhalte

SLA-Inhalte

Eine SLA als komplexes Vertragswerk steuert über viele Regelungen das Zusammenspiel zwischen den Vertragsparteien.

* ***Leistungsspezifikation***

Hierunter ist die exakte Beschreibung der Art und des Umfangs
der zu erbringenden Leistung (z. B. Einführung, Betrieb und
Wartung einer Standardsoftware) zu verstehen.

* ***Termine, Fristen***

Leistungen sind zu bestimmten Zeitpunkten (z. B. Report über
erbrachte Leistungen am 10. des Folgemonats) oder innerhalb
festgelegter Fristen (Störungsbeseitigung innerhalb von acht Ar-
beitsstunden) zu erbringen. Idealerweise werden diese in Bezug
zu Prioritäten gesetzt, z. B. der Beseitigung von kritischen Störungen (Serverstillstand) innerhalb von zwei Stunden, Beseitigung von weniger kritischen Störungen (Ausfall eines Druckers)
innerhalb von einem Arbeitstag.

* ***Konditionen***

Vergütungen und Vertragsstrafen sind in der Höhe und Berechnung (z. B. Rabattstaffeln) sowie Rechnungsstellung (z. B. Mo-
natsrechnung) zu spezifizieren.

* ***Organisatorische Rahmenbedingungen***

Hier sind Regelungen über die Abwicklung der Leistungsbeziehung zu treffen. Insbesondere ist zu klären, welche Arbeits- und
Bereitschaftszeiten zu erbringen sind. Festzulegen ist, wie ein

Auftrag zustande kommt (z. B. Meldung der Störung per Telefon oder per E-Mail?)

• *Nachweis der Leistungserbringung*

Hier gilt der Grundsatz, der Auftragnehmer hat die Leistungserbringung nachzuweisen. Er muss nachprüfbare Aufzeichnungen über Art und Umfang der erbrachten Leistungen führen. Bei Streitfällen entscheidet ein partnerschaftlich besetztes Gremium. Für die Abrechnung der Leistungen sind nur messbare Kriterien gültig.

• *Zulässige Ausreißerquote*

Maximaler Anteil der Leistungseinheiten, die außerhalb des vereinbarten Qualitäts- / Terminrasters liegen dürfen.

• *Konsequenzen von SLA-Verletzungen*

Solange die vereinbarte Ausreißerquote nicht überschritten wird, liegt keine SLA-Verletzung vor. Für den Auftraggeber bedeutet dies, dass er bei ärgerlichen Einzelfällen keine Sanktionierung gegenüber dem IT-Lieferanten erhält. Erst wenn die zulässige Ausreißerquote überschritten wird, können Maßnahmen eingeleitet werden.

• *Maßnahmen bei SLA-Verletzungen*

Eine Malusregelung erlaubt dem Auftraggeber, für entstandene Schäden, die durch die SLA-Verletzung eingetreten sind, den Leistungspreis zu reduzieren. Da der Malus den Deckungsbeitrag des Auftragnehmers aufzehrt, ist er daran interessiert, die Service-Level-Vereinbarung einzuhalten. Allerdings sollte die folgende Grundregel beachtet werden: Die „Strafe" soll wehtun, darf den Dienstleister jedoch nicht in den Konkurs zwingen.

Auf die Relevanz des Bezugszeitraumes einer SLA im Hinblick auf die Rechtsfolgen weist z. B. Rittweger hin (vgl. Rittweger 2003, S. 19). Die normale Vergütung für den Service wird fällig, wenn die Leistung im vereinbarten Normalbereich liegt. Eine Vereinbarung über eine 99,5 %-ige Verfügbarkeit eines Datenbankservers bei einer Betriebszeit von 24 h an 7 Tagen in der Woche bedeutet eine maximal zulässige Ausfallzeit von 7,2 Minuten bei einem Bezugszeitraum von einem Tag oder einer Ausfallzeit von etwa 2 Tagen bei einem Bezugszeitraum von einem Jahr. Dies bedeutet, dass der Rechner die angegebenen Zeiten stillstehen darf, ohne dass der Vertrag verletzt wird. Sinkt die Leistung unterhalb eines vereinbarten Mindestlevels, wird eine Strafe (Malus, auch Pönale genannt) fällig. Bei einer Übererfüllung des Vertrages ist dagegen eine Zusatzvergütung (Bonus) zu zahlen. Fällt die Leistung sehr weit unter einen im Vertrag festgelegten Level ab, besteht Anspruch auf Schadenersatz und die Möglichkeit der Vertragskündigung. Abbildung 33 verdeutlicht diesen Zusammenhang.

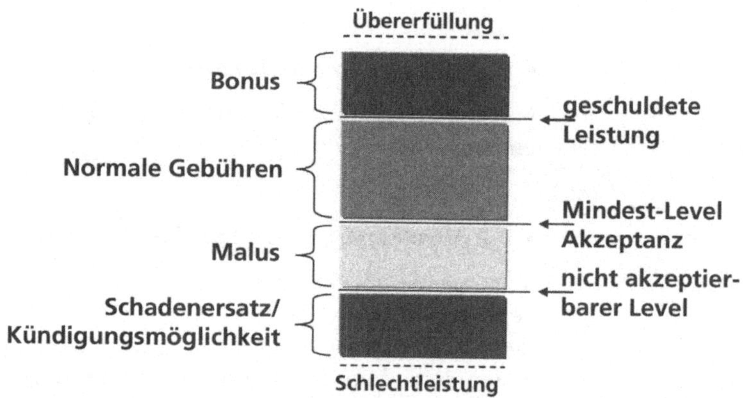

Abbildung 33: Konsequenzen der Service-Level-Verletzung (Rittweger, 2003)

Pönale

Die Aufgabe der Pönale besteht in der teilweisen oder vollständigen Kompensation des durch die Nichterfüllung des Vertrages enstandenen Schadens. Allerdings übernehmen in der Praxis nur die wenigsten Anbieter gegenüber dem Auftraggeber größere Unternehmensrisiken. Sofern vertragliche Vereinbarungen nichts anderes vorsehen, bleibt daher normalerweise der gesetzliche Schadenersatzanspruch bestehen. Weiterhin dient die Pönale als Druckmittel gegenüber dem Provider. Allerdings empfiehlt es sich, im Vertrag ein Sonderkündigungsrecht zu vereinbaren, falls die SLA-Vereinbarungen besonders schwer unterschritten werden oder häufiger nicht eingehalten werden. Dies dürfte im Zweifelsfall ein stärkeres Druckmittel gegenüber dem Provider darstellen.

B.3.3   Praxisbeispiele

Ein Beispiel für eine SLA zum Betrieb eines Rechenzentrums ist in Abbildung 34 dargestellt. Die SLA unterscheidet drei Qualitätslevel: „Sehr hohe Verfügbarkeit" (schnelle Reaktionszeiten und lange Servicezeiten), „Hohe Verfügbarkeit" und „Standard Verfügbarkeit" mit Basisabsicherung ohne Komfort im Problemfall.

SLA-Level	Level 1 Sehr hohe Verfügbarkeit	Level 2 Hohe Verfügbarkeit	Level 3 Standard Verfügbarkeit
Betriebszeit	Mo - So 00.00 – 24.00 Uhr	Mo - So 00.00 - 24.00 Uhr	Mo – So 00.00 - 24.00 Uhr
Wartungsfenster	2 h pro Monat nach Vereinb., zusätzlich 5 h Quartal	3 h pro Monat, nach Vereinb., zusatzlich 10 h Quartal	5 h pro Monat, nach Vereinb., zusätzlich 20 h Quartal
Servicezeiten (Hotline)	Mo – Fr. 06.00-22.00 Uhr, Sa 08.00-14.00 Uhr So 60 h p.a. nach Vereinb. Restliche Zeit (7*24h) Rufbereitschaft	Mo – Fr. 06.00-22.00 Uhr, Restliche Zeit (7*24h) Rufbereitschaft	Mo – Fr. 06.00-22.00 Uhr, Restliche Zeit (7*24h) Rufbereitschaft
Ausfallhäufigkeit / max. Ausfalldauer	1x Monat / jeweils max. 1 h	2x Monat / jeweils max. 1h	4x Monat / jeweils max. 3 h
Max. Dauer bis zur Erreichbarkeit im Servicefall	20 min nach Meldung per Telefon / Telefax / E-Mail	60 min nach Meldung per Telefon / Telefax / E-Mail	90 min nach Meldung per Telefon / Telefax / E-Mail
Datensicherung	Tägliche Onlinesicherung 15 Generationen	Tägliche Onlinesicherung 8 Generationen	Tägliche Onlinesicherung 5 Generationen

Abbildung 34: SLA für den RZ-Betrieb

Ein Beispiel einer SLA für den Service „Netzwerkanbindung" zeigt Abbildung 35.

1	**Servicebeschreibung:** • Betrieb und Betreuung des zentralen Netzwerkes • Erbringung von Serviceleistungen zur Unterhaltung und Weiterentwicklung des Netzwerkes
1.1	**Serviceinhalte** • Bereitstellung der zentralen Netzeinrichtungen zur Kommunikation • Bereitstellung und Administration einer Netzwerk-User-ID • Beratung und Schulung der IT-Administratoren bei Neuerungen

	• Bereitstellung und Einrichtung des Zugriffs auf gemeinsame und zentrale Datenbereiche für die im Netzverbund befindlichen User • Bereitstellung eines ständig aktuellen Virenscanners auf den im Netzwerkverbund befindlichen Netzwerk-Servern • Bereitstellung, Betrieb, Administration zentraler Firewalls zum Schutz vor unbefugten Zugriffen • Allgemeine Problemannahme für die aufgeführten Leistungen durch den User Help Desk • Kontinuierliche Überwachung der Verfügbarkeit und Sicherstellung der Leistungsfähigkeit des zentralen Equipments
3	**Service-Kenngrößen** • **Service-Zeiten (außer an Feiertagen)** Montags-freitags innerhalb der regulären Bürozeiten (08.00 - 16.00 Uhr), Bereitschaft von 16.00 – 08.20 Uhr sowie an Sonn-/Feiertagen 24 Std. Bereitschaft gilt für die zentralen Netzkomponenten • **Verfügbarkeit zentraler Netzwerk-Komponenten** ➔ 95 % bezogen auf den Monat • **Wartungsfenster (eingeschränkte Verfügbarkeit)** Regelmäßige Wartung – Donnerstag 16.45 - 21.00 Uhr Unregelmäßige Wartung – nach Absprache • **Reaktionszeiten bei Ausfällen** Ausfall der Produktion – sofort Ausfall einzelner Arbeitsplatz – 4 Stunden Eingeschränkte Funktion – 12 Stunden
4	**Service-Ausprägungen** • Vom Standard abweichende Service-Kenngrößen sind gesondert zu kalkulieren und zu bepreisen. • Anbindung von Home-Office/mobilen Systemen erfordert höheren Einrichtungsaufwand, eigene Produktkalkulation erforderlich.
5	**Mitwirkungspflichten** • Als Ansprechpartner empfiehlt sich ein IT-Administrator vor Ort • Für Leistungserstellung und Anlage der User-IDs gelten vereinbarte Policies und Guidelines

Abbildung 35: SLA-Beispiel (Tepker, 2002, S. 58, modifiziert)

B.3.4   Einführung

Die Einführung von Service Level Agreements ist ein zeitaufwendiger Prozess, der sich wegen organisatorischer Veränderungen erfolgreich nur sukzessive durchführen läßt. Der Einführungsprozess gliedert sich in die Teilschritte: Anforderungsdefinition, Aufbau IT-Katalog, Preisverhandlungen und Vertragsabschluss.

- *Anforderungsdefinition*

  Zunächst sind die geschäftlichen Anforderungen des Kunden zu ermitteln, z. B. die Art der Leistung (z. B. PC-Störung beseitigen), der gewünschte Servicelevel (z. B. Wiedereintritt der Arbeitsfähigkeit nach Störungsmeldung innerhalb von zwei Stunden). Ein wichtiger Punkt ist das zu erwartende Mengenvolumen, das im Unternehmen durch Abfragen ermittelt werden kann.

- *Aufbau IT-Katalog*

  Danach ist vom IT-Dienstleister (intern oder extern) ein IT-Katalog zu erstellen, der die Produkte enthält, die vom Kunden benötigt werden.

- *Preisverhandlungen*

  Anschließend können die Vertragspartner in Preisverhandlungen treten. Der IT-Dienstleister ermittelt seine Kosten, der Kunde holt Vergleichsangebote für den Preisvergleich ein. Vertragsstrafen bei Nichteinhaltung der vereinbarten Service-Levels sind vorsorglich zu vereinbaren.

- *Vertragsabschluss*

  Nach dem Abschluss des SLA-Vertrages ist eine Einschwingphase notwendig und sinnvoll. Kurze Vertragslaufzeiten sind empfehlenswert, um dauerhafte Abhängigkeiten zu vermeiden.

B.3.5   Bewertung

Vorteile

SLAs schaffen Transparenz über die Leistungen des IT-Anbieters. IT-Kunden können den Service-Grad nach ihren Wünschen individuell wählen. SLAs können zu einer Win-Win-Situation führen. Sie helfen dem IT-Anbieter zu einer kundenorientierten Ausrichtung seiner Prozesse und bieten eine fixierte Rechtsgrundlage in Streitfällen. Als Unterstützung für Kosten senkende Maßnahmen, wie dem TCO-Konzept, empfehlen sie sich als Instrument des IT-Controlling-Konzeptes.

Nachteile

Die Entwicklung von SLAs ist ein Prozess mit einer Einschwingphase. Während dieser Anlaufzeit lassen sich die SLAs nicht anwenden, haben allenfalls statistischen Wert. Langfristig besteht die Gefahr einer Fixierung der Leistungsbemühungen des Lieferanten auf die Erfüllung der SLAs. Außerdem bietet sich die „Chance" durch „Schönrechnen" eine erhöhte Leistungsfähigkeit vorzutäuschen.

B.4   Steuerung von IT-Prozessen mit der IT Infrastructure Library (ITIL)

B.4.1   ITIL-Begriff

IT-Abteilungen sind oft an Geschäftsprozessoptimierungsprojekten maßgeblich beteiligt. IT-Prozesse selbst sind dagegen häufig nicht standardisiert. Untersuchungen zeigen, dass bis zu 53,5 % der deutschen Unternehmen die Zusammenarbeit der Fach- und IT-Abteilung „auf Zufruf" regeln. Nur 42,6 % der Unternehmen regeln die IT-Prozesse einheitlich (vgl. Bereszewski 2004, S. 32).

Der Betrieb von IT-Systemen durch einen IT-Dienstleister erfordert standardisierte, nachvollziehbare Abläufe. Sie wurden für die Unternehmenspraxis von der IT Infrastructure Library (ITIL) in einem Handbuch dokumentiert, das in den 80er-Jahren von der britischen Regierung für die Beschreibung von IT-Abläufen konzipiert wurde. Das ursprüngliche Handbuch wurde zu einer Sammlung von Best-Practices fortentwickelt und gilt heute als de-facto-Standard für angewandtes IT-Prozessmananagement in Unternehmen und Behörden auch außerhalb Großbritanniens.

ITIL sollte nicht als Norm oder Vorschrift, sondern im Sinne herstellerunabhängiger Empfehlungen auf der Grundlage von Praxis-Erfahrungen verstanden werden. ITIL schreibt weder den

Einsatz spezieller Formulare oder konkreter Tools vor, sondern zeigt den Handlungsbedarf für standardisierte IT-Prozesse auf. Die ITIL-Vorschläge müssen überprüft und für den unternehmensspezifischen Einsatz individuell angepasst werden. Die Einführung von ITIL bedeutet für das IT-Management, Prozesse in der IT zu analysieren, zu optimieren und transparent zu dokumentieren. Es ist zu klären, welche Teilschritte ablaufen und wer für den Gesamtprozess und einzelne Prozess-Schritte im Unternehmen verantwortlich ist.

itSMF

Die permanente Weiterentwicklung von ITIL hat das Information Technology Service Management Forum (itSMF) übernommen, das 1991 als britische Institution gegründet wurde. Inzwischen gibt es nationale itSMF-Organisationen auch in Deutschland (vgl. itSMF, 2002, S. 33).

1. Zielgruppe:
IT-Dienstleister

ITIL orientiert sich als Sammlung von Best Practices in erster Linie an IT-Serviceunternehmen (z. B. Outsourcing-Dienstleister, Service-Rechenzentren, Softwarehäuser). Es lässt sich auch für serviceorientierte IT-Prozesse mittlerer und größerer Anwenderunternehmen einsetzen.

2. Zielgruppe:
Interne IT-
Dienstleister

Häufig dokumentieren interne IT-Dienstleister die IT-Prozesse (z. B. Störungsbeseitigung, Notfallprozeduren zur Wiederherstellung der Betriebsbereitschaft im Katastrophenfall) nicht ausreichend. Die Folgen sind für betroffene Unternehmen negativ. Nicht dokumentierte IT-Prozesse blockieren im Störungsfall die Suche nach der verantwortlichen Instanz und verzögern Fehlerbeseitigungsprozesse. Unzufriedene Nutzer und höhere IT-Kosten sind die Folgen.

B.4.2   ITIL-Elemente

Das ITIL-Konzept bietet konkrete Hilfestellungen in Form von Checklisten, Zuständigkeitsbeschreibungen und Praxisbeispielen.

ITIL-Struktur

ITIL wird von der itSMF und anderen Organisationen in Büchern beschrieben (vgl. Abbildung 36). Standardisierte Tests erhöhen die Qualifikationen der IT-Mitarbeiter. Details zu den Hauptbereichen des ITIL-Kozeptes findet der Leser in den ITIL-Büchern (vgl. itSMF, 2002, S. 35):

- Geschäftliche Perspektive (Business Perspektive),

- Planung und Lieferung von IT-Services (Service Delivery),

- Unterstützung und Betrieb der IT-Services (Service Support),

- Management der Infrastruktur (Infrastructure Management),

- Management der Anwendungen (Applications Management).

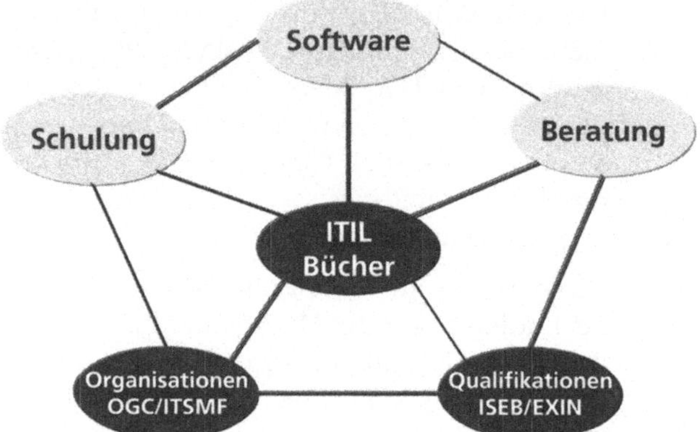

Abbildung 36: ITIL-Komponenten (itSMF, 2002, S. 34)

Geschäftliche Perspektive	Themen zur geschäftlichen Perspektive (Business Perspektive) von ITIL behandelt das Business Continuity Management und Outsourcing. Der Bereich Business Continuity Management beschäftigt sich mit Geschäftsprozessen, die im Katastrophenfall die Betriebsbereitschaft des Unternehmens wieder herstellen bzw. aufrechterhalten.
Planung und Lieferung von IT-Services	Fragestellungen wie Service-Level-Management oder Finance-Management für IT-Services gehören zum Bereich Service Delivery. Zum Konzept des Service-Level-Agreements vgl. S. 52 ff. Der Bereich Finance-Management informiert über die Ermittlung und Verrechnung von IT-Kosten (IT-Kostenrechnung).
Unterstützung und Betrieb der IT-Services	Die Geschäftsprozesse des IT-Betriebes werden im Bereich Service Support detailliert beschrieben. Hierzu zählen Geschäftsprozesse im Aufgabenfeld „Service Desk", identisch mit dem ersten IT-Ansprechpartner für Endanwender, dem Aufgabenfeld „Incident-Management", mit der Erfassung, Klassifizierung und Lösung von IT-Problemen oder dem Aufgabenfeld „Release-Management", für eine Bündelung von Maßnahmen zur Fehlerbeseitigung oder funktionalen Erweiterung von Softwaresystemen zu Releases).
Management der Infrastruktur	Das Infrastructure Management beschäftigt sich mit Geschäftsprozessen zum Aufbau und Betrieb des Netzwerkes (Network-Management), des Rechenzentrumbetriebes (Operation Manage-

ment) oder der Installation und Inbetriebnahme von Endbenutzerarbeitsplätzen (Personal Computer).

Management der Anwendungen

Das Applications Management geht der Frage der methodischen Entwicklung der Software nach und stellt Standardvorgehensmodelle für Entwicklung, Test und Abnahme von Softwaresystemen zur Verfügung.

B.4.3   ITIL-Prozesse

Die ITIL-Perspektiven werden in ITIL-Prozessen kategorisiert und detailliert beschrieben. ITIL unterscheidet drei grundlegende Prozesskategorien: Service Support (operative Managementprozesse), Service Delivery (planende Management-Prozesse) und Querschnittsprozesse (vgl. Tiemeyer, 2005, S. 15-16).

Zum **Service-Support** gehören die folgenden Teilprozesse:

- Incident Management: Bearbeitung von Störungsmeldungen und Zwischenfällen,

- Problem Management: Erkennung von Problemen und dauerhafte Behebung von Störungen,

- Change Management (Änderungsmanagement): Behandlung von Änderungswünschen und Einleitung von Änderungen an IT-Systemen,

- Configuration Management (Konfigurationsmanagement): Vollständige Erfassung der IT-Systemkomponenten und hieraus Ableitung von Entscheidungen

- Release Management: Behandlung von Hardware- und Software-Releasewechseln

Zum **Service-Delivery** gehören die Prozesse:

- Service Level Management: Vereinbarung und Kontrolle von Service-Zielen und Service-Leistungen

- Financial Management: Analyse, Planung und Budgetierung von IT-Servicekosten

- Capacity Management: Planung und Bereitstellung ausreichender Kapazitäten von IT-Systemen sowie Überwachung und Steuerung der System-Performance

- Service-Continuity-Management: Bereitstellung der Service-Ressourcen und Sicherstellung der Geschäftskontinuität bei Krisen und Katastrophen

- Availability Management: Sicherstellung von geschäftskritischen IT-Komponenten und der Verfügbarkeit von IT-Services (z.B. Schulungsräume, Schulungssysteme).

Zu den **Querschnittsprozessen** gehören die beiden Prozesse:

- Service Desk (als Funktion, Help Desk genannt): Bereitstellung einer zentralen Kontakt-Schnittstelle zwischen Benutzern und IT-Mitarbeitern. Die Service Desk Mitarbeiter sind bei allen Fragen die erste Anlaufstelle (Single Point of Contact)

- IT-Security Management: Dieser Prozess unterstützt die jeweiligen IT-Service-Prozesse übergreifend mit Teilprozessen wie Sicherheitsanalyse, Risikobewertung, Maßnahmendefinition und -umsetzung und Erstellung einer IT-Sicherheitsstrategie.

B.4.4   Praxisbeispiel: KPI-Einsatz für ITIL-Prozesse

Zurzeit werden in vielen Unternehmen Anstrengungen vorgenommen, IT-Prozesse nach den Best-Practice-Empfehlungen der ITIL auszurichten. Einen optimierten Prozess zu modellieren und anschließend in die Organisation zu integrieren, ist eine enorme Herausforderung für alle Beteiligten. Die Nutzung von Key Performance Indicators (KPI) unterstützt die kontinuierliche Prozessrestrukturierung (vgl. ausführlich Holtz/Gadatsch 2004).

Individuelles KPI-System erforderlich

In der ITIL-Literatur werden viele KPI-Beispiele mit unterschiedlichen Schwerpunkten genannt. Es ist daher notwendig, ein individuelles System von KPIs für jedes Unternehmen zu entwickeln. Im Folgenden werden als Hilfestellung hierfür wesentliche Anforderungen an KPI beschrieben. Anschließend werden exemplarisch für den ITIL-Prozess „Incident Management" einige KPIs analysiert.

*Anforderungen
an KPI*

Wichtige Anforderungen an KPI sind: Transparenz, Beeinflussbarkeit, Unabhängigkeit, Messbarkeit und Verständlichkeit.

- **Transparenz**

Häufig werden KPIs erhoben, die zwar für den Prozess typisch sind, aber keine Aussage über die Erreichung der Prozessziele beinhalten.

BEISPIEL: KPI-ERMITTLUNG IM CALL-CENTER

Es kann z. B. leicht gemessen werden, wie viele Stunden ein Call-Center-Mitarbeiter gearbeitet hat. Interessanter ist aber, welcher Nutzen dem Unternehmen durch die Arbeit des Mitarbeiters entstanden ist, beispielsweise wie viele Calls angenommen und zur Zufriedenheit der Anrufer gelöst worden sind.

Im Regelfall muss eine Balance zwischen mehreren Zielen gefunden werden. Die reine Maximierung eines Wertes ist oft nicht sinnvoll. Die Gesamtheit der KPIs muss die Unternehmensziele angemessen repräsentieren.

- **Beeinflussbarkeit**

IT-Führungskräfte müssen die Möglichkeit haben, durch die Gestaltung der Prozesse den KPI-Wert zu beeinflussen. Sonst führt eine Änderung des Prozesses nicht zu einer Änderung des KPI. Damit ist der Prozess nicht anhand des KPI steuerbar.

- **Unabhängigkeit**

Wenn Störgrößen den gemessenen Wert des KPIs verfälschen, ist die Aussagefähigkeit der Kennzahl nicht sichergestellt. Dieser Fall liegt dann vor, wenn der Prozessablauf von Eingangsgrößen abhängt, die von einem anderen Prozess verantwortet werden, eine Veränderung dieser Eingangsgrößen aber nicht in die Messung des KPI einfließt.

BEISPIEL: PROBLEMMANAGEMENT

Das Problemmanagement soll die unbekannte Ursache von Störungen im Betriebsablauf finden und mit einem Änderungsantrag (Request for Change) beseitigen lassen. Die Beseitigung der Ursache wird also von einem anderen Prozess durchgeführt.

Wird nun das Problemmanagement mit einem KPI „Durchlaufzeit bis zur Ursachenbeseitigung" gemessen, so wird die erbrachte Leistung des Problem Managements mit der erbrachten Leistung anderer Prozesse zusammen gemessen und bewertet.

Ein günstigerer KPI wäre z. B. „Durchlaufzeit bis zur Einreichung eines Änderungsantrags (Request for Change)".

- ● *Messbarkeit*

Nur Indikatoren (Messzahlen), die gemessen werden können, lassen sich in der Praxis einsetzen. Zudem sollte die Ermittlung wirtschaftlich vertretbar und möglichst automatisiert erfolgen.

Die automatische Messbarkeit wirkt sich auf die Kostenhöhe aus und senkt die Fehlerquote.

BEISPIEL: KPI-ERMITTLUNG IM SERVICE-DESK

Ein Beispiel für einen gut messbaren KPI ist „Anzahl der verlorenen Calls im Service Desk". Dieser Wert kann automatisiert durch Auswertung der Telefonanlage ermittelt werden.

Wichtig: Verschiedene Messzahlen dürfen aus rechtlichen Gründen nicht erhoben werden, bzw. der Betriebsrat muss der Erhebung zustimmen.

- ● *Verständlichkeit*

Abstrakte technische Werte sind nicht für die Prozess-Steuerung geeignet. Ein Service-Desk-Mitarbeiter wird seine Arbeitsweise nicht an einem KPI „Korrelation der Verbleibezeit des Anrufers in der Warteschlange zur durchschnittlichen Zufriedenheit des Anrufers mit der Lösungsquote" ausrichten. Er kann sein Handeln nicht mit dem KPI in Verbindung bringen und ist demotiviert.

FALLBEISPIEL: KPI-ERMITTLUNG FÜR DEN ITIL-PROZESS „INCIDENT MANAGEMENT"

Für den ITIL-Prozess „Incident Management" (Vorfall-Management)
gelten mehrere kritische Erfolgsfaktoren:

1.   Schnelle Störungsbeseitigung,

2.   IT Service Qualität aufrechterhalten,

3.   Verbesserung der IT- und Geschäfts-Produktivität,

4.   Anwenderzufriedenheit aufrechterhalten.

Sofern diese Erwartungen erfüllt sind, kann der IT-Prozess im Sinne
der ITIL-Terminologie als angemessen ausgeführt betrachtet werden.
Die nächste Aufgabe besteht nun darin, KPIs zu finden, mit denen
geprüft werden kann, ob und in welchem Ausmaß diese Anforderungen erfüllt werden. Zur ersten Anforderung „Schnelle Störungsbeseitigung" werden durch ITIL folgende Vorschläge gemacht:

- Verringerung der durchschnittlichen Antwortzeit,

- Erhöhung der Lösungsquote des First Level Supports,

- Erhöhung der Sofortlösungsquote,

- Verringerung des Prozentsatzes der fehlerhaften Weiterleitungen,

- Verringerung des Prozentsatzes der Fehlkategorisierungen,

- Verringerung der durchschnittlichen Lösungszeit je Auswirkungs-
  Kategorie,

- Erhöhung des Prozentsatzes der Zwischenfälle, die innerhalb der
  vertraglich zugesicherten Zeit gelöst wurden.

Angesichts dieser umfangreichen Liste erscheint es fraglich, ob alle
KPIs gemessen werden müssen. Durch eine Vielzahl von Messwerten
kann die Übersichtlichkeit verloren gehen. Zwei Lösungsmodelle sind
daher möglich: Die Reduzierung auf einige wenige, aber entscheiden-
de KPIs oder die Entwicklung eines KPI-Systems.

1. Reduzierung der Anzahl: Erstgenannte Lösung birgt den Nachteil in sich, dass einige Erfolgsfaktoren nicht gemessen werden. Opti-
mierungspotenziale werden somit nicht erkannt, und es kann nicht
gegengesteuert werden.

2. KPI-System: Die zweite Lösung vermeidet dieses Problem. Es
muss jedoch darauf geachtet werden, dass die KPIs durch Gewichtung
in ein sinnvolles Verhältnis zueinander gesetzt werden und die Transparenz für das IT-Management erhalten bleibt. Der Prozess des Incident Managements wird in der Praxis durch eine Vielzahl von soge-
nannten Trouble Ticket Systems (TTS) unterstützt. Kein anderer ITIL-
Prozess wird so gut und von so vielen Produkten unterstützt. Voraus-

gesetzt, der Prozess wird vollständig in dem zur Verfügung stehenden Tool dokumentiert, ist die Messbarkeit beider KPIs voll gegeben.

B.5 Benchmarking der IT-Dienstleister am Beispiel Desktop Service Management

Technische Benchmarks sind in der Informationstechnik seit langem bekannt. So wurde von der Firma IBM eine Relativzahl zum IBM-Rechner 4381-001 erzeugt. Dieser Rechner nahm den Basiswert 100 ein. Die Firma Intel misst mit dem iCOMP-Index die Leistungsfähigkeit ihrer Rechner. Die Ursprünge gehen allerdings noch viel weiter zurück. Im 19. Jahrhundert marktierte man sportliche Höchsleistungen auf einer Holzbank (bench), um zu vermeiden, dass unterschiedliche Maßstäbe zu Verzerrungen führten (vgl. hierzu ausführlich Michels, 2005, S. 11).

Betriebswirtschaftlich orientiertes Benchmarking ist als Standardinstrument zur Leistungssteigerung interner oder externer IT-Dienstleister ebenfalls etabliert. Der IT-Manager benötigt hierzu komplexe Werkzeuge, um die Leistungserbringer zu mehr Leistung anzuspornen.

B.5.1 Desktop Service Management

Desktop Service Management (auch „IT-Arbeitsplatzmanagement" oder „Managed Desktop Services") gilt als Querschnittskonzept zur Erhöhung der Qualität und Senkung der Kosten von IT-Arbeitsplätzen. Es basiert auf einem marktorientierten Benchmarkingmodell, d. h. es nutzt die ausgleichenden Kräfte des Wettbewerbs aus, um hohe Qualität zu minimalen Kosten zu erreichen.

Bereitstellung und Betrieb von IT-Arbeitsplätzen

Eine unzureichende Qualität und zu hohe Kosten für die Bereitstellung und den Betrieb von IT-Arbeitsplätzen beklagen viele Unternehmen. Endanwender beanstanden zudem oft qualitative Mängel. Engpässe sind:

- Unzureichende IT-Schulung der Mitarbeiter und hierdurch verursachte Folgeprobleme (z. B. Zeitverlust durch Ausprobieren, Fehlersuche),

- umständliche Bestellprozesse und unzureichende Beratung bei der Beschaffung von IT-Hardware und Software,

- zu lange Reaktionszeiten des IT-Servicepersonals bei Störungsmeldungen und daraus resultierende Zeitverluste durch Warten oder Kollegenselbsthilfe (z. B. eigene Fehlersuche, probeweise Neu-Installation eines Programms),

- Mängel in der Ausstattung (veraltete Hardware, unzureichender Speicherplatz u.a.) und hieraus resultierender Mehraufwand bei der Bearbeitung von Geschäftsvorfällen,

- unzureichende Standardisierung der Hard- und Software (z. B. unterschiedliche Releasestände und damit verbundene Probleme beim Datenaustausch),

- Ausfallzeiten durch technische Mängel (z. B. Drucker fällt aus, Rechner fährt nicht hoch, Programmabbruch mit unklarer Ursache).

Ursachen sind die dezentrale Verantwortung für IT-Arbeitsplätze und fehlende Steuerungs- und Controllingmechanismen.

B.5.2   Bezugsbereich und Ziele

Betriebliche Informationssysteme unterscheiden sich in prozessunterstützende und prozessneutrale Anwendungen. Prozessunterstützende Anwendungen unterstützen den Mitarbeiter aufgabenspezifisch bei seiner Arbeit im Vertrieb, in der Fakturierung, im Rechnungswesen, in der Gehaltsabrechnung, im Controllerdienst u.a. Im Gegensatz zu Systemen, die sich an den Anforderungen der Arbeitsplätze orientieren, unterstützen prozessneutrale Anwendungen alle Büroarbeitsplätze unabhängig von der Art der jeweils ausgeführten Tätigkeit (vgl. Abbildung 37).

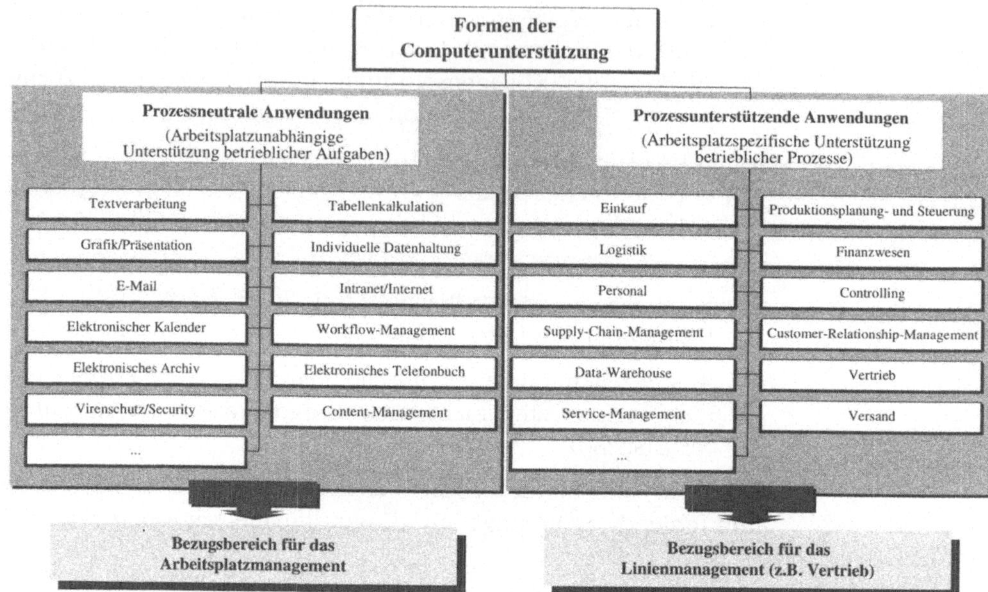

Abbildung 37: Formen der Computerunterstützung

Sie bilden damit das Rückgrat eines Unternehmens, indem Sie
den Informationsaustausch sicherstellen. Die strategisch ausgerichtete Planung, Konzeption, Einführung und der Betrieb von
prozessneutralen Anwendungen zählen zum Aufgabenbereich
des Arbeitsplatzmanagements. Die Anforderungen an die Verfügbarkeit und den Standardisierungsgrad prozessneutraler Anwendungen unterscheiden sich deutlich von den prozessunter-
stützenden Systemen. Prozessneutrale Anwendungen werden
grundsätzlich unternehmens- oder konzernweit eingesetzt. Hierdurch wirken sich Veränderungen von Rahmendaten durch neue
Technologien und steigende Kosten (z. B. ein Upgrade auf ein
neues E-Mail-Programm) grundsätzlich auf das ganze Unternehmen aus. Fehlentscheidungen können zum Stillstand der gesamten Unternehmenskommunikation führen (z. B. durch einen
nicht entdeckten und rechtzeitig beseitigten Virenangriff) und
damit auch alle anderen Geschäftsprozesse beeinträchtigen. Oft
sind die Verantwortungsträger, anders als bei prozessunterstüt-
zenden Systemen, die sich eindeutig dem Linienmanagement
(Vertrieb, Finanzen usw.) zuordnen lassen, nicht bekannt. Wegen der strategischen Bedeutung prozessneutraler Anwendungen
erfordern Planung, Einführung und Betrieb einen besonders
hohen Aufmerksamkeitsgrad.

Ziel   Arbeitsplatzmanagement steigert die Qualität der Leistungserbringung und senkt die TCO für prozessneutrale Anwendungen
auf ein mit anderen Unternehmen vergleichbares Niveau.

Verantwor-   Kompetenzen und Verantwortung eines IT-Arbeitsplatzmana-
tungsbereich   gements gelten für:

- Die Erarbeitung und Fortschreibung eines verbindlichen
  Katalogs von IT-Leistungen, die den überwiegenden Teil des
  Bedarfs decken. Die Bedarfsträger sind zur Mitwirkung be-
  rechtigt und verpflichtet.

- Die regelmäßige Berichterstattung an den Konzern-CIO
  (Chief Information Officer) über die Entwicklung der TCO,
  die Leistungsqualität und die Zufriedenheit der Benutzer.

- Die Initiierung und Überwachung von Projekten zur Senkung der TCO und Sicherung der Qualität.

- Die Bündelung des Bedarfs und die Abstimmung mit den IT-
  Lieferanten.

- Das IT-Arbeitsplatzmanagement übernimmt die Rolle des
  zentralen Bedarfsträgers (Mengen, Qualität, Preise, Funktionen) gegenüber dem Einkauf und IT-Lieferanten,

- Die Auswahl der Lieferanten in Zusammenarbeit mit dem
  Einkauf.

B.5.3   Anforderungs- und Nachfragemanagement

Ein IT-Arbeitsplatzmanagement erfordert zunächst eine Restrukturierung der Geschäftsorganisation beim Auftraggeber. Ohne ein
leistungsfähiges Anforderungs- und Nachfragemanagementsystem
(Demand-Organisation) ist kein Benchmarking externer IT-
Dienstleister möglich. Die Komponenten des aus Auftraggeber-
sicht empfehlenswerten Managementsystems lauten (vgl.
Abbildung 38):

1	**Anforderungs-Management**	Zentraler **IT-Katalog** mit allen IT-Leistungen und –IT-Produkten schafft unternehmensweite Preis- und Leistungstransparenz
2	**Vertrags-Management**	**Zentrale Verhandlung der IT-Verträge** schafft Konditionen-Sicherheit und wettbewerbsfähige Preise
3	**Mengen-Management**	**Nachfragebündelung** aller Unternehmenseinheiten reduziert die Kosten durch Mengenrabatte
4	**Preis-Management**	**Druck auf IT-Lieferanten** über **Preise** und **Margenvorgaben** führt zur Kostenreduktion durch das Marktpreisniveau
5	**Technologie-Management**	**Druck auf IT-Lieferanten** im Bereich **Technologie Push** senkt die Kosten durch Ausnutzung moderner IT-Komponenten
6	**Qualitäts-Management**	**Druck auf IT-Lieferanten** durch Befragungen der Bedarfsträger und Qualitätsbenchmarks ermöglichen Prozessverbesserungen

Abbildung 38: Komponenten des Managementsystems

1. Anforderungsmanagement

Als Kern des Managementsystems gilt das zentrale Anforderungsmanagement. Ein im Intranet einzustellender IT-Katalog enthält sämtliche standardisierten IT-Arbeitsplatzsysteme (z. B. Standard-Büro-Arbeitsplatz, Standard-Mobil-Arbeitsplatz) und Komponenten (Drucker). Dadurch entsteht eine hohe Preis- und Leistungstransparenz für die Bedarfsträger des Unternehmens.

2. Vertragsmanagement

Ein zentrales Vertragsmanagement führt zu einer langfristigen Konditionen-Sicherheit und liefert dem Endbenutzer transparente und wettbewerbsfähige Preise. Der vom Arbeitsplatz-Management abgeschlossene Rahmenvertrag sollte für alle Unternehmenseinheiten gelten.

3. u. 4. Mengen- und Preismanagement

Eine nachhaltige Kostenreduktion lässt sich durch mehrere abgestufte Maßnahmen erreichen: Ein koordiniertes Mengenmanagement fasst die Nachfragemengen im Gegenstromverfahren (top-down / bottom up) für alle Unternehmenseinheiten zusammen und führt zu einer Nachfragebündelung. Zur Unterstützung dieses Konzeptes wird der Planungsprozess dem IT-Controlling-Konzept angepasst und verfeinert. Anstelle pauschaler Plandaten lassen sich nunmehr detaillierte Planungen mit Soll-Ist-Vergleichen entwickeln.

5. Technologiemanagement

Durch massiven und nachhaltigen Druck auf die Verrechnungspreise und Margenvorgaben der IT-Lieferanten lässt sich eine weitere Kostenreduktion erzielen. ASP-Dienstleister werden vom Arbeitsplatzmanagement permanent mit Marktpreisen konfrontiert, welche die Preisobergrenze darstellen.

Der Einsatz innovativer Technologien kann die TCO weiter senken. Ein weiteres Druckpotential auf den IT-Lieferanten wird im Bereich „Technologie-Push" praktiziert. Der IT-Lieferant wird mit der Bereitstellung der jeweils kostengünstigsten und effizientesten Technologie beauftragt. Hierdurch wird vermieden, dass beim Auftraggeber veraltete Technologien im Einsatz bleiben, bis diese aus Sicht des Lieferanten „abgeschrieben" sind.

Eine deutliche Reduktion von Betriebskosten erzielt der Einsatz von Thin-Clients, wenn diese anstelle von Standard-PCs mit vollständiger Ausstattung (Festplatte, Software, CD-ROM usw.) eingesetzt werden. Eine weitere kostengünstige Alternative sind webbasierte Arbeitsplatzportale. Alternativ werden für enge bzw. durch Emissionen (z. B. Schmutz, Wasser, Dampf) belastete Unternehmensumgebungen (z. B. Call-Center, Praxisräume bzw. Produktionshallen, Krankenhäuser) platzsparende Blade-PCs vorgeschlagen. Hierunter sind kompakte Desktop-PCs zu verstehen, die zentral in speziellen Racks untergebracht und per Kabel über einen Adapter mit Bildschirm und Tastatur verbunden werden. Der Vorteil von Blade-PCs gegenüber Thin-Clients und webbasierten Lösungen liegt darin, dass sie jede PC-Software unterstützen, da sie vollständige Desktops sind. Die Betriebskosten sind wegen der höheren Komplexität höher.

6. Qualitätsma- Eine Verbesserung der Prozessqualität im Rahmen der Bereitstel-
nagement   lung und Wartung von Arbeitsplatzsystemen lässt sich durch regelmäßige Befragungen der Benutzer und ihrer Qualitätsbenchmarks durch das Arbeitsplatzmanagement erzielen.

Der IT-Lieferant muss deshalb ein komplementäres Managementsystem bereitstellen, das die Anforderungen des Auftraggebers erfüllt. Es soll die zu einer Leistungserbringung üblichen Komponenten wie Marketing, Vertrieb, Leistung und Fakturierung enthalten. Aus der Sicht des Auftraggebers ist darauf zu achten, dass der Lieferant eine brauchbare Kundenbestandsführung aufbaut, die es ihm erlaubt, jeden einzelnen Endkunden anzusprechen. Unter Kenntnis seiner Historie des Bestands an IT-Hardware, Software und Leistungsmerkmalen kann er seine Kunden optimal versorgen.

Mietmodell   Häufig werden IT-Produkte (Hardware, Standardsoftware) gekauft, bilanziert und abgeschrieben. Damit verbunden sind administrative Geschäftsprozesse zur Erfassung und Verwaltung der Anlagen und Softwarelizenzen. Der Grundgedanke „Miete statt Kauf" lässt sich bei entsprechender organisatorischer Vorbereitung auch auf die Beschaffung, Wartung und Entsorgung von IT-

Arbeitsplätzen übertragen. Die Vorteile sind nicht nur unter finanziellen oder steuerlichen Gesichtspunkten, sondern auch im Hinblick auf die Delegation der Verantwortung auf einen IT-Lieferanten zu sehen. Unter dem Stichwort ASP (Application Service Providing) werden Mietmodelle für IT-Leistungen in vielen Unternehmen bereits erfolgreich eingesetzt.

B.5.4   Referenzmodell für die Implementierung

Die notwendigen Vorarbeiten für die Einführung eines Arbeitsplatzmanagements werden häufig unterschätzt. Die Abbildung 39 zeigt ein vereinfachtes Vorgehensmodell für die Implementierung des IT-Arbeitsplatzmanagements.

Abbildung 39: Implementierung des IT-Arbeitsplatzmanagements

Programm-Management

Hier steht die Sensibilisierung der Unternehmensleitung hinsichtlich der Arbeitsplatzthematik im Vordergrund. Relevante Kostenstrukturen und Nutzenfaktoren, die realistischen Kosteneinsparungen und Effizienzsteigerungen sind aufzuzeigen. Ein zentrales Programm „Arbeitsplatz-Management" ist mit einer konzernweiten Gesamtverantwortung einzurichten.

Organisation

Das Arbeitsplatzmanagement wird als reine Managementaufgabe in Form eines Programm-Managements von einer kleinen Gruppe Mitarbeiter gestaltet und durchgeführt Der Leiter Arbeitsplatzmanagement berichtet direkt an den CIO bzw. an das verantwortliche Vorstandsmitglied. In dieser Phase sind auf höchster Ebene eine Reihe von wichtigen Grundsatzentscheidungen zu treffen und auch konzernweit zu kommunizieren. Im Rahmen der Programmorganisation ist die notwendige aktive Einbindung der Bedarfsträger im Konzern sicherzustellen. Dies erfordert in der Regel auch eine Anpassung der Planungsprozesse (z. B.

Investitionsplanung für IT-Projekte, Kostenstellenplanung für dezentrale IT-Budgets) sowie der Beschaffungsprozesse. Der Controllerdienst und Einkauf sind daher durch ein ständiges Mitglied in der Programmorganisation vertreten.

TCO-Analyse

Nach der Einrichtung der Programmorganisation ist es notwendig, im eigenen Unternehmen eine umfassende TCO-Analyse durchzuführen. Führende Beratungshäuser verfügen über operative Verfahren, zum Teil mit Softwareunterstützung entwickelt. Zu erwähnen sind die TCO-Modelle der Gartner-Group, Forrester Research und der META-Group, die sich nur in Details unterscheiden. Sämtliche Methoden verfolgen das Ziel, dem Management eine fundierte Aussage über Kosten und Prozesse zu liefern. Erfasst werden direkte und indirekte IT-Kosten sowie die zugrunde liegenden Prozesse. In der Form einer Bestandsaufnahme, der eine computerunterstützte Datenanalyse folgt, werden in Kurzprojekten (etwa 50-60 Personentage für einen Großkonzern) erste Handlungsempfehlungen für Prozessänderungen und hieraus resultierende Kostensenkungspotentiale erarbeitet.

Prozess-analyse

Die Prozessanalyse erfasst IT-Aufgaben, die durch die Informationsverarbeitung (Rechenzentrum, Entwicklungsabteilung, Benutzerservice) entstehen und durch die Endanwender (Kollegenhilfe bei Softwareproblemen, Beseitigung von Druckerproblemen) wahrgenommen werden. Durch stichprobenartige Befragungen von Endanwendern und gezielte Befragungen relevanter Personengruppen (z. B. IT-Leiter, Controllerdienst, Einkauf) werden Informationen über die Art und Qualität der durchgeführten IT-Aufgaben und den hier ablaufenden Geschäftsprozessen (z. B. wie erfolgt die Bearbeitung einer PC-Bestellung oder wie wird eine Störung bearbeitet?) gesammelt und bewertet. Zufriedenheitsanalysen der Endbenutzer sind empfehlenswert, um die Qualität der Service-Prozesse beurteilen zu können.

IT-Inventur

In der Regel erfolgt eine IT-Inventur, die Aussagen über die Höhe und Struktur des IT-Vermögens liefert. Neben Fragen des Vermögensbestandes wird untersucht, ob und wie eine IT-Bestandsführung erfolgt und in welcher Form administrative Abläufe unterstützt werden. Hierbei erkennt das Management intransparente Informationen, wie z. B. eine zu üppige IT-Ausstattung, veraltete Hardware, nicht dokumentierte IT-Bestände. Auch nach Einleiten von kostensenkenden und qualitätssteigernden Maßnahmen ist es erforderlich, die TCO-Analyse zur Kontrolle in regelmäßigen Abständen zu wiederholen.

Standardisierung von Benutzeranforderungen

Die Standardisierung von Benutzeranforderungen erfolgt als unternehmensweite Teamarbeit. Der Erfolg des Konzeptes hängt davon ab, dass die Rollen im Konzern neu verteilt und gelebt werden (vgl. Abbildung 40). Neben der Einrichtung einer Organisationseinheit „Arbeitsplatzmanagement" ist auf der Arbeitsebene ein „Standardisierungsboard" einzurichten, das als Arbeitsgruppe mit Vertretern der Bedarfsträger besetzt wird. Unter der aktiven Mitwirkung und Koordination werden fachliche und qualitative Anforderungen an IT-Arbeitsplätze definiert und verbindlich verabschiedet. Die Bedarfsträger sind zur Information und Durchsetzung dieser Standards verpflichtet. Das Arbeitsplatzmanagement ergänzt die konsolidierten fachlichen Anforderungen um IT-Standards und beauftragt den ASP-Dienstleister mit der Definition von „bestellbaren" Produkten für den IT-Katalog.

Abbildung 40: Rollenverteilung im Arbeitsplatzmanagement

Reengineering der Bereitstellungsprozesse

Basierend auf den konsolidierten fachlichen und qualitativen Anforderungen sowie den vom Arbeitsplatzmanagement vorgegebenen IT-Standards definiert der vom Arbeitsplatzmanagement ausgewählte ASP-Dienstleister bestellbare Produkte. Beim ASP-Dienstleister sind ein Produktentwicklungsprozess zu starten und der IT-Katalog aufzubauen.

Beim Auftraggeber sind die Geschäftsprozesse der IT-Kostenplanung, Beschaffung und Bereitstellung von IT-Leistungen an das veränderte Geschäftsmodell anzupassen. Die Prozesse sind für die Rechnungsprüfung und das Beschwerdemanagement zu definieren.

IT-Kosten-planung

Gravierende inhaltliche Änderungen ergeben sich bei der Planung und Abrechnung von IT-Produkten und -Leistungen im Rahmen der innerbetrieblichen Leistungsverrechnung bzw. Kostenstellenrechnung. Für den Controllerdienst ist der Planungsprozess so umzustellen, dass anstelle der kostenstellenbezogenen Planung von

- Investitionen und Abschreibungen für Hard- und Software,

- Sachkosten für IT-Schulung, Wartung und Support,

- Kalkulatorischen Zinsen für Vermögensgegenstände,

eine Budgetierung von Mieten für die Inanspruchnahme von IT-Produkten erfolgt, die über den IT-Katalog bestellt werden können. Bei der Aktivitätenplanung ist zu berücksichtigen, dass die Umstellung des Planungs- und Abrechnungsprozesses nur zu bestimmten Stichtagen flächendeckend erfolgen kann, meist zum Beginn einer Planungsperiode (i.d.R. Geschäftsjahr).

Beschaffung und Logistik

Veränderungen der Beschaffungsprozesse benötigen den Einsatz des IT-Kataloges als zentrales Informations- und Bestellmedium. Bestellungen laufen grundsätzlich nur über den Katalog und ein E-Procurement-System. Die Bestellungen werden vom ASP-Lieferanten direkt in sein Informationssystem übernommen. Die hierzu notwendigen Änderungen der Bestellprozesse auf der Seite des Auftraggebers sind mit dem Einkauf und der Logistik abzustimmen und zu implementieren.

Rechnungsprü-fung und Re-klamations-management

Kostenverantwortliche benötigen zur effektiven Leistungs- und Kostenkontrolle ein Instrument, das es ihnen erlaubt, gezielt auch einzelne Rechnungspositionen des ASP-Lieferanten zu hinterfragen und u. U. für die Zahlung zu sperren. Grundsätzlich ist es hierzu notwendig, mit dem ASP-Lieferanten zu vereinbaren, dass nur „freigegebene" Rechnungen bzw. Rechnungspositionen bezahlt werden, um Anreize für fehlerfreie Fakturen durch den ASP-Lieferanten zu bieten. Dies erfordert die Implementierung eines toolgestützten Reklamations- und Rechnungsfreigabeprozesses, der jeden einzelnen Kostenverantwortlichen einbindet.

Einführung und Regelbetrieb

In der Einführungsphase sind die veränderten Geschäftsprozesse sukzessive einzuführen und Veränderungen frühzeitig zu kommunizieren. Spätestens hier ist ein Rahmenvertrag mit dem ASP-Lieferanten abzuschließen. Der Einführungsprozess kann sich u.U. in Abhängigkeit von der Unternehmensgröße durchaus auf mehrere Jahre erstrecken. In dieser Phase kommt es aus Gründen der Benutzerakzeptanz darauf an, rasch sichtbare kleine

Erfolge zu erzielen. Hierzu gehört z. B. eine an den Anforderungen der Benutzer orientierte Intranetpräsenz des Arbeitsplatzmanagements mit einer ersten Version des IT-Kataloges.

Praxis-erfahrungen

Führende Großanwender setzen vergleichbare Konzepte ein, um Ihre IT-Kosten in den Griff zu bekommen und gleichzeitig die Qualität der Leistungsprozesse zu erhöhen.

PRAXISBEISPIEL: DESKTOP-MANAGEMENT

Niroumand (2002) berichtet über ein Entscheidungsmodell der Deutschen Telekom, bei dem für 180.000 IT-Arbeitsplätze sämtliche Desktop-Services an einen externen Dienstleister übertragen wurden. Zentrale IT-Entscheidungen, Hard- und Software-Standards werden jedoch weiterhin vom IT-Management des Konzerns festgelegt.

B.6   Outsourcing von IT-Prozessen

B.6.1   Outsourcing-Begriff

Der Begriff Outsourcing wurde aus den Worten „Outside" und „Ressource" gebildet. Typische Beispiele für Outsourcing in der IT sind Ausgliederungen des Rechenzentrums, der Anwendungsentwicklung oder des PC-Benutzerservices. Hierzu zählt im weitesten Sinne auch die Auslagerung der Lohnbuchhaltung an einen Steuerberater, der sich seinerseits oft der IT-Services spezialisierter Dienstleister, wie der DATEV, bedient. Outsourcing resultiert aus der Erkenntnis, dass andere Unternehmen Geschäftsprozesse, die bisher selbst ausgeführt wurden, kostengünstiger leisten können.

Outsourcing wird kontrovers diskutiert. Die Meinungen liegen häufig weit auseinander. Outsourcing unterstützt das Unternehmen bei der Konzentration auf das Kerngeschäft. Über den Effekt der Größendegression sind Outsourcingunternehmen prinzipiell in der Lage, gleichartige IT-Leistungen kostengünstiger anzubieten. Größeren Unternehmen gelingt es oft selbst, Skaleneffekte im eigenen Hause zu realisieren, so dass sie auf Outsourcing verzichten können.

Kosten-reduktion

Jährliche Kostenerhöhungen erzwingen regelmäßig Diskussionen, ob durch Outsourcing Einsparungen möglich sind. Es handelt sich um eine klassische „Make-or-Buy"-Überlegung, die im

Bereich anderer Güter und Dienstleistungen durchaus üblich ist. Kernproblem in diesem Zusammenhang ist die zu lange Abschreibungsdauer für das IT-Equipment, das in der Regel in kürzerer Zeit als der Abschreibungsdauer erneuert werden muss.

Personal-
reduktion

Personalsuche und Personaleinstellungen von IT-Spezialisten sind problemloser als in früheren Jahren, so dass sich die Qualität der IT-Leistungen steigern läßt.

Qualität

Manche Unternehmen wollen durch die Übertragung der IT-Leistungen an Spezialunternehmen ihr Qualitätsniveau erhöhen.

Restrukturie-
rungen

Oft sind Kapazitäts- und Leistungsgrenzen der IT-Infrastruktur ausschlaggebend, über Outsourcing nachzudenken, wenn aus Performancegründen die Aufrüstung eines vorhandenen Rechners notwendig wird.

B.6.2   Chancen und Risiken durch Outsourcing

Outsourcing ist stets sorgfältig vorzubereiten, denn Chancen und Risiken sind komplex strukturiert, werden in der Regel erst langfristig wirksam. Auf der Nutzenseite stehen Kostenvorteile und qualitativ steigende Leistungen, Personalprobleme lassen sich umgehen, gebundenes Kapital freisetzen.

Outsourcing-
Bilanz

Als Risiko entstehen Abhängigkeitsprobleme vom Outsourcing-Anbieter und selten realisierbare Rücktrittsentscheidungen. Mit der freiwilligen Aufgabe von IT-Management-Know-how und IT-Spezialwissen entfällt die Option, ausgegliederte Aufgaben notfalls wieder in die eigene Verantwortung zu übernehmen.

Mit Outsourcing lassen sich aus den Bilanzierungs- und Abschreibungsvorschriften steuerliche Vorteile ableiten. Personalprobleme entstehen, wenn Arbeitnehmerinteressen bei der Ausgliederung nicht ausreichend berücksichtigt worden sind. Widerstände der Belegschaft sind bei Standortwechseln, effektivem Personalabbau oder verschlechterten finanziellen Vertragsbedingungen zu erwarten. Ein Problem kann im Bereich des Datenschutzes liegen. Bisher sind keine Fälle von Datenmissbrauch durch Outsourcing-Unternehmen bekannt geworden.

Die Abbildung 41 dokumentiert Argumente für, Abbildung 42 gegen Outsourcing.

Strategie	• Konzentration auf betriebliche Kernkompetenzen • Erhöhung der Leistungsqualität durch Einsatz spezialisierter Dienstleister • Verbesserung der Flexibilität durch bedarfsabhängige Nutzung von Leistungen
Finanzen	• Kostenreduktion durch Nutzung von Skaleneffekten • Verbesserung der Kostenkontrolle durch feste vertragliche Vereinbarungen • IT-Kosten verwandeln sich von fixen in variable Kosten
Personal	• Flexible Ressourcenbereitstellung bei Bedarf durch den Outsourcing-Dienstleister • Personalabbau ohne Kündigung durch Transfer zum Dienstleister • Skillentwicklung und -bereitstellung (z. B. IT-Spezialisten)
Informationstechnik	• Rechtzeitige Bereitstellung aktueller Technologien

Abbildung 41: Chancen des Outsourcings

Finanzielle Aspekte	• Realisierung geplanter Einsparungen nicht immer möglich • Planung und Kontrolle der Maßnahmen realisierbar ?
Strategische Motive	• Abhängigkeit tolerierbar? • Kompetenzverlust kalkulierbar? • Rücknahme der Auslagerung kaum möglich
Operative Aspekte	• Operative Kontrolle ohne Zugriff auf Fremdpersonal schwierig • Optimierung von Schnittstellen aufwendig
Rechtliche und vertragliche Aspekte	• Problematischer Personaltransfer (§ 613a BGB) • Lange Vertragslaufzeiten • Datenschutz und Datensicherheit (kritisch bei Banken, Versicherungen)

Abbildung 42: Risiken des Outsourcings

Wandlung der Fixkosten in variable Kosten

Als vorteilhaft gilt die Chance, Fixkosten in variable Kosten zu verändern. Die werbewirksame Formel „Pay as Use" soll suggerieren, dass die Unternehmen der Leistungsentnahme entsprechende proportionale Beträge zahlen müssen. Outsourcing-Verträge sind in der Regel langfristig angelegt. Deshalb ändert sich nur die Kostenart. Personal- und Sachkosten mutieren zu Aufwendungen für Dienstleistungen. Der Fixkostenblock für „Outsourcing-Aufwendungen" ist bekanntlich kurzfristig nicht abbaubar. Eine Kostenreduktion in Krisenzeiten ist von der Vertragsgestaltung abhängig.

Kostentransparenz steigt

In der Regel liefert Outsourcing eine höhere Kostentransparenz, da sämtliche IT-Kosten abzurechnen sind. Dieser Tatbestand lässt die Anwender kostenbewußter denken und handeln.

Technologieupgrade

Angeblich befähigt Outsourcing Unternehmen, rechtzeitig den Anschluss an den technologischen Wandel zu vollziehen. Wenn ein Unternehmen einen fünfjährigen RZ-Vertrag abschließt, der auch die Standardsoftwarenutzung eines bestimmten Herstellers umfasst, dann ist das Unternehmen für diesen Zeitraum an die Releaseplanung des Herstellers gebunden und u.U. sogar zum permanenten Releasewechsel auf Grund des Outsourcing-Vertrages verpflichtet. Ein Umstieg auf leistungsfähigere Softwarepakete anderer Hersteller ist nur möglich, wenn dies im Outsourcing-Vertrag vereinbart worden ist.

B.6.3   Standardstrategien für IT-Outsourcing-Entscheidungen

Nach der Art des ausgelagerten Know-hows lassen sich drei Grundformen unterscheiden, die in der Praxis in zahlreichen Varianten anzutreffen sind: Klassisches Plattform-Outsourcing, Application Service Providing (ASP) und Business Process Outsourcing (BPO, vgl. Abbildung 43).

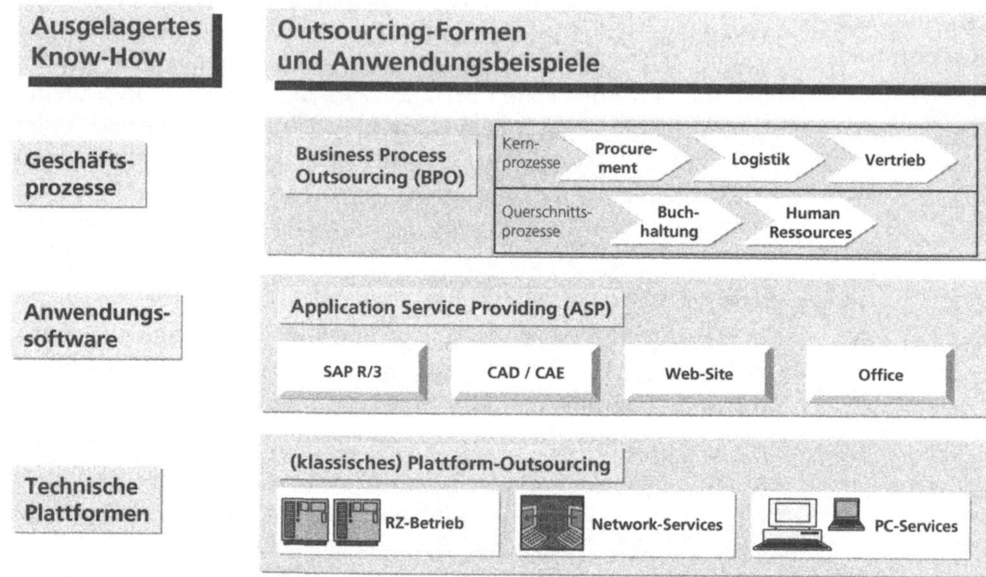

Abbildung 43: Grundformen des IT-Outsourcings

Plattform-Outsourcing

Beim klassischen Plattform-Outsourcing wird der operative Aufgabenumfang des RZ-Betriebes von einem Outsourcing-Anbieter übernommen. Eine andere Form des Plattform-Outsourcings gliedert die PC-Beschaffung und den PC-Benutzerservice oder die Netzwerkbetreuung aus.

Application Service Providing (ASP)

Application Service Providing (ASP) ist eine Outsourcingform, bei der im outsourcenden Unternehmen lediglich Endgeräte für die Mitarbeiter benötigt werden. Server, Betriebs- und Anwendungssoftware stellt der Service-Provider zur Verfügung. Die Verbindung zum Service-Provider läuft über öffentliche oder private Netze, meist über das Internet. Bekannt wurde der ASP-Begriff zunächst in den USA für Standardsoftware in Büro-Umgebungen, in erster Linie für Bürosoftware wie Textverarbeitung, Tabellenkalkulation, E-Mail usw. Betriebswirtschaftliche Anwendungen, wie z. B. SAP® R/3®, wurden erst später angeboten. Der Provider stellt dem Kunden neue Softwareversionen zur Verfügung. Daneben werden Servicepakete wie Einführungsunterstützung, Hotline, Beratung, Schulung etc. angeboten.

Business Process Outsourcing (BPO)

Klassisches IT-Outsourcing betrifft die Auslagerung mehr oder weniger umfangreicher Teile der IT-Prozesse, wie die genannten RZ-Services, PC-Betreuung oder zum Teil auch Softwareentwicklung. Unter dem Kürzel BPO (Business Process Outsourcing) wird ein weitergehender Lösungsansatz diskutiert. BPO umfasst ganze Geschäftsprozesse. Die IT ist meist Hauptbestandteil des Vertrages. Zusätzlich erbringt der externe Dienstleister weitere Leistungen. Transaktionsorientierte Geschäftsprozesse wie Logistik, Vertrieb oder Buchhaltung sind für BPO gut geeignet, da die Serviceanbieter einfache Abrechnungsmodelle realisieren können.

Definition

BPO umfasst als Komplettpaket die Prozessgestaltung, -steuerung und –ausführung mit der notwendigen IT-Unterstützung.

BPO-Anbieter

Anbieter für BPO sind aus dem IT-Outsourcing bekannte Systemhäuser, die ihr Geschäftsmodell ausweiten möchten.

Risiken

Die Risiken des BPO-Ansatzes sind im Vergleich zum IT-Outsourcing wesentlich höher, da auf die technische IT-Kompetenz, die Gestaltung und Kontrolle der Geschäftsprozesse verzichtet wird. Die Gefahr des irreversiblen Know-how-Verlustes ist deutlich höher, als beim klassischen Outsourcing.

Auswirkungen

Die Varianten wirken sich unterschiedlich stark auf die Verlagerung von Know-how aus (vgl. Abbildung 44). Beim Plattform-Outsourcing werden lediglich technische Kompetenzen verlagert, die im Regelfall nicht zum Kerngeschäft eines Unternehmens gehören.

Beim ASP-Modell wird die Fähigkeit, Software zu entwickeln oder Standardsoftware einzuführen und zu warten nach außen verlagert. Der Anwender ist Nutzer der Software und betreibt mit ihr seine Geschäftsprozesse. Da Geschäftsprozesse meist sehr stark mit der Softwarenutzung vernetzt sind, besteht für das auslagernde Unternehmen eine erhöhte Abhängigkeit. Dies trifft z. B. besonders dann zu, wenn gemeinsam mit anderen Kunden des Outsourcing-Anbieters Plattformen genutzt werden und Releasestände etc. nicht mehr frei gewählt werden können.

Der BPO-Ansatz verzichtet auf die operative Durchführung des Prozesses, wodurch sich die Abhängigkeit vom Dienstleister noch weiter erhöht.

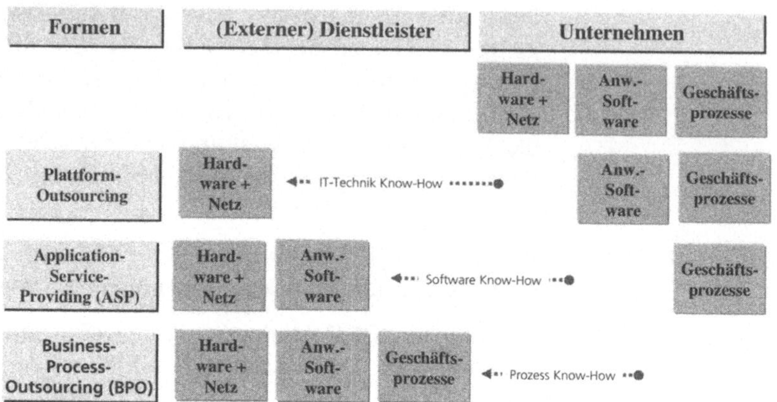

Abbildung 44: Auswirkungen der Outsourcingvarianten

*Begriffs-
alternativen*

In der Praxis sind unter den Begriffen „Selektives Outsourcing", „Partielles Outsourcing", „Outtasking" oder „Smartes Outsourcing" Varianten des IT-Outsourcing zu finden, die nicht die Auslagerung der gesamten IT, sondern nur einzelner Bereiche (sog. „tasks") zum Inhalt haben.

*Trendwechsel
„Insourcing"*

Deutsche Unternehmen geben die Kontrolle über die IT ungern ab. Viele Manager haben die Erfahrung gemacht, das Outsourcing nicht zwangsläufig die IT-Kosten senkt und den Service verbessert. Es gibt Fälle, in denen die Leistungsversprechen der IT-Serviceanbieter nicht eingehalten werden. Auch im internationalen Umfeld wurde festgestellt, das der Erfolg von Outsourcing-Projekten vor allem dann begrenzt ist, wenn es sich um das Komplett-Outsourcing der IT handelt. Selektives Outsourcing ausgewählter IT-Aufgaben hat höhere Erfolgschancen, da die Risiken überschaubarer sind.

Seit einiger Zeit ist in der Praxis ein Kehrtwechsel zum „Insourcing" zu beobachten. Ein Grund hierfür ist die Erkenntnis, dass die Variabilität der IT-Kosten nur in zuvor mit dem Dienstleister vereinbarten Bandbreiten möglich ist (vgl. Abbildung 45). Der Planbedarf an IT-Leistungen (z. B. Speicherplatz oder Rechnerleistung) des Kunden wird vom Outsourcing-Dienstleister im Rahmen eines Kapazitätskorridors berücksichtigt, innerhalb dessen die IT-Kosten variabel verlaufen. Mindestabnahmemengen sind in der Praxis üblich, um die Kapazitätsplanung des Outsourcinganbieters zu vereinfachen, gelegentlich werden auch Obergrenzen vereinbart, um Kapazitätsüberschreitungen zu vermeiden. Tritt ein ungeplanter Mehr- oder Minderbedarf des Kunden ein, muss er zusätzliche Vergütungen bzw. Ausgleichszahlungen leisten, die von dem vereinbarten Kostensatz innerhalb der Bandbreite der Plankapazität abweichen können.

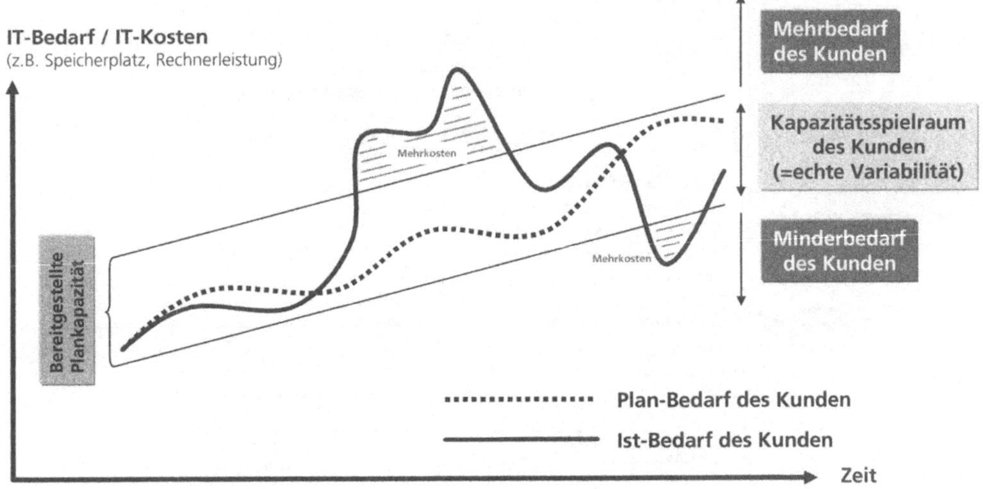

Abbildung 45: Kostenstruktur beim IT-Outsourcing

Buy-Strategie

Bei geringer Bedeutung der IT-Lösungsansätze für die Unternehmensziele und Kernprozesse bietet sich eine klassische „Buy-Strategie" an. Typische Beispiele für das klassische Outsourcing sind Standardanwendungssoftware für die Buchhaltung, Lagerwirtschaft oder IT-Arbeitsplätze, der Betrieb eines kompletten Rechenzentrums oder die Administration von Servern.

Make-Strategie

Beim Betrieb wenig standardisierter IT-Produkte und IT-Leistungen ist die strategische Bedeutung hoch, wenn wichtige Kernprozesse des Unternehmens betroffen sind und es sich um vorwiegend unternehmensindividuelle Aufgabenstellungen handelt. Typisch dafür sind die Entwicklung von Informationssystemen für die Produktentwicklung, den Vertrieb und Service oder spezifische Kundeninformationssysteme.

Mix-Strategie

Sind unterschiedliche interne und externe Ressourcen zu koordinieren, wie z. B. beim Betrieb der kompletten SAP-Anwendungen im Verbund mit Eigenentwicklungen, muss von Fall zu Fall entschieden werden. Die Schnittstellenproblematik fordert häufig gesonderte Entscheidungen (vgl. Abbildung 46).

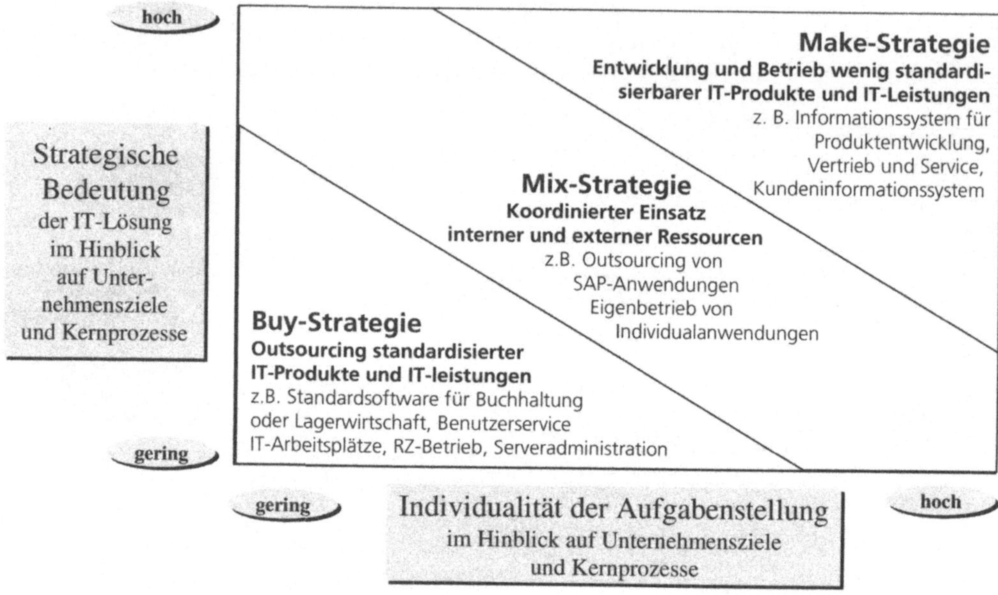

Abbildung 46: Outsourcing-Standardstrategien

Entscheidung
für / gegen IT-
Outsourcing

Outsourcing-Entscheidungen in der IT sind sorgfältig vorzubereiten. Häufig bedient man sich einer detaillierten Wirtschaftlichkeitsanalyse und einer ergänzenden Nutzwertanalyse, um die
entscheidungsrelevanten Daten aufzubereiten.

Die wichtigsten Kriterien für die Erstellung einer Wirtschaftlichkeitsanalyse mit Hilfe der Kapitalwertmethode sind in
Abbildung 47 aufgeführt. Wichtige Hauptkriterien der Nutzwertanalyse sind:

- Beitrag zur Unternehmens-Strategie,

- Finanzieller Beitrag zum Unternehmens-Erfolg,

- Personelle Auswirkungen,

- Flexibilität der eingesetzten Informationstechnik,

- Rechtliche und vertragliche Auswirkungen,

- Auswirkungen auf operativen Geschäftsbetrieb.

A) Investitionen
Kosten des Vorprojektes (Entscheidungsvorbereitung)
Personalkosten (IT- und Fachabteilung)
Beratung (incl. Rechtsberatung)
Sonstige Kosten
Kosten des Transferprojektes
Personalkosten (IT- und Fachabteilung)
Beratung (incl. Rechtsberatung)
Sonstige Kosten
Wirkung der Eigentumsübertragung
Netto-Verkaufserlöse (Hardware, Grundstücke, Gebäude etc.)
Sonstige Netto-Verkaufserlöse
Abfindungen Personal
Wegfall der bisherigen Personalkosten (RZ etc.)
B) Laufende Betriebskosten
Fixe und variable Outsourcing-Gebühren
Sonstige Betriebskosten
C) Wirkungen des Outsourcing-Vorhabens
Direkte Wirkungen im Rechenzentrum
Personalkostenreduzierung Leitungs- und Betriebspersonal
Wegfall Raumkosten (Miete, Versicherung, Pacht)
Wegfall Sonstige Kosten
Indirekte Kostenreduktionen (in anderen Bereichen)
Geringere Störungen von operativen Prozessen
Schnellerer Wiederanlauf nach Störungen
Schnellere Inbetriebnahme neuer Releases
Erlöse aus Pönalen (SLA-Überschreitungen)

Abbildung 47: Kriterien zur IT-Outsourcing-Kapitalwertberechnung

Abbildung 48 zeigt ein durchgerechnetes Praxisbeispiel für die Entscheidungsalternativen 100 % Insourcing (kein Outsourcing), 100 % Outsourcing und selektives Outsourcing, bei dem nur ausgewählte Teile der Unternehmens-IT ausgelagert werden. Die Nutzwertanalyse geht von einer besonders hohen Gewichtung der beiden ersten Kriterien (Strategie und Finanzen) mit jeweils 40 % aus, während die übrigen Kriterien nur mit marginaler Wirkung einbezogen werden.

| Entscheidungskriterien | Gewichtung | | Entscheidungsalternativen | | | | | |
| | Gruppe | Kriterium | 100% Insourcing | | 100% Outsourcing | | Selektives Outsourcing | |
			Teilnutzen	gewichteter Nutzwert	Teilnutzen	gewichteter Nutzwert	Teilnutzen	gewichteter Nutzwert
Beitrag zur Unternehmens-Strategie	*0,40*							
Konzentration auf eigenes Kerngeschäft		0,20	0	0,00	10	0,80	8	0,64
Abhängigkeit		0,20	10	0,80	2	0,16	8	0,64
Qualität der Leistungserbringung (Know how)		0,20	4	0,32	8	0,64	6	0,48
Bedarfsabhängige Leistungsinanspruchnahme		0,20	2	0,16	8	0,64	6	0,48
Entscheidungsumkehr (möglich?)		0,20	10	0,80	2	0,16	8	0,64
Summe		*1,00*		**2,08**		**2,40**		**2,88**
Finanzieller Beitrag zum Unternehmens-Erfolg	*0,40*							
Wirtschaftlichkeit (Kapitalwert)		0,50	2	0,40	8	1,60	6	1,20
Wahrscheinlichkeit des Kapitalwertes		0,20	8	0,64	4	0,32	6	0,48
Kosten- und Leistungstransparenz		0,10	2	0,08	10	0,40	8	0,32
Flexibilität der Kostenstruktur (var./fixe Kosten)		0,10	2	0,08	8	0,32	6	0,24
Indirekte Kosten ("Hey Joe"-Effekte)		0,10	2	0,08	6	0,24	4	0,16
Summe.		*1,00*		**1,28**		**2,88**		**2,40**
Personelle Auswirkungen	*0,05*							
Flexibler Personaleinsatz		0,50	10	0,25	8	0,20	8	0,20
Personalqualifikation		0,30	2	0,03	8	0,12	6	0,09
Realisierung Personaltransfer (IT-Personal)		0,20	0	0,00	10	0,10	6	0,06
Summe		*1,00*		**0,28**		**0,42**		**0,35**
Flexibilität der eingesetzten Informationstechnik	*0,05*							
Nutzung aktueller Technologien		0,80	4	0,16	8	0,32	6	0,24
Externe Zwänge (z.B. gemeinsame Mandanten)		0,20	8	0,08	2	0,02	4	0,04
Summe		*1,00*		**0,24**		**0,34**		**0,28**
Rechtliche und Vertragliche Auswirkungen	*0,05*							
Bindung an Alternative / Vertragslaufzeit		0,70	10	0,35	2	0,07	6	0,21
Datenschutz und Datensicherheit		0,30	10	0,15	8	0,12	8	0,12
Summe		*1,00*		**0,50**		**0,19**		**0,33**
Auswirkungen auf operativen Geschäftsbetrieb	*0,05*							
Schnittellen (organisatorisch, technisch)		0,50	10	0,25	6	0,15	4	0,10
Kontrollmöglichkeiten (Personal, Daten)		0,50	10	0,25	6	0,15	6	0,15
Summe	*1,00*	*1,00*		**0,50**		**0,30**		**0,25**
Gesamt-Summe:				**4,60**		**6,11**		**6,14**

Abbildung 48: Praxisbeispiel einer Nutzwertanalyse zum IT-Outsourcing aus Nachfragersicht

B.6.4   Gestaltung der Zusammenarbeit mit Outsourcing-Dienstleistern

Outsourcing von IT-Abteilungen

Seit Jahren ist zu beobachten, dass Unternehmen ihre IT-Abteilungen auslagern, um Kosten zu sparen und die Leistungstransparenz zu erhöhen. Gelegentlich wird auch als Ziel der Einstieg ins Drittgeschäft genannt, um ungenutzte Ressourcen auszulasten oder die Geschäftsbasis zu erweitern. Nur wenigen IT-Gesellschaften gelingt es, sich dauerhaft im externen Markt zu etablieren, häufig bleibt der im Drittmarkt erwirtschaftete Umsatzanteil hinter den Erwartungen zurück. Die Voraussetzungen für dauerhafte Markterfolge sind im strategischen Umfeld zu finden. Die Geschäftsstrategie muss den Willen zum Drittgeschäft mit operationalen Zielen untermauern, z. B. einen angestrebten Anteil des externen Umsatzes in drei Jahren von 50 % vorgeben. Damit verbunden sind massive Investitionen in Marketing und Vertrieb, um die Präsenz am Markt zu steigern. Der Erfolg hängt letztlich von der Anzahl marktfähiger Produkte ab. Die Konzentration auf die Betreuung und Individualentwicklung von Software für das Mutterhaus reicht in der Regel nicht aus.

Mischformen in der Praxis

In der Praxis tauchen zahlreiche Mischformen auf. Grundsätzlich ist zu unterscheiden, ob der Outsourcing-Anbieter ein Drittunternehmen oder ein Konzernunternehmen darstellt. Sehr häufig wird in den Unternehmen das „Ausgliederungs-Outsourcing" praktiziert. Dabei kann z. B. das Rechenzentrum aus dem Unternehmen herausgetrennt und in eine juristische Person überführt werden. Hierbei wird dann unterschieden, ob das gegründete Outsourcing-Unternehmen intern oder auch extern am Markt operieren kann.

Konzern-Outsourcing

Beim Konzern-Outsourcing ist darauf zu achten, ob auf die Geschäftspolitik des Outsourcing-Anbieters Einfluss ausgeübt werden kann. Die Vorteile bleiben dann weitgehend erhalten. Wichtig ist beispielsweise, dass die von der Konzerntochter erstellte Software von den Konzernunternehmen als Standardsoftware aktiviert und abgeschrieben werden kann.

Anbieter Voraussetzungen für Outsourcing

Aufgrund der Gestaltungsmöglichkeiten des Outsourcings ist es vor der Unterzeichnung eines Outsourcing-Vertrages mit langfristiger vertraglicher Bindung notwendig, das Outsourcing in die Informatikstrategie des Unternehmens zu integrieren. Wichtig ist, die aktuellen und zukünftigen Informatikaufgaben transparent zu gestalten. Dies ist notwendig für die Aufgabenabgrenzung zum Outsourcer und die Vertragsgestaltung. Auch bei Übertragung der IT-Dienstleistungen an ein Outsourcing-Unternehmen ist anzunehmen, dass die Unternehmen von IT-relevanten Fragestellungen im Rahmen der Unternehmensführung nicht frei sind. Globale strategische Rahmenentscheidungen sind im eigenen Hause vorzubereiten, wenn das Personal dafür qualifiziert ist.

Vor der Auslagerung sind Fragen zu klären, welche die spätere Aufgabenabgrenzung betreffen.

BEISPIELE FÜR FRAGEN

Wie erfolgt die Projektkoordination und Projektleitung von gemeinsamen Entwicklungsprojekten?

Welche Befugnisse haben Projektmitarbeiter in den gemeinsamen Entwicklungsteams?

Wie entstehen Definitionen für neue IT-Anforderungen, ihre Entwicklung und endgültige Formulierung?

In welcher Form erfolgt der Tätigkeitsnachweis?

Wie erfolgt die Abnahme und Dokumentation der erbrachten Leistungen des IT-Dienstleisters?

Die Auslagerung fällt leichter, wenn die Unternehmens-IT sich abgrenzen läßt, z. B. als eigenes Profit Center arbeitet. Es empfiehlt sich, den gesamten Entscheidungsprozess mit dem Betriebsrat vorab vertraulich festzulegen. Geplante Outsourcing-Vorhaben führen oft zu Unruhen in der Belegschaft oder zu Abwanderungen von qualifiziertem Personal.

Oft werden Outsourcing-Entscheidungen „gefühlsmäßig" getroffen. Bei IT-Outsourcing fehlt oft eine wirkungsvolle Analyse und Kritik durch die Kontrollorgane eines Unternehmens. Daher ist es wichtig, die Outsourcing-Entscheidung ökonomisch zu begründen und eine dokumentierte Datenbasis für Kostenvergleiche zu liefern. Betriebskosten für die bestehende IT-Infrastruktur, Personalkosten und die leistungsabhängigen Kosten (Energie, Betriebsunterbrechungs-Versicherung u.a.) sind zu ermitteln. Vor einer Outsourcing-Entscheidung sind folgende Grundszenarien zu bewerten:

- Der Abgleich der aktuellen IT-Architektur mit dem Angebot des IT-Outsourcers.

- Der Vergleich der Angebote unterschiedlicher IT-Outsourcer.

- Der Vergleich der aktuellen IT-Architektur mit einer alternativen Architektur (z. B. Standardsoftware).

Alternativen prüfen Wichtig ist nicht nur der Abgleich mit der aktuellen IT-Architektur, z. B. einer Mainframe-Lösung gegen ein Outsourcing-Angebot, sondern auch die Bewertung von Alternativangeboten. Zu prüfen ist, ob eine Umstellung der eigenen großrechnerbasierten IT-Architektur auf Client/Server-Lösungen auf der Basis von Standardanwendungssoftware (z. B. SAP® R/3®) die wirtschaftlichere Alternative darstellt. Zusätzlich sind die Nutzenbestandteile der Alternativen für die Entscheidungsfindung zu berücksichtigen. Die Angebote der Outsourcing-Anbieter sind oft schwer vergleichbar, da keine einheitlichen Standards existieren.

B.6.5   Ausgewählte Aspekte der Vertragsgestaltung

Beim IT-Outsourcing erhält die Vertragsgestaltung wegen der langfristigen Bindungsdauer eine besondere Bedeutung. Derzeit sind im IT-Outsourcing Vertragslaufzeiten von drei bis fünf Jahren üblich. Grundsätzlich ist der IT-Outsourcing-Prozess im Rahmen der Einzelrechts- oder der Gesamtrechtsnachfolge möglich. Bei der Einzelrechtsnachfolge handelt es sich um zivilrechtliche Kaufverträge. Sämtliche Vermögensgegenstände wie Rechnerausstattung, Nutzungsrechte oder Softwarelizenzen müssen einzeln übertragen werden. Der Eintritt in Softwarelizenzverträge erfordert meist die Zustimmung des Lizenzgebers, also des Softwareherstellers. Bei der Gesamtrechtsnachfolge wird der gesamte Betriebsteil (z. B. das vollständige Rechenzentrum) nach dem Umwandlungsrecht übertragen. Neben zahlreichen betriebswirtschaftlichen und rechtlichen Aspekten sind bei der Auswahl des Übertragungsweges noch steuerliche Aspekte zu prüfen.

Eine umfangreiche Checkliste zum Outsourcing ist in Hodel et al. (2004) dokumentiert, die insbesondere auch auf die Problematik der Vertragsgestaltung eingeht. Außerdem sind die Beteiligungsrechte der Arbeitnehmervertretungen zu beachten, die sich aus dem Betriebsverfassungsgesetz ergeben.

Bei großen Outsourcing-Vorhaben enthält das Vertragswerk einen Rahmenvertrag, ergänzt durch Einzelverträge (vgl. dazu Abbildung 49 nach T-Systems, 2002).

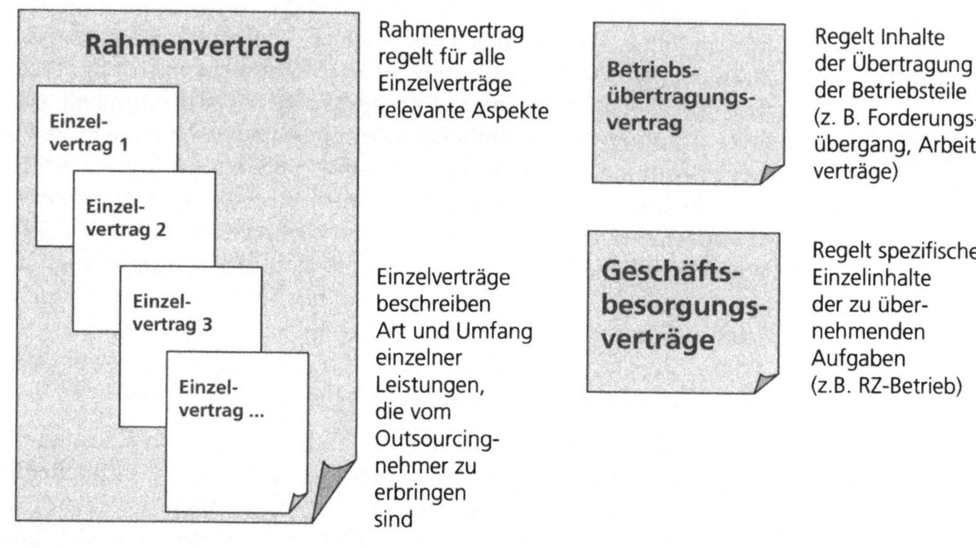

Abbildung 49: Outsourcing-Vertragsstruktur (T-Systems, 2002).

*Rahmen
vertrag* Inhalte eines Rahmenvertrages können sein:

- Vertragsgegenstand und Geltungsbereich,

- Laufzeit und Kündigung,

- Zusammenarbeit,

- Vergütung,

- Datenschutz und -sicherheit,

- Haftung und Höhere Gewalt,

- Vertragsänderungen,

- Rückübertragungsregelung bei späterem Insourcing.

Besondere Bedeutung erlangen die Rückübertragungsrege-
lungen, wenn nach dem Ablauf der Vertragslaufzeit oder bei
Vertragskündigungen Teile der ausgelagerten Prozesse wieder
ins Unternehmen zurückkehren. Wenn das Know-how nicht
mehr im Unternehmen existiert, empfiehlt es sich, die Mitwir-
kungspflicht des Outsourcers frühzeitig vertraglich zu fixieren.

Einzelverträge Einzelverträge beschreiben Art und Umfang einzelner Leistungen,
die vom Outsourcing-Nehmer zu erbringen sind:

- Vertragsgegenstand und Geltungsbereich,

- Laufzeit / Kündigung / Verlängerungsoptionen,

- Leistungsbeschreibung,

- obligatorische und optionale Leistungen,

- Mitwirkungspflichten des Auftraggebers,

- Service Levels und Vergütung.

Betriebsübertra-gungsvertrag

Der Betriebsübertragungsvertrag regelt Inhalte der Übertragung der Betriebsteile (z. B. Forderungsübergang, Arbeitsverträge):

- Vertragsgegenstand,

- Stichtag des Übergangs,

- Überleitung von Arbeitsverträgen,

- Übernahme von Forderungen, Verbindlichkeiten und sonstigen Verpflichtungen (z. B. Steuern),

- Regelungen zum Gefahrenübergang,

- Kaufpreis und Abwicklungsmodalitäten.

Geschäftsbesor-gungsverträge

Geschäftsbesorgungsverträge regeln spezifische Einzelinhalte der zu übernehmenden Aufgaben (z. B. RZ-Betrieb):

- Vertragsgegenstand und Geltungsbereich,

- Haftung,

- Laufzeit / Kündigung / Verlängerung,

- Vergütung.

- Mögliche Inhalte der Besorgung:

  - Finanz- und Rechnungswesen,

  - Einkauf und Beschaffung,

  - Personalabrechnung,

  - Datenschutz/Datensicherheit.

- Infrastruktur (ggf. auch als separater Mietvertrag):

  - Gebäude, Parkplätze,

  - Räume und deren Ausstattung.

B.6.6   Fallstudie zum IT-Outsourcing

Ausgangssituation

Unternehmens-profil

Gegenstand der Fallstudie ist ein Industriekonzern mit einem Jahresumsatz von etwa 2.500 Mio EUR/Jahr mit mehreren rechtlich selbständigen Konzerngesellschaften. Der Umsatz variiert durch witterungsabhängige Produktnutzung:

- Eine hohe Nachfrage im Neu- und Ersatzgeschäft vor und während der Wintermonate,

- den Rückgang der Nachfrage und Beschäftigung in allen Sektoren während der wärmeren Perioden, da nur eine eingeschränkte Lagerbevorratung möglich ist,

- der konstante Mindestumsatz innerhalb eines Jahres schwankt zwischen 35 und 40 Prozent des Jahresspitzenumsatzes.

Der Konzern ist an zahlreichen Standorten weltweit vertreten, die bis auf wenige Vertretungen in das Unternehmensnetzwerk integriert sind. Produktionsstandorte befinden sich in Deutschland (10), in Europa (5) und den USA (2). Insgesamt werden an 60 Standorten Vertriebsniederlassungen und einige kleinere Vertretungen (z. B. in China, Australien) gesteuert.

Budgetierung

Das IT-Budget ist ein %-Satz vom Umsatz, der jährlich festgelegt wird. Abweichungen der Ist-Kosten toleriert der Vorstand.

Handlungsbedarf

Kapazitätsplanung

Die IT-Kapazitäten lassen sich an die schwankende Nachfrage nicht anpassen. Zu geringe Kapazitäten in der Hauptsaison stehen nicht ausgelasteten Kapazitäten in der Nebensaison gegenüber. Die unzureichenden Antwortzeiten in der Hauptsaison führen zu regelmäßig wiederkehrenden Beschwerden der Anwender.

IT-Leistungsverrechnung

Minderanforderungen an IT-Leistungen durch kostenbewusstes Verhalten der Anwender werden nicht belohnt, da durch konstante IT-Kosten (x % vom Umsatz) bei sinkendem Verbrauch der Verrechnungssatz steigt bzw. umgekehrt sinkt. Hieraus ergeben sich Argumentationsprobleme für das IT-Management.

Als Konsequenz aus dem Abrechnungsverfahren werden die IT-Budgets sowie die Ist-Verrechnungen von den Anwendern weitgehend ignoriert. Ein IT-Anwender, der relativ hohe Kosten verursacht, bezeichnet den IT-Kostenverrechnungsatz deshalb als „Spielgeld".

IT-Investitons-stau

Der Konzern setzt eine mittlerweile in die Jahre gekommene ERP-Software ein (SAP® R/2®), deren Migration auf das Nach-folgeprodukt (SAP® R/3®) nicht mehr lange herauszuzögern ist. Gründe hierfür sind insbesondere der ständige Personalmangel im Rechenzentrum und die fehlende Funktionalität der Anwen-dungssoftware.

Der im Rahmen einer Feasibility-Study vorgesehene Release-wechsel ist als Sukzessivansatz zu führen. Ein Big-Bang wird als zu gefährlich für die Betriebsbereitschaft des Unternehmens ein-gestuft und verworfen. Daher ist von einer vorübergehenden hohen Mehrbelastung der IT-Ressourcen auszugehen. Ein Anbau oder ein Neubau des Rechenzentrums ist unausweichlich.

IT-Ent-wicklungsstau

In der Anwendungsentwicklung sind die Personalressourcen weitgehend erschöpft. Das Personal wird überwiegend (>80 %) mit Wartungsarbeiten des ERP-Systems und weiterer Individual-software beschäftigt. Die wenigen Neuentwicklungen betreffen vor allem Webanwendungen.

Die Zahl der angefangenen Projekte steigt. Viele Projekte werden nicht termingerecht fertig, so dass zahlreiche Mitarbeiter in meh-reren Projekten arbeiten.

Für viele Aufgaben werden externe Mitarbeiter eingesetzt, so dass in vielen Fällen IT-Know-how verloren geht bzw. bereits verloren gegangen ist.

Fachabteilungen haben – teils aus Resignation – Eigenentwick-lungen mit Hilfe von Excel-Makros und weiterer PC-Tools für produktive, teilweise lebenswichtige Applikationen, erstellt. Die IT-Abteilung ist über diese Eigenentwicklungen unzureichend informiert.

An Neuentwicklungsprojekte oder die Einführung von SAP® R/3® ist mit den vorhandenen Ressourcen nicht zu denken.

Bildungsstau und Arbeits-überlastung

Der Kostendruck hat zu einem nachhaltigen Rückgang von Schu-lungsmaßnahmen geführt, sowohl in der IT-Abteilung als auch bei den Mitarbeitern in den Fachbereichen. Anwenderfehler, die auf mangelnde Schulung zurückzuführen sind, häufen sich. Not-wendige Wartungsarbeiten, die auf Fehlbedienungen zurückzu-führen sind, binden weitere Kapazitäten in der IT-Abteilung.

Der hohe Wartungsanteil und die fehlende Weiterbildung haben zu hoher Unzufriedenheit bei den IT-Mitarbeitern und auch bei IT-Schlüsselmitarbeitern in den Fachabteilungen geführt. Einzelne Personen werden überproportional beansprucht. Insbesondere Periodenabschlüsse und andere Spitzenzeiten führen zu Nacht- und Wochenendarbeit vieler Mitarbeiter.

Die Zahl der Kündigungen wichtiger Personen steigt ständig an. Lücken schließen externe Berater zu höheren Kosten.

Mehrere wichtige Schlüsselmitarbeiter mit R/2®-Know-how möchten gerne in die „neue R/3®-Welt" wechseln, um neue Chancen und Perspektiven zu erhalten

Aufgabenstellung

Entwerfen Sie eine Strategie zur Lösung der geschilderten Probleme des Unternehmens.

Lösungsvorschlag

Leitgedanken

Ein neu eingestellter CIO erhält die Aufgabe, die Unternehmens-IT zu restrukturieren. Er übernimmt die Verantwortung für die effiziente Unterstützung der Geschäftsprozesse mit der Informations- und Kommunikationstechnik. Nach der Ist-Analyse entscheidet er, ab wann die IT erfolgreich für das Unternehmen arbeiten kann. Individualinteressen einzelner Bereiche, Führungskräfte oder Personengruppen haben sich diesem Ziel unterzuordnen. Die Unternehmens-IT setzt folgende Ziele:

- Sie vereinfacht und beschleunigt die Geschäftsprozesse des Unternehmens in geeigneter Form.

- Führungskräfte erhalten für Ihre Tätigkeit die notwendigen Informationen zur richtigen Zeit (Frühwarninformationen vorher, Analysen der Vergangenheit zeitnah) und am richtigen Ort (im Büro, zu Hause, unterwegs, in Meetings).

- Endanwender werden schriftlich über Qualität und Kosten der IT befragt.

- Die IT wird mit Drittanbietern (Benchmark) verglichen, ob sie kostengünstig arbeitet und marktfähige Leistungen erbringt.

- Sie nutzt standardisierte kostengünstige Komponenten (z. B. Standardsoftware) und passt die IT-Lösungen flexibel an sich verändernde Anforderungen des Unternehmens an.

- Die IT leistet einen quantifizierbaren Beitrag zur Wertsteigung des Gesamtunternehmens.

- Die IT bietet qualifizierten Mitarbeitern ein interessantes Tätigkeitsfeld mit Entwicklungschancen.

Ziele

Die Ziele sind durch IT-relevante Kennzahlen messbar zu dokumentieren:

- Benutzerzufriedenheit,

- die Identifikation der Mitarbeiter mit dem Unternehmen und Berufsbild,

- IT-Kosten und -Rentabilitätsvergleiche zu den besten Wettbewerbern und zum Branchendurchschnitt sind regelmäßig zu diskutieren,

- die Höhe der Fluktuation im IT-Bereich ist sorgfältig zu beobachten,

- die Anteile qualifizierter Spontan- und Direktbewerbungen sind auszuwerten,

- der Anteil Neuentwicklungen und Wartung,

- der Anteil Standardkomponenten und Eigenentwicklung.

Lösungsansatz: IT-Outsourcing

Der CIO überzeugt den Vorstand davon, dass die skizzierten Probleme des Unternehmens sich durch ein vollständiges Outsourcing aller IT-Aktivitäten lösen lassen. Voraussetzung ist, dass sich fast alle IT-Aktivitäten auslagern lassen. Lediglich seine Funktion und einige unterstützende Mitarbeiter verbleiben im Unternehmen. Er entwirft ein Anforderungsprofil für einen IT-Dienstleister mit folgenden Hauptanforderungen:

- Solide finanzielle Basis des Anbieters, z. B. als Konzerntochter,

- Referenzkunden mit guten Erfahrungen in vergleichbarer Größenordnung,

- Kapazitätsausgleichendes Outsourcingmodell, das sich an den Kapazitätsschwankungen des Auftraggebers orientiert,

- Attraktiver Arbeitgeber für das (zu übernehmende) IT-Personal, um Probleme beim Personaltransfer zu minimieren, verbunden mit der Option der vollständigen Übernahme des vorhandenen IT-Personals,

- Erfahrung und nachweisbare Kompetenz für die vom Unternehmen benötigten IT-Dienstleistungen (z. B. Einführung und Betrieb von SAP® R/3®-Software),

- Flexible Vertragsgestaltungen für einen evtl. Wechsel der Plattformen, Technologien und Kapazitäten während der Vertragslaufzeit,

- Rückführungsoption für den Fall strategischer Neuorientierungen, falls das eigene Unternehmen in vorhandene Konzernstrukturen des Übernahmeunternehmens eingebunden wird,

- Transparente Vertragsgestaltung, die auch für Nicht-Juristen verständlich ist, auf der Grundlage eines partnerschaftlichen Vertragsverhältnisses, orientiert am Prinzip der gegenseitigen Nutzenstiftung,

- Übernahme von IT-Leistungen auch am Standort des Auftraggebers, wie Ist-Analysen vorhandener Geschäftsprozesse im Rahmen der SAP®-R/3®-Einführung, Installation einer Kern-Entwicklungsmannschaft beim Auftraggeber für Störfälle,

- Transparentes Abrechnungsverfahren mit Kostengliederung auf Benutzerebene.

Aufgabenteilung im Outsourcing-Modell

Auf der Basis des Anforderungskataloges wird ein Anbieter ausgewählt. Die durch Großrechner geprägte IT-Infrastruktur des Unternehmens wird unter Nutzung der SAP®-R/3®-Software in ein Client/Server-basiertes Architekturmodell migriert. Der IT-Dienstleister führt das Migrationsprojekt „R/2® nach R/3®" mit eigenen und vom Auftraggeber übernommenen Ressourcen durch. Der IT-Dienstleister betreibt nach der Migration mehrere SAP®-R/3®-Server, die durch eine Firewall von der Außenwelt abgeschirmt sind. Das SAP®-R/2®-System wird abgeschaltet. Die Aufgabenteilung zwischen dem IT-Dienstleister und dem Auftraggeber ist grob umrissen wie folgt geregelt (vgl. Abbildung 50):

IT-Dienstleister	**Auftraggeber**
IT-Strategie • Beratung des Auftraggebers	**IT-Strategie** • Strategische Planung der IT-Infrastruktur • Initiierung von IT-Projekten • Auswahl von Standardsoftware
RZ-Services • Betrieb von SAP® R/3® • Betrieb der Datenbanksysteme, des Netzwerkes und der Mail- und Internetserver	**RZ-Services** • Keine
IT-Benutzerservice • Beschaffung und Wartung von IT-Arbeitsplätzen • Technische Anwenderberatung	• IT-Benutzerservice • fachliche Anwenderberatung
Anwendungssoftware • Entwicklung von Individualsoftware • Customizing von Standardsoftware • Entwicklung von Schnittstellen und Add Ons • Technische Dokumentation • Wartung (Releasewechsel, Fehlerbeseitigung, Weiterentwicklung)	**Anwendungssoftware** • Projektleitung und -durchführung • Endanwenderdokumentation • Endanwenderschulung

Abbildung 50: Aufgabenteilung im Outsourcingmodell

B.7 Offshoring von IT-Prozessen

B.7.1 Offshoring – Nur ein Trend?

Offshore-Outsourcing (Offshoring), also die Verlagerung von IT-Dienstleistungen in Niedriglohnländer, ist zum Trendthema geworden. Kein CIO kann es sich leisten, sich nicht mit dieser Thematik ernsthaft zu beschäftigen, da Unternehmensleitungen auf Klärung der Nutzenpotenziale drängen. Unabhängig von der Branche oder Unternehmensgröße wird daher in zahlreichen Unternehmen in konkreten Projekten untersucht, ob und in welchem Umfang IT-Leistungen aus Drittländern mit niedrigerem Lohnniveau dauerhaft bezogen werden können.

Erwartungen

Im Normalfall versprechen sich die auslagernden Unternehmen Kostensenkungen, die Steigerung der Flexibilität, die Möglichkeit sich auf ihr Kerngeschäft zu konzentrieren und der Zugriff auf spezialisiertes, hierzulande immer noch knappes, IT-Fachpersonal (vgl. Deutsche Bank research, 2005, S. 12).

Die Studie einer Unternehmensberatung prognostiziert, dass Offshore-Outsourcing zum grundlegenden Bestandteil der IT-Strategie vieler großer Unternehmen wird (vgl. Deloitte & Touche, 2003). Doch auch für mittelständische Unternehmen wird Offshoring ein relevanter Aspekt, wenn auch zum Teil mit staatlicher Unterstützung. Mertens weist darauf hin, das die staatliche „Software-Offensive-Bayern" bereits im Jahr 2002 eine – übrigens immer noch im Internet abrufbare - Veröffentlichung (http://www.software-offensive-bayern.de/pdf/offshoreIT.pdf, Abruf am 01.03.2005) erstellt hat, die mittelständischen Unternehmen in Form eines „Leitfadens" detailliert erläutert, wie Arbeitsplätze mit staatlicher Unterstützung ins Ausland verlagert werden können (vgl. hierzu ausführlich Mertens, 2004, S. 255).

Kein neues Thema

IT-Offshoring ist nicht neu. In der Zeit des „IT-Hypes", also in den Jahren 1996-2001 wurde auf Grund des damaligen Fachkräftemangels und der zahlreichen Projekte (Umstellung der IT-Systeme auf den Jahrtausendwechsel, Euro-Umstellung, Aufkommen des E-Commerce) bereits von diesem Instrument Gebrauch gemacht. Der Fachkräftemangel dieser Zeit ist heute nicht mehr wirksam. Vielmehr wird Offshoring als Instrument zur Kostenreduktion betrachtet. Im Vordergrund der Diskussion um „IT-Offshoring" steht daher meist die simple Gleichung „IT-Offshoring = IT-Kostenreduktion". Diese Relation repräsentiert die Erwartungshaltung des Managements: Kosteneinsparungen, möglichst im zweistelligen Prozentbereich bei gleicher oder sogar noch stark verbesserter Qualität der Leistungserbringung.

B.7.2   Anwendungsszenario

Typisch für ein gescheitertes IT-Offshoring-Projekt ist das folgende fiktive, aber realitätsnahe Szenario:

Die Geschäftsführung eines mittelständischen Unternehmens beauftragt den IT-Leiter damit, die IT-Kosten zu senken. Dieser sieht eine Lösung im Outsourcing großer Teile der IT-Abteilung.

Vor den Mitarbeitern und der Öffentlichkeit wird dieser Schritt mit Argumenten wie „Konzentration auf Kernkompetenzen" und „Reduktion von Fixkosten„ und „Flexibilisierung der Leistungsinanspruchnahme" begründet. Der IT-Leiter holt die Angebote von mehreren erfahrenen Anbietern ein. Schließlich wird ein sehr günstiger Anbieter aus Indien mit dem Projekt beauftragt.

Schon bald reisen Delegationen mit einer Vielzahl von Personen (5-15 Teilnehmer) an, um zahlreiche Details zu besprechen. Endlose Diskussionen, Zusammenfassungen von Meetings und wiederholende Formulierungen sind bald die Regel.

Nach einiger Zeit beginnen konkrete Projektvorbereitungen. Der Auftraggeber stellt bald fest, dass für ihn selbstverständliche Anforderungen – da nicht im Vertrag spezifiziert – nicht von Outsourcinganbietern eingehalten werden. Nachverhandlungen und endlose Präzisierungen des Vertragswerkes sind erforderlich.

Betriebswirtschaftliche Kenntnisse der eingesetzten Mitarbeiter des Outsourcers fehlen fast immer. Die Sprachkenntnisse der eingesetzten Mitarbeiter sind oft nicht für eine fachliche Diskussion ausreichend. Spezifische Kenntnisse über die Prozesse des Kunden fehlen. Die Anfangsphasen des Projektes gleichen aus Sicht des IT-Leiters mehr einem Ausbildungsgang für den Auftragnehmer, als einer professionellen Projektausführung. Eine Entlastung ist in dieser Phase noch nicht spürbar.

Nach einiger Zeit erfolgt ein Transfer zentraler IT-Bereiche, z.B. Anwendungsentwicklung und Benutzersupport. Im Tagesgeschäft auftretende grundsätzliche Probleme schlagen ohne Vorwarnzeit bzw. Ankündigungen sofort beim Auftraggeber durch.

Rückfragen beim Outsourcer in Indien endeten vielfach in verrauschten Telefonleitungen.

Typisch für die Situation in vielen Unternehmen sind die Aussagen des CIOs des Göttinger Technologieunternehmens Dieter Geile im CIO-Magazin zu Beginn des Jahres 2005: „Drei indische SAP-Programmierer sollten gemeinsam mit deutschen Kollegen … die firmeneigene SAP-Landschaft umbauen. Das Resümee ist ernüchternd: „Obwohl es ausgebildete Programmierer sein sollten, mussten wir immense Anstrengungen aufbringen, um sie auf unser Niveau zu heben" … . Besonders negativ sei der völlig fehlende betriebswirtschaftliche Hintergrund aufgefallen." (vgl. Vogel, 2005, S. 12).

B.7.3   Offshoring als spezielle Outsourcing-Variante

IT-Outsourcing tritt in der Praxis in zahlreichen Varianten in Erscheinung. Üblich sind Klassifizierungen nach dem Ort der Leistungserbringung, der Anzahl der beteiligten Partner sowie der Zugehörigkeit des Leistungserbringers zum Unternehmen bzw. zum Konzern (vgl. Abbildung 51).

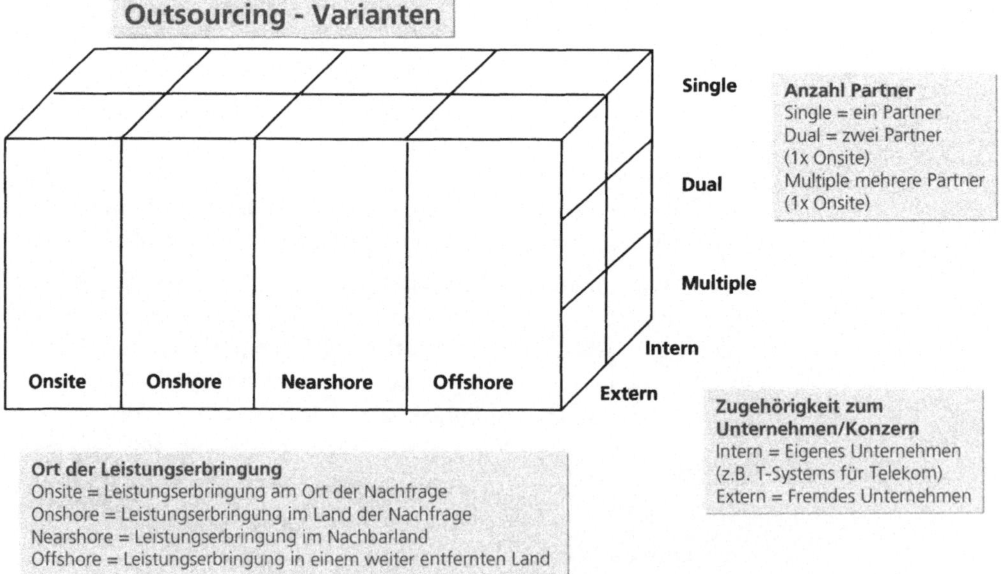

Abbildung 51: IT-Outsourcing-Varianten (in Anlehnung an Bacher, 2002, S. 55)

Die häufigsten Varianten des IT-Outsourcings sind das Offshoring bzw. das Nearshoring. Hierunter ist in beiden Fällen die

Vergabe der Aufträge in Niedriglohnländer zu verstehen (vgl. z. B. Ruiz Ben/Claus, 2005, S. 35). Neben dem Kostenvorteil durch ein niedrigeres Lohnniveau kommen noch Nebeneffekte, wie z.B. längere Arbeitszeiten, einfachere administrative Gegebenheiten sowie steuerliche Subventionen zu.

Klassifizierung nach dem Ort der Leistungserbringung

Nearshore

Von **Nearshore** wird gesprochen, wenn die Leistungserbringung in Niedriglohnländern mit gleichem Kulturkreis, Zeitregion, Sprache etc. erfolgt. Hierunter fallen primär die direkten Nachbarländer. Dies sind aus deutscher Sicht Länder in Osteuropa oder im weitesten Sinne noch Irland und Portugal.

Onshore

Onshore bedeutet eine Leistungserbringung im Land des Auftragnehmers, also aus deutscher Sicht in Deutschland. Hierbei kann es sein, dass die IT-Spezialisten des Leistungserbringers aus dem Ausland stammen und lediglich zur Erzielung einer größeren Kundennähe im Auftraggeberland arbeiten.

Offshore

Offshore beschreibt die Auftragsvergabe in weiter entfernte Länder. Hierunter fallen insbesondere Länder anderer Kulturkreise, Zeitzonen und Sprachen. Aus deutscher Sicht sind dies Länder in Asien, wie z. B. Indien oder auch zunehmend China.

Noshore

Noshore schließlich bezeichnet IT-Prozesse, die explizit in der Regel nach einem fundiertem Entscheidungsprozess im eigenen Unternehmen oder Konzern bzw. im eigenen Land ausgeführt werden. Noshore kann auch als bewusste Negativentscheidung gegen die Auslagerung betrachtet werden.

X-Shore

Sind im Folgenden alle Varianten gemeint, wird daher umfassend von **X-Shore** gesprochen.

Klassifizierung nach der Anzahl der ausführenden Partner

x-Shoring-Projekte bzw. andere Varianten können durch einen einzigen Partner (Single), durch zwei Partner (Dual) oder durch mehrere Partner (Multiple) bewältigt werden. Im Fall Dual bzw. Multiple arbeitet mindestens ein Partner Onshore, also im Land des Auftraggebers, meist um die Kundennähe zu verbessern und um kulturelle Distanzen zu vermeiden bzw. zu überbrücken. Die eigentliche Leistungserbringung erfolgt dann Offshore bzw. Nearshore.

Klassifizierung nach der Zugehörigkeit zum Unternehmen bzw. Konzern

In manchen Fällen kommt es vor, dass Unternehmen eigene IT-Unternehmen betreiben, die als Outsourcing-Auftragnehmer auftreten. In diesem Fall handelt es sich um kein reines Outsourcing, da nach Umsätze konsolidiert werden.

Global Sourcing Gelegentlich tauchen in der Praxis auch weitere Begriffe auf, meist aus Marketingsicht geprägt. So spricht die Firma Infosys Technologies Ltd., ein indisches Offshoring-Unternehmen mit über 35.000 Mitarbeitern von **„Modular Global Sourcing"** (vgl. SAPINFO 2005, S. 94). Damit soll an die Automobilbranche angeknüpft werden, welche in den vergangenen Jahrzehnten die Beschaffung zunehmend globalisiert hat.

B.7.4   Kategorien der Offshore-Software-Entwicklung

In der Praxis haben sich zahlreiche Offshore-Varianten ausgeprägt. Typische Organisationsformen der Offshore-Softwareentwicklung sind: Onsite, Onsite-Offshore, Onsite-Onshore-Offshore, Nearshore, Reines Offshore, Captive Center (vgl. ausführlich Kolisch/Veghes-Ruff, 2005, S. 919ff.).

Onsite Bei der ***Onsite-Software-Entwicklung*** werden die Mitarbeiter des Offshore-Unternehmens direkt am Standort, oft auch in den Geschäftsräumen des Auftraggebers, tätig. In diesem Fall handelt es sich um klassisches „Body-Leasing", wenn nur einzelne Mitarbeiter bereitgestellt werden, oder um die Fremdbeschaffung von IT-Dienstleistungen, wenn z.B. ein vollständiges Projektteam bereitgestellt wird. Der Unterschied zur „normalen" Fremdbeschaffung von IT-Leistungen liegt in der Herkunft des Auftragnehmers, der aus einem „Offshore-Land" stammt.

Onsite-Offshore Bei der ***Onsite-Offshore-Software-Entwicklung*** arbeiten Mitarbeiter des Offshore-Anbieters zum Teil vor Ort beim Kunden im Auftraggeberland. Sie führen insbesondere die fachliche Analyse des Problems durch und erstellen mit dem Kunden die Sollkonzeption. Idealerweise handelt es sich um Mitarbeiter, die aus dem gleichen Kulturkreis wie der Kunde stammen oder entsprechende Erfahrungen vorweisen können. Hierdurch werden die Kommunikationswege beim Kunden verkürzt, und Missverständnisse können schnell beseitigt werden. Am Offshore-Standort werden die reinen Entwicklungstätigkeiten (Programmierung,

Test, Dokumentation) durchgeführt. Allerdings sinkt der potentielle Kostenvorteil mit dem Grad der Vor-Ort-Aktivitäten.

Onsite-Onshore-Offshore

Das Konzept der ***Onsite-Onshore-Offshore-Software-Entwicklung*** entspricht weitgehend dem der Onsite-Software-Entwicklung. Bei diesem Modell werden zusätzliche technische Arbeiten an den Standort des Kunden verlagert. Hierfür bieten sich z.B. Tests und Abnahmen der entwickelten Software an, die im Dialog mit dem Auftraggeber durchgeführt werden.

Reines Offshore

Das klassische Modell der ***Offshore-Software-Entwicklung*** sieht vor, dass sämtliche Arbeiten beim Offshore-Anbieter durchgeführt werden. Wegen der großen geografischen Distanz, den damit verbundenen Kommunikationsproblemen und den größeren kulturellen Unterschieden besteht bei diesem Modelle die größte Gefahr des Scheiterns.

Nearshore

Unter ***Nearshore-Software-Entwicklung*** wird die Durchführung der Projekte in Ländern verstanden, die zum gleichen Kulturkreis zählen und relativ schnell zu erreichen sind. Inhaltlich entspricht das Konzept dem „reinen Offshore-Modell", d.h. sämtliche Arbeiten werden beim Offshore- bzw. in diesem Fall beim Nearshore-Anbieter durchgeführt. Die Abbildung 51 dokumentiert schematisch die beschriebenen Varianten.

Kategorie	Auftraggeber	Offshore-Dienstleister
Onsite	Fach-Konzept / IT-Konzept / SW-Entwicklung / Test/Abnahme / Betrieb	
Onsite-Offshore	Fach-Konzept	IT-Konzept / SW-Entwicklung / Test/Abnahme / Betrieb
Onsite-Onshore-Offshore	Fach-Konzept / IT-Konzept / SW-Entwicklung / Test/Abnahme	Betrieb
Reines Offshore		Fach-Konzept / IT-Konzept / SW-Entwicklung / Test/Abnahme / Betrieb
Nearshore		Fach-Konzept / IT-Konzept / SW-Entwicklung / Test/Abnahme / Betrieb

Abbildung 52: Varianten der Offshore-Software-Entwicklung

*Captive
Center*

Das Captive Center ist ein spezielles Offshore-Entwicklungszentrum des Auftraggebers (!) am Offshore Standort. Diese Variante wird oft von großen Firmen praktiziert, um die Vorteile des Offshore (insb. niedrige Lohnkosten) zu nutzen, ohne dessen Nachteile (insb. Know-how-Wegfall) in Kauf zu nehmen. Prinzipiell handelt es sich lediglich um eine Verlagerung der Softwareentwicklung in ein Niedriglohnland.

B.7.5   Erfolgsfaktoren

Prozesse

Der Erfolg von Offshoring-Projekten hängt davon ab, ob der richtige Prozess ausgelagert wird. Am ehesten eignen sich IT-Prozesse wie Anwendungsentwicklung, Wartung, Applikations-Management, User-Help-Desk für eine Auslagerung (vgl. Deutsche Bank Research, 2005, S. 14).

Die Verlagerung von betriebswirtschaftlich-administrativen Prozessen wie Buchhaltung, Personalwesen oder Beschaffung wird weniger stark nachgefragt.

Besonders groß ist die Skepsis bei deutschen Unternehmen, wenn Kernprozesse wie Produktentwicklung oder kundennahe Prozesse wie Marketing und Vertrieb ausgelagert werden sollen (Deutsche Bank Research, 2005, S. 15-16).

Partnerauswahl

Bei der Auswahl des richtigen Partners achten die Unternehmen überwiegend auf folgende Aspekte (vgl. Deutsche Bank Research, S. 19):

- Zugriff auf qualifizierte Fachkräfte,
- Lohnkosten beim Offshoring-Partner,
- Ansprechpartner in Deutschland,
- Verbreitung der englischen Sprache,
- Einsatz von Qualitätsmanagement-Systemen,
- Stabilität im Land.

B.7.6   Offshore-Standorte

Indien ist zurzeit der wichtigste Offshoring-Standort. Offshoring-Zielländer sind insbesondere in Asien sowie Osteuropa zu identifizieren. Daneben werden auch Länder wie Kanada, Irland und

Israel genannt. Die Tabelle 1 zeigt die Jahresumsätze und Anzahl der Beschäftigten in einigen der wichtigsten Zielländern.

Land	Beschäftigte	Jahresumsatz Mrd€
Indien	212000	6,05
Irland	60000	3,07
China	42000	1,34
Kanada	30000	1,68
Israel	15000	0,721
Zentral- und Osteuropa	9000	0,214
Russland	8000	0,229
Philippinen	5000	0,136
Mexiko, Malaysia, Lateinamerika	4000	0,107

Tabelle 1: Offshore nach Regionen (Vogel, 2005, S. 16)

Eine Untersuchung des Beratungshauses Cap Gemini hat ergeben, dass insbesondere die neuen EU-Länder Polen, Ungarn und Tschechien sehr gute Rahmenbedingungen für IT-Offshoring-Aktivitäten bieten (vgl. Friedrich, 2005). Obwohl diese Länder nicht die attraktiven Lohnkostenniveaus der asisatischen „Konkurrenten" bieten können, werden ihnen gute Chancen zugerechnet. Insbesondere werden Ländern wie Ungarn oder Polen günstige rechtliche Rahmenbedingungen (Steuerrecht, Arbeitsrecht, Datenschutz) zugeordnet.

B.8   IT-Kostenmanagement: Aufbau einer IT-Kosten- und Leistungsrechnung

B.8.1   Gestaltungsmöglichkeiten im IT-Kostenmanagement

Steigende IT-Kosten

Der Anteil der IT-Kosten an den Gesamtprozesskosten steigt kontinuierlich an. Die Ablösung traditioneller Verfahren der Prozessunterstützung reduziert die „Papierabwicklung" bei klassischen Massenprozessen wie „Bestellabwicklung", „Auftragsbearbeitung", „Fakturierung", oder den zahlreichen „Antragsverfahren" in der Verwaltung. Innovationen der Informationstechnologien finden Eingang in die Geschäftsprozesse durch „Electronic Business", die elektronische Unterstützung von Geschäftsprozessen im Internet. Oft erreichen IT-Kosten prozentual bereits einen wesentlichen Anteil der Prozesskosten, wie z. B. der Betrieb von Online-Shops, Dienste der Telekommunikation oder Online-Auktionen.

Verrechnung notwendig

Viele Unternehmen erkennen, dass eine Verrechnung von IT-Kosten notwendig ist. Dennoch: Zahlreiche Unternehmen verrechnen IT-Kosten noch über Gemeinkostenschlüssel oder verzichten gänzlich auf eine IT-Kosten- und Leistungsrechnung.

Strategisches IT-Kostenmanagement

IT-Kostenmanagement umfasst strategische und operative Aufgaben. Das **strategische IT-Kostenmanagement** dient der Gestaltung der Kostenstrukturen, der Kostenhöhe und des Kostenverlaufs durch Beeinflussung der IT- und Geschäftsstrategie mit dem Ziel, die IT-Kapazitäten an die Zielsituation anzupassen. Einflussbereiche sind die Kostenhöhe, die Kostenstruktur und der Kostenverlauf.

Operatives IT-Kostenmanagement

Das **operative IT-Kostenmanagement** steuert die Höhe und den Verlauf der IT-Kosten bei gegebener Geschäfts- und IT-Strategie und IT-Kapazitäten (Hardware, Software, Personal, Dienstleistungen). Der Einfluss des strategischen IT-Kostenmanagements auf die **Kostenhöhe** betrifft die Beeinflussung der Handlungsparameter: Menge x Preis. Die Zielsetzung besteht in der Reduzierung des Verbrauchs an IT-Leistungen und der Beschaffungspreise.

BEISPIELE

- Erhöhung der IT-Kostentransparenz durch den Aufbau einer IT-Kosten- und Leistungsrechnung,

- Durchführung von TCO-Analysen und Anpassung der IT-Ausstattung an marktübliche Standards,

- Reduzierung bzw. Minimierung von Software-Lizenzen durch Einführung eines IT-Assetmanagementsystems,

- Benchmarking der IT-Lieferanten.

Die Beeinflussung der **Struktur der IT-Kosten** umfasst die gezielte Veränderung des Verhältnisses von fixen und variablen IT-Kosten. Häufig genanntes Ziel ist die Umwandlung von fixen in variable IT-Kosten um die Flexibilität bei Absatz- und Ertragsschwankungen zu erhöhen.

BEISPIELE

- Outsourcing von IT-Prozessen (z. B. Beschaffung und Wartung von Arbeitsplatzsystemen) oder des gesamten IT-Bereiches,

- Leasing von Hardware und Software,

- Ersatz von IT-Angestellten durch externe Berater

- Reduzierung indirekter IT-Kosten durch verbesserte Anwenderschulung

Die Beeinflussung des **Verlaufs der IT-Kosten** besteht insbesondere in der Gestaltung von sprungfixen Kosten. Ziel des Kostenmanagements ist die Vermeidung von Kostenremanenzen durch nicht abbaubare Fixkosten bei Beschäftigungsrückgang.

BEISPIELE

- Abschluss von nutzungsintensitätsabhängigen Lizenzverträgen für Großrechner-Betriebssysteme, Datenbanksoftware oder ERP-Systemen,

- Vermeidung von Überstundenzuschlägen für IT-Personal durch Einsatz von Zeitkonten,

- Beschäftigung von „festen freien" Mitarbeitern anstelle von fest Angestellten

IT-Kosten =
Gemeinkosten

IT-Kosten sind „besondere" Kostenarten. Sie sind häufig Gemeinkosten und steigen durch den verstärkten IT-Einsatz an, was zu immer höheren Gemeinkostenblöcken führt. IT-Kosten sind nicht ausschließlich zentral (z. B. im Rechenzentrum), sondern sie entstehen zum großen Teil in den Geschäftsprozessen wieder. Aus diesem Grund ist die Prozesskostenrechnung von großer Bedeutung.

Wer beeinflusst
die IT-Kosten?

Für steigende IT-Kosten wird häufig die IT-Abteilung bzw. der CIO verantwortlich gemacht. Diese eindimensionale Denkweise widerspricht der Realität der Kostenverursachung in der Informationstechnik. IT-Kosten werden nicht nur von der IT-Abteilung verursacht, sondern durch Entscheidungen und das Verhalten der Fachabteilungen maßgeblich und in steigendem Ausmaß beeinflusst. Deshalb ist eine verursachungsgemäße Verrechnung von IT-Kosten und Leistungen zwingend erforderlich.

IT-Kosten werden üblicherweise in Hardware, Software und weitere Aspekte gegliedert. Die Kategorisierung von IT-Kosten ist nicht überschneidungsfrei möglich. So fallen z. B. Hardwarekosten in der Planung (Einsatz eines Laptops), in der Entwicklung (Test- und Entwicklungsrechner) und im IT-Betrieb (Großrechner mit Echtdaten) an.

Kostenwürfel   Der IT-Kostenwürfel in Abbildung 53 beschreibt mehrere Dimensionen der Kostenentstehung, die sich überlagern können. Je nach Sichtweise kann in Anlehnung an das IT-Prozessmodell in Abbildung 2 die Entstehung der IT-Kosten nach Prozess-Schritten (IT-Strategie, IT-Entwicklung, IT-Betrieb) und Phasen (Planung, Steuerung, Monitoring) unterschieden werden. Hinsichtlich der Kostenkategorie werden die Hauptkategorien Hardware, Software und IT-Prozesse unterschieden. Der Kostenwürfel kann als Grundlage für die unternehmensindividuelle Strukturierung der IT-Kosten sowie für Analysezwecke genutzt werden.

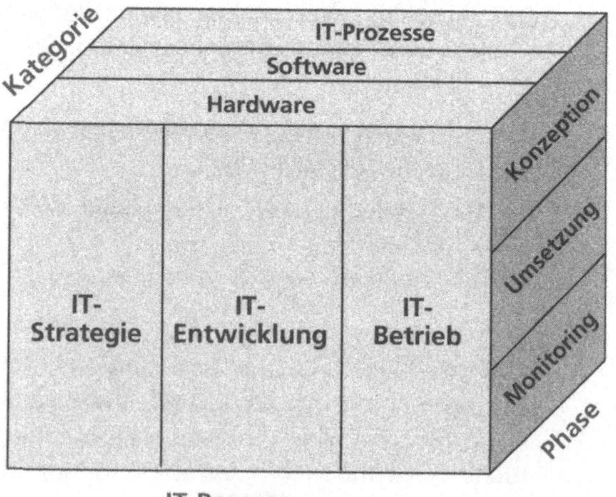

Abbildung 53: Dimensionen der IT-Kostenentstehung (IT-Kostenwürfel)

Die Darstellung in Abbildung 54 enthält für jede Dimension des IT-Kostenwürfels ausgewählte Beispiele für IT-Kosten.

Dimension	Beispiele für IT-Kosten	
Kategorien	Hardware	Zentralrechner (Grossrechner) Dezentrale Rechner, Arbeitsplatz-Systeme
	Software	Betriebssystem, Backupsoftware, Virenscanner, Firewall, Intrusion Detection, Monitoring, Job-Scheduling Betriebswirtschaftliche Anwendungssoftware Prozesssteuerung (Workflow-Management) Bürosoftware (Text, Tabelle, Grafik, Mail, Internet)
	IT-Prozesse	Software-Entwicklung, RZ-Betrieb Anforderungs- und Störungsmanagement Gebäudemanagement (Miete, Klima, Sicherheit)
IT-Prozess	IT-Strategie	Personal (Geschäftführung, CIO, IT-Controller, Berater), Hardware (Laptop) Software (Präsentation, Planungstools)
	IT-Ent-wicklung	Personal (IT, Fachabteilung, Berater) Hardware (Entwicklungsrechner, Software (CASE-Tools, Testwerkzeuge, Programm-generatoren)
	IT-Betrieb	Personal (Operatoren, Systemprogrammierer, Hotlinepersonal) Hardware (Server, Personal-Computer, Drucker, Cassettenroboter, Netzwerk) Software (Betriebssystem, Backup und Archivierung, Virenscanner, Intrusion Detection)
Phase	Konzeption	Erstellung eines Fach- / IT-Konzeptes Ist-Aufnahme und Modellierung von Prozessen Gestaltung von Soll-Prozessen Daten- und Funktionsmodellierung Spezifikation von Softwaremodulen
	Umsetzung	Individual-Programmierung und Test Customizing einer Standardsoftware
	Monitoring	Monatliche Erstellung von IT-Kennzahlen Verrechnung von IT-Kosten und IT-Leistungen

Abbildung 54: Beispiele im IT-Kostenwürfel

B.8.2   Konzeption einer IT-Kosten- und Leistungsrechnung

Die IT-Kosten- und Leistungsrechnung liefert dem internen IT-Kunden als Kostenstelle (Einkauf, Personalwesen, Vertrieb) Hinweise zur Kosteneinsparung und Optimierung der Geschäftsprozesse. Dadurch ist der Leistungserbringer (IT-Abteilung) in der Lage, seine Kostenstruktur und Leistungen zu optimieren (vgl. Abbildung 55).

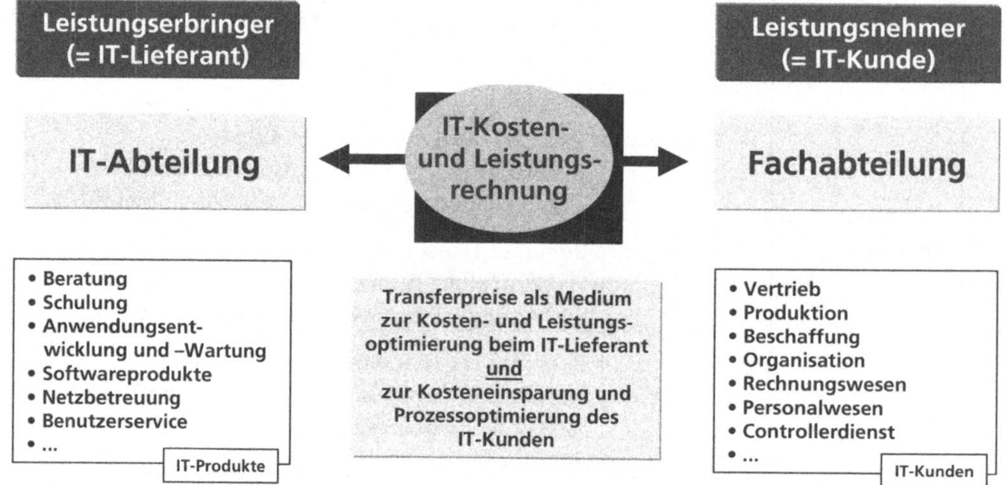

Abbildung 55: Funktion der Transferpreise

Werden die Transferpreise nicht als Marktpreise, sondern als intern gebildete Verrechnungspreise angewendet, sind u. U. steuerliche Aspekte zu beachten. So berichtete der Teilnehmer einer IT-Controlling-Konferenz darüber, dass die Finanzbehörden gegenüber seinem Unternehmen ein gewisses Potenzial an Gewinnverschiebungsmöglichkeiten sah. Daher ist bei der Bildung der Verrechnungspreise auf die Einhaltung der einschlägigen gesetzlichen Vorschriften zu achten, damit die Verrechnungspreise auch steuerlich anerkannt werden.

Umlageverfahren nicht geeignet

Umlageverfahren bieten dem IT-Kunden keine Transparenz über Auswirkungen seiner Entscheidungen und auch keinen Anreiz für Kostensenkungen. Es geht darum, Kostenbewusstsein bei den IT-Kunden zu schaffen:

• Welche Kosten verursachen die vom IT-Kunden in Anspruch genommenen IT-Leistungen (z. B. Kosten einer 3-stündigen Entstörung eines Druckerproblems, Update eines Textverarbeitungsprogramms auf eine neue Version)?,

- Welche Auswirkungen haben Serviceänderungen auf die IT-Kosten des Kunden (z. B. Einsatz eines Laptops anstelle eines Desktop-PCs, 24 h-Betreuung anstelle 8h-Tagesbetreuung)?,

- Welche Kosten und welcher Nutzen entstehen bei der Anschaffung neuer IT-Systeme wie bei der Erweiterung und Verbesserung bestehender Systeme (z. B. Prozessoraustausch, Hauptspeichererweiterung, Verkürzung der Servicezeiten)?

- Wie können IT-Kunden (Fachabteilung) Leistungen und Kosten der eigenen IT-Abteilung mit Marktleistungen vergleichen (Benchmarking)?

Nutzen

Eine IT-Kosten- und Leistungsrechnung:

- steigert die Kosten- und Leistungstransparenz für Anwender und IT-Dienstleister,

- erhöht das Kostenbewusstsein bei Anwendern und IT-Dienstleistern,

- fördert eine marktwirtschaftliche Kunden-Lieferanten-Kultur (Anwender = Kunde, interner oder externer IT-Dienstleister = Lieferant)

- liefert die Grundlage für ein aktives IT-Kostenmanagement,

- beeinflusst die Struktur und Höhe der IT-Kosten durch den IT-Bedarfsträger,

- schafft die Grundlage für Benchmarking der internen IT-Abteilung mit externen IT-Dienstleistern und damit für Outsourcing-Entscheidungen,

- steigert das kostenorientierte Denken in der IT-Abteilung,

- verbessert die Leistungs- und Kostenstrukturen der IT-Abteilung.

Aufbau

Abbildung 56 dokumentiert den Aufbau der IT-Kosten- und Leistungsrechnung. Die Darstellung (Sender) zeigt verschiedene datenliefernde Systeme, wie sie in der Praxis häufig anzutreffen sind. Aus der Finanzbuchhaltung gelangen z. B. Eingangsrechnungen, aus der Materialwirtschaft Materialentnahmen (z. B. Austausch einer Tastatur) und aus der Personalwirtschaft Personalkosten und ggf. Leistungsmengen (z. B. angefallene Stunden der Softwareentwickler für IT-Projekte) in die IT-Kostenarten-rechnung.

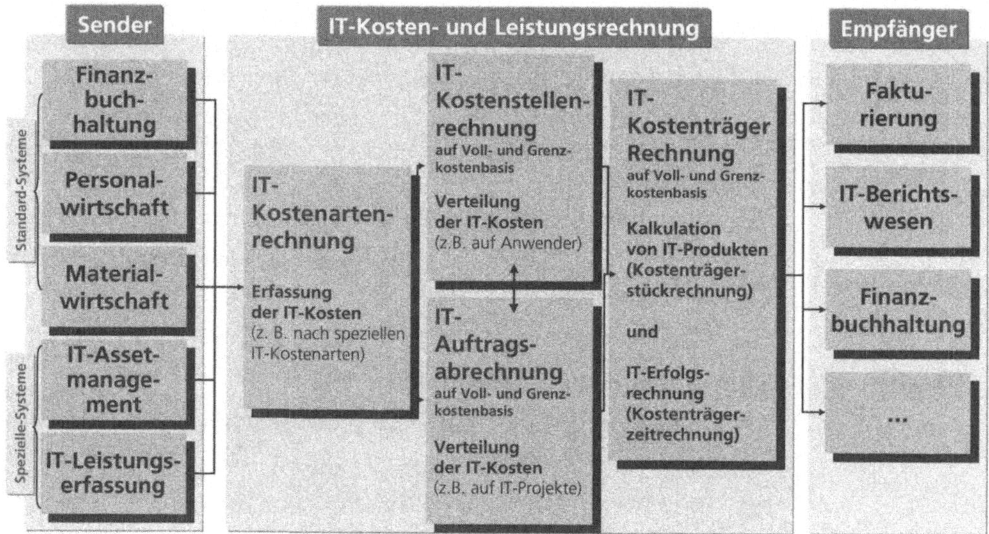

Abbildung 56: Schematischer Aufbau der IT-KLR

Spezielle Soft-waresysteme

Spezielle Softwaresysteme wie das IT-Assetmanagement oder eine IT-Leistungsverrechnung liefern Bestandsdaten und Bewegungen über IT-Assets (Hardware, Software, Zubehör) und Zeitverbräuche für IT-Projekte oder Störungsbeseitigungen.

Die IT-Kostenstellenrechnung verteilt die angefallenen IT-Kosten verursachungsgerecht auf empfangene Kostenstellen. Eine IT-Auftragsabrechnung dient der Sammlung und Verteilung von länger laufenden oder besonders wichtigen Maßnahmen, insbesondere von IT-Projekten oder Lizenzkosten für ERP-Systeme.

Die IT-Kostenträgerrechnung ermittelt die Kalkulationen für die IT-Produkte der IT-Abteilung, z. B. den Preis für eine Beraterstunde etc. In der IT-Erfolgsrechnung wird der Ergebnisbeitrag der IT zum Gesamterfolg des Unternehmens ermittelt. Der IT-Leiter erkennt, welchen Anteil seine Leistung an den Ergebnissen des Unternehmens erreicht. Datenempfänger der IT-Kosten- und Leistungsrechnung sind neben dem Berichtswesen die Fakturierung (wenn die IT-Abteilung auch externe Umsätze außerhalb des eigenen Unternehmens erzielt) und die Finanzbuchhaltung.

Das IT-Berichtswesen entnimmt Daten, bereitet diese empfängergerecht auf und verteilt Sie an die Führungskräfte im Unternehmen.

Software

Die Abbildung der IT-Kosten- und Leistungsrechnung kann mit marktgängigen ERP-Systemen erfolgen.

IT-Assetmanagement

Das IT-Assetmanagement ist die mengen- und ggf. auch wertmäßige Bestandsführung von IT-Komponenten (Hardware und deren Einzelkomponenten wie Speichererweiterungen, Software und Services wie z. B. Benutzerkennungen) aus Sicht des Endbenutzers.

Da die Unterlizenzierung zivil- und strafrechtliche Konsequenzen für das Unternehmen bzw. seine verantwortlichen Mitarbeiter nach sich ziehen kann, sind rechtzeitig geeignete Maßnahmen einzuleiten:

- Erarbeitung von Beschaffunsrichtlinien für IT-Assets, insbesondere Regelungen im Umgang mit Softwarelizenzen,

- regelmäßige und möglichst IT-gestützte Durchführung von Inventuren der IT-Assets (Hardware, Software, Lizenzen),

- dokumentierte Aufbewahrung der Lizenzunterlagen,

- technische Maßnahmen zur Verhinderung der Möglichkeit zur Installation nicht autorisierter Software auf Unternehmensrechner durch Endanwender.

Systeme für das IT-Assetmanagement unterstützen die detaillierte Inventarisierung von Hardware- und Software-Komponenten. Sie bilden den gesamten Lebenszyklus von Hard- und Software ab, von der Beschaffung bis zur Entsorgung. Die verschärfte Gesetzgebung bei Nichtbeachtung von Softwarelizenzbedingungen, komplexe Lizenzmodelle führender Hersteller (Microsoft, SAP u.a.) und steigende Lizenzkosten bei sinkenden bzw. stagnierenden IT-Budgets haben dazu geführt, dass der Einsatz von Assetmanagement-Systemen in der Vergangenheit zugenommen hat, wenngleich noch viele Unternehmen eine manuelle Erfassung praktizieren.

IT-Leistungserfassung

Für die Realisierung der IT-Leistungserfassung stehen am Markt spezialisierte Softwaresysteme zur Verfügung, welche u.a. über folgende Detailfunktionen verfügen:

- Übernahme von Daten aus Vorsystemen (z. B. Mobilfunkrechnungen für mobile Datenkommunikaton, Mengeninformationen wie CPU-Zeiten, Online-Zeiten, Batch-Zeiten) und deren Aufbereitung,

- Redundanz- und Plausibilitätsprüfung (z. B. Prüfung ob Daten mehrfach übergeben wurden, ob die angegebene Kostenstelle existiert) und Klassifizierung der Datensätze, z. B. nach Kostenarten und Bereichen,

- Rechnungsprüfung und Zuordnung zu Kostenstellen oder Aufträgen,

- Übergabe in nachgelagerte Systeme, d. h. in die Kostenartenrechnung.

B.8.3   Realisierung einer IT-Kostenartenrechnung

Die Gliederung der IT-Kostenarten hängt von der Organisationsform der Informationsverarbeitung (eigene IT-Abteilung oder Outsourcing, Einsatz von Standard- oder Individualsoftware u.a.) und vom gewünschten Detaillierungsgrad ab. Grundsätzlich sind alle Buchungen durch geeignete IT-Kostenarten zu erfassen, die einen IT-Bezug haben:

- Beschaffung von Hardware (Personal-Computer, Personal Digital Assistents, Drucker, u.a.), Software (Standardsoftware, Individualsoftware).

- Beschaffung von IT-Dienstleistungen (Beratung, Programmierung, Wartung).

- Beschaffung von Verbrauchsmaterial (Druckpatronen, Papier, CD-Rohlinge, Disketten u.a.).

- Abschreibungen auf Hardware und Software.

IT-Haupt-
kostenarten

Zu unterscheiden sind primäre Kostenarten (z. B. Rechnung eines Softwarehauses über Programmier- und Beratungsleistungen, Rechnung eines Hardwareanbieters über einen neuen Server, Rechnung eines Telekommunikationsanbieters über Standleitung zur Filiale nach USA) und sekundäre Kostenarten für die interne Leistungsverrechnung (z. B. Weiterbelastung der Projektkosten an die beteiligten Fachbereiche, Weiterbelastung der RZ-Nutzung, Weiterbelastung von Internetnutzungszeiten). Üblicherweise werden in der Praxis die IT-Hauptkostenarten ***IT-Material, IT-Entwicklung, IT-Betrieb, IT-Abschreibungen und IT-Miete/Leasing*** unterschieden (vgl. hierzu den ausführlichen Musterkostenartenplan in Gadatsch/Mayer, 2005, S. 149f. und die Kurzfassung in Abbildung 57).

Kostenart	Name
1	**IT-Material**
1.1	Papier, Formulare, Etiketten, Tinte
1.2	Datenträger
1.3	Sonstiges Material
2	**IT-Entwicklung**
2.1	Anwendungsentwicklung
2.2	Anwendungssupport
2.3	Anwendungswartung
2.4	Standardsoftware
2.5	IT-Beratung
2.6	Schulung
2.7	Sonstige Kosten IT-Entwicklung
3	**IT-Betrieb**
3.1	Hosting und Serverbetrieb
3.2	Gerätewartung
3.3	IT-Arbeitsplatzkosten
3.4	Mail- und Groupware-Services
3.5	Netzwerk-Services
3.6	Carrier-Gebühren für Netzwerke
3.7	Carrier-Gebühren für Sprachkommunikation
3.8	Sonstige IT-Betriebskosten
4	**Abschreibungen, Miete, Leasing und kalk. Zinsen**
4.1	AfA Softwarelizenzen
4.2	AfA Beratungskosten Standardsoftware
4.3	AfA IT-Hardware
4.4	Aufwand für immaterielle GWG der IT [Software]
4.5	Aufwand für immaterielle GWG [Hardware]
4.6	Außerplanmäßige Abschreibungen auf Softwarelizenzen

4.7	Außerplanmäßige Abschreibungen auf Beratungskosten Standardsoftware
4.8	Außerplanmäßige Abschreibungen auf IT-Hardware
4.9	Leasing IT-Geräte
4.10	Miete IT-Geräte
4.11	Miete Software
4.12	Kalk. Zins
4.13	Versicherungen

Abbildung 57: Muster-IT-Kostenartenplan

B.8.4   Realisierung einer IT-Kostenstellen- und -Auftragsabrechnung

Bevor auf die Merkmale von IT-Kostenstellen und -aufträgen eingegangen wird, soll die Verrechnungssystematik der IT-Kostenrechnung kurz skizziert werden (vgl. Abbildung 58).

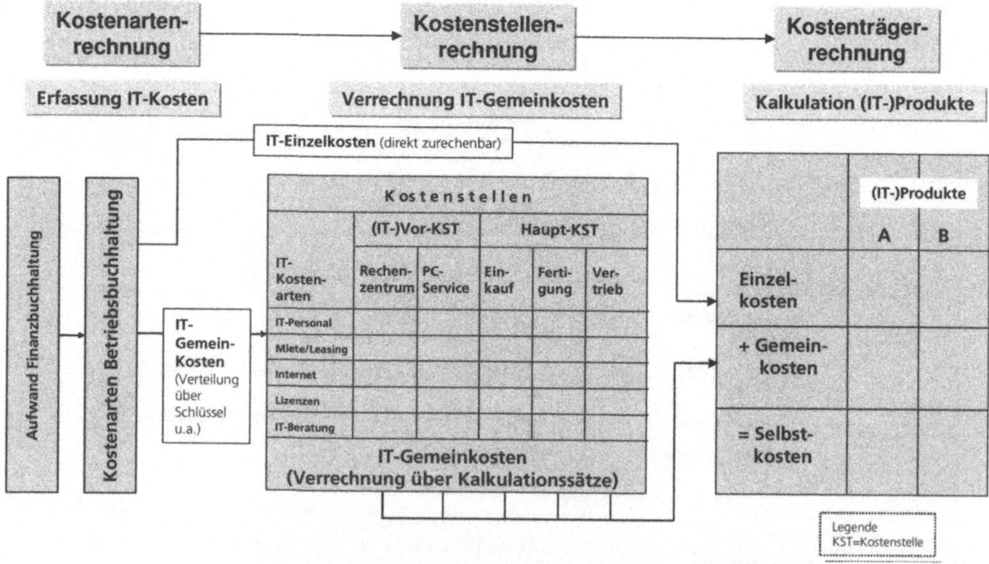

Abbildung 58: Verrechnungssystematik der IT-Kostenrechnung

Ausgehend von der Kostenartenrechnung werden die IT-Kosten in IT-Einzelkosten und IT-Gemeinkosten gesplittet. IT-Einzelkosten lassen sich direkt einzelnen Produkten zurechnen. Dies können Produkte eines Industrieunternehmens sein (z. B. Softwarelizenzen für die Motorsteuerungssoftware bei einem Motorenhersteller) oder IT-Produkte eines Softwarehauses oder IT-Beratungsunternehmens (z. B. Rechnung eines externen Beraters für ein im Kundenauftrag entwickeltes Softwaresystem sind IT-Einzelkosten für das IT-Produkt „Softwaresystem").

Nicht direkt zurechenbare IT-Gemeinkosten werden über die IT-Kostenstellenrechnung nach unterschiedlichen Verfahren auf die IT-Produkte verteilt. So nutzen z. B. Softwareentwickler der IT-Abteilung das Internet für Recherchen und downloads von Software. Die hierfür anfallenden Gebühren lassen sich aber im Normalfall nicht auf einzelne Projekte der Entwicklerarbeit zuordnen. Sie sind nach geeigneten Kriterien zu verteilen. Hierzu wird die Kostenstellenrechnung genutzt. Zunächst werden die IT-Kosten der IT-Vorkostenstellen (z. B. Rechenzentrum, PC-Service, Anwendungsberatung) gesammelt und auf die Hauptkostenstellen (auch Endkostenstellen genannt) verteilt. Hauptkostenstellen sind die Endabnehmer der IT-Leistungen, z. B. Vertrieb, Fertigung, Personal u.a. Über Kalkulationssätze lassen sich die Gemeinkosten auf Produkte verrechnen.

IT-Abteilungs-struktur

In kleineren Unternehmen wird die IT-Abteilung auf einer Kostenstelle geführt. Die Kosten werden mit einem einfachen Schlüssel auf die Nutzer verteilt. Größere Unternehmen nehmen differenzierte Kostenverrechnungen vor. Die Übertragung der typischen IT-Abteilungsstrukturen (vgl. Abbildung 59) in eine IT-Kostenstellenstruktur ist meist nicht ausreichend, um Kosten und Leistungen verursachungsgerecht zu steuern.

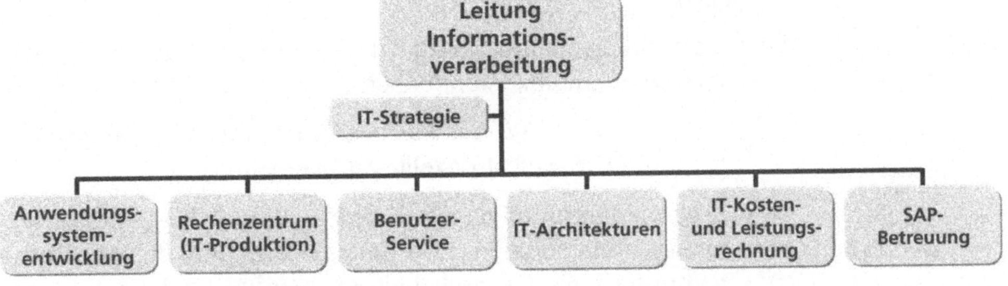

Abbildung 59: Typische Struktur einer IT-Abteilung

Kostenstellen für kritische IT-Kostenblöcke

Es ist erforderlich, für besonders kritische Kostenblöcke spezielle Kostenstellen zu bilden. Beispiele hierfür sind Applikationskostenstellen, welche für intern weiter zu belastende Lizenzen (z. B.

ERP-Lizenzen, Mail-Lizenzen u.a.) zu bilden sind. Daneben sind Service-Kostenstellen für kostenintensive Bereiche, wie z. B. ERP-Betreuung, Internet/Intranet-Betreuung u.a. notwendig. Das aufwendige IT-Equipment (Server, Leitungen, Router, RZ-Gebäude mit Sicherheitstechnik u.a.) wird in Equipment-Kostenstellen zusammengefasst (vgl. Abbildung 60).

Projektkosten-
stellen
Daneben gibt es Projektkostenstellen, sofern sie nicht innerbetrieblich abgerechnet werden. Hilfskostenstellen, die z. B. der Verrechnung von Konzernumlagen oder Leitungskosten dienen, zählen ebenfalls dazu.

Abbildung 60: Typische IT-Kostenstellenstruktur

Innenaufträge
Innerbetriebliche Aufträge (Innenaufträge) werden zur gezielten Kostenüberwachung für unterschiedliche Zwecke verwendet, üblich sind:

- Gemeinkostenaufträge für die Überwachung von Maßnahmen im Gemeinkostenbereich (z. B. Messeauftritt).

- Investitionsaufträge für die Überwachung aktivierungsfähiger Kosten, (z. B. selbst erstelltes RZ-Gebäude).

- Abgrenzungsaufträge für Kosten, die in der Finanzbuchhaltung mit effektiven Werten gebucht und in der Kostenrechnung kalkulatorisch belastet wurden (z. B. kalk. Sozialkosten für IT-Mitarbeiter).

- Erlösaufträge für die Überwachung von Aktivitäten außerhalb des Kerngeschäftes (z. B. Erlöse beim Betriebsfest).

- Musteraufträge als Schablone beim Anlegen neuer Aufträge.

Eine IT-Kostenrechnung sammelt Gemeinkosten und Projektkosten auf Innenaufträgen für eine versursachungsgerechte Weiterbelastung.

Jede IT-Kostenstelle benötigt Bezugsgrößen bzw. Leistungsarten als Basis für die Leistungsverrechnung (vgl. dazu Abbildung 61).

Bereich	Beispiele für IT-Leistungen
Personenaufwand	• IT-Projekte für Einführung, Wartung und Weiterentwicklung von Informationssystemen
Rechenzentrumsleistungen	• CPU-Verbrauch (Online- bzw. Batch-Verarbeitung) • Datenbanknutzung, Plattenspeicherplatzbelegung, Fileserver für PC-Arbeitsplätze • Archivierung (intern/extern) • Personenaufwand (Systemadministration, Hotline)
Druckleistungen	• Entwicklung, Wartung und Weiterentwicklung von Informationssystemen zur zentralen Druckaufbereitung und Versandabwicklung • Laserdruck auf zentralen Rechnern • Materialaufwand für Papier, Formulare und Kuverts • Sortierung, Kuvertierung und Verteilung von Schriftgut
Bereitstellung, Wartung und Entsorgung von IT-Arbeitsplätzen	• Beschaffung, Installation und Konfiguration von Hard- und Software • Beratung, Reparatur und Wartung (z. B. Softwareupdates einspielen) • Erarbeitung und Festlegung von Standards (z. B. Datenaustausch, Verschlüsselung, Virenschutz) • Bereitstellung und Aktualisierung von Virenschutzsoftware • Datensicherung und Drucken über das Unternehmensnetzwerk • Schulungen (Durchführung und Koordination) • Verleih von Komplettsystemen (z. B. Laptop) oder Systemkomponenten (z. B. Brenner, Beamer)

Abbildung 61: Beispiele für typische IT-Leistungen

Die Erfassung von IT-Leistungen ist ein ähnlich komplexes Aufgabenfeld, wie eine Betriebsdatenerfassung im Fertigungsbereich, um Werker- und Maschinenstunden für Betriebsaufträge direkt zurechnen zu können.

Personenaufwand

Relativ gut – durch betriebswirtschafliche Standardsoftware unterstützt – lässt sich der IT-Personalaufwand ermitteln. Die unterschiedliche Erfassung der Mengengerüste und ihre Zuordnung pro IT-Mitarbeiter auf Kostenstellen bzw. IT-Aufträge erfolgen laufend über betriebswirtschaftliche Standardsoftware oder spezielle Leistungserfassungssysteme.

Eine Wertermittlung erfolgt durch die Multiplikation der Gesamtstundenzahl mit dem jeweiligen Stundenverrechnungssatz der IT-Kostenstellenrechnung. Eine Leistungsdifferenzierung übernimmt die IT-Auftragsabrechnung, wenn IT-Aufträge von mehreren End-Kostenstellen abzurechnen sind, z. B. wie die Kosten der Einführung eines ERP-Systems. Sie wird über einen Innenauftrag den Hauptkostenstellen Vertrieb, Produktion, Personal und Rechnungswesen belastet. Die Aufbaukosten einer zentralen Firewall lassen sich über den Schlüssel „Anzahl Mitarbeiter je Bereich mit IT-Arbeitsplatz" weiterbelasten.

RZ-Leistungen

Problematisch wird die Erfassung von RZ-Leistungen, wenn das Mengengerüst sich nur über spezielle Auswertungsprogramme ermitteln lässt. Üblich sind eine getrennte Ermittlung und Weiterbelastung von Online- und Batch-Verarbeitungszeiten.

- Online-Verarbeitung: Erfassung nach Anzahl der Transaktionen je User (Zuordnung über „Stamm-Kostenstelle").

- Batch-Verarbeitung: Direkte Belastung der Kostenstellen je Job (z. B. Rechnungsdruck) oder bei Querschnittsfunktionen (Sicherung aller Datenbanken) über Verteilungsschlüssel.

Die Wertermittlung erfolgt durch eine Multiplikation des Gesamtwertes der Bezugsgröße (Online-Zeit je Nutzer) mit dem Soll-Verrechnungssatz der Bezugsgröße aus der IT-Kostenstellenrechnung.

Druck leistungen

Druckleistungen verursachen in vielen Unternehmen hohe Kosten, die eine differenzierte Kostenverteilung erfordern. Beispiele finden sich in der Telekommunikation, der öffentlichen Verwaltung oder der Versicherungsbranche. Der monatlichen Erfassung des Mengengerüstes über die Anzahl der Druckseiten der Kostenstellen folgt eine Wertermittlung, indem der Gesamtwert der Bezugsgröße (Druckseiten) mit dem ermittelten Verrechnungssatz der Bezugsgröße aus der IT-Kostenstellenrechnung multipliziert wird. Ggf. ist auch eine direkte Zuordnung externer Einzelrechnungen bei Sonderaufträgen üblich.

IT-Arbeitsplatz

Die Kosten für einen IT-Arbeitsplatz entstehen aus unterschiedlichen Gründen. Als Grundlage der Verrechnung dient die Anzahl der vorhandenen IT-Arbeitsplätze bzw. der einzeln bewerteten

Produkte je Kostenstelle/User. Erfasst werden Zugänge, Umbuchungen, Abschreibungen und Abgänge. Zur Bestandsführung eignen sich spezielle IT-Assetmanagement-Systeme, welche die erforderlichen Mengengerüste bereitstellen. Eingangsrechnungen liefert die Finanzbuchhaltung. Zusätzlich sind ggf. innerbetriebliche Aufwendungen für Servicearbeiten zu erfassen.

Die Gesamtwerte der Bezugsgrößen (Anzahl Standard-PC, Anzahl Brenner, Anzahl Softwarelizenzen, Anzahl in Anspruch genommener Service-Stunden je Monat u.a.) werden mit dem ermittelten Verrechnungssatz der Bezugsgröße aus der IT-Kostenstellenrechnung multipliziert.

Eine gute Übersicht über Kostenstellen und Bezugsgrößen im IT-Bereich liefert Britzelmaier (1999, S. 121) in der Abbildung 62.

Kostenstellen (nach Ressourceneinsatz)	**Mögliche Bezugsgrößen**
Personalintensive Kostenstellen • Entwicklung und Anwendungsbetreuung • System- und Datenbankadministration • IT-Benutzerservice • IT-Leitung	• Personenstunden • Personentage
Anlageintensive Kostenstellen (Hardware) • Zentrale Rechnernutzung • Intranet/Internet-Server • Zentrale Druckserver • Netzwerknutzung • Sicherungsdienste (z. B. Netzlaufwerke für PCs)	• CPU-Nutzung (CPU-Sek.) • Speicherplatzbelegung • Druckseiten oder Druckvolumen (in MB/GB) • Datenübertragungsvolumen (in MB/GB)
Software-Kostenstellen • Systemsoftware • ERP- und Mail-Lizenzen • Tool-Lizenzen (z. B. Virenscanner, Zentrales Telefonbuch, Komprimierungstools)	• Anschaffungskosten (bei Kauf) • Kalkulatorische Abschreibungen und Zinsen (bei Eigenerstellung)
Hilfskostenstellen • Gebäude • Strom (z. B. für Server)	• m^2 • kWh

Abbildung 62: IT-Kostenstellen und Bezugsgrößen (Britzelmaier 1999, S. 121, modifiziert)

Die Konzeption der Leistungsverrechnung einer Großforschungseinrichtung ist in der Abbildung 63 dargestellt. Je nach Art der Leistung erfolgt eine verbrauchsabhängige Verrechnung anhand geeigneter Bezugsgrößen oder eine Kostenverteilung über Schlüssel. Letzteres ist der Fall, wenn bei der IT-Leistungserbringung die Serviceverfügbarkeit für das Gesamtunternehmen im Vordergrund steht, nicht aber deren mengenmäßige Nutzung durch einzelne Nutzer. Dies wird im vorliegenden Praxisfall z.B. beim LAN-Anschluss, E-Mail und Internet-Service und User-Help-Desk (UHD) unterstellt.

IT-Leistung / IT-Produkt	Bezugsgröße für Leistungsverrechnung	Information für den internen Kunden
WAN-Anschluss	Anzahl Mitarbeiter pro Kostenstelle	Anzahl Personen und verrechnete Kosten je Kostenstelle
LAN-Anschluss	Nutzungszeit	Nutzungszeit und verrechnete Kosten je Kostenstelle
Anwendungsberatung	Arbeitszeit	Verrechnete Kosten auf Kostenstelle oder Projekt
Großrechnernutzung	CPU-Zeit	Verbrauchte CPU-Zeit und verrechnete Kosten je Kostenstelle

Abbildung 63: Bezugsgrößen in einer Großforschungseinrichtung

B.8.5   Realisierung einer IT-Kostenträgerrechnung

Begriff

Als Kostenträger gelten Leistungen der IT-Abteilung. Diese können materieller Natur (z. B. ein Benutzerhandbuch) sein, oder als immaterielle Produkte (Software, Beratungsleistung) erscheinen. Die IT-Kostenträgerrechnung ermittelt den Preis für IT-Produkte, der sich aus unterschiedlichen internen oder externen Kostenkomponenten zusammensetzten kann. Interne Kosten sind z. B. Personalkosten für Softwareentwickler. Externe Kosten fallen häufig an, z. B. als Gebühren für Standleitungen, Beratungshonorare, Anschaffungskosten für Hardware- und Softwarelizenzen, Wartungsgebühren, Datensicherungskosten).

Innerbetriebliche Leistungen

Je nach Verwendung der IT-Leistungen lassen sich zwei Kostenträgertypen unterscheiden. Werden die IT-Leistungen für das Unternehmen erbracht, stellen sie **Innerbetriebliche Leistungen** dar. Sie werden zu Transferpreisen verrechnet. Innerbetriebliche Leistungen sind entweder Gemeinkostenleistungen (z. B. Störungsbeseitigung bei Druckerproblemen durch eine interne Servicekraft) oder aktivierbare Leistungen (z. B. Entwicklung einer PPS-Software mit 15 Jahren Mindestnutzungsdauer).

Markt leistungen

Kostenträger können **Marktleistungen** (Endprodukten) entsprechen, wenn IT-Leistungen ganz (z. B. bei einem Softwarehaus) oder teilweise am externen Markt verkauft werden. Absatzleistungen werden zu Verkaufspreisen fakturiert. In der Praxis mischen sich innerbetriebliche Leistungen und Marktleistungen. Bei Outsourcing-Projekten oder Versuchen, durch externes „Drittgeschäft" vorhandene Ressourcen der IT-Abteilung besser auszulasten, ist der Marktleistungsanteil deutlich erkennbar.

Kostenträgerkategorien

IT-Leistungen fallen für unterschiedliche Kategorien an:

- Hardware (IT-Arbeitsplatz, Netzwerk),

- Software (z. B. Personalwirtschaftssystem, Lagerbestandsführung, Verschlüsselungssoftware),

- Dienstleistungen (z. B. Endbenutzer-Beratung, Erstellung IT-Strategie, Anwendungsbetreuung).

Typische IT-Produkte

Beispiele für typische IT-Produkte sind:

- Betrieb unternehmensweiter ERP-Systeme (z. B. SAP®),

- Betrieb zentraler IT-Anwendungen (z. B. Citrix-Windows Based Terminal, Mail, Intranet/Internet, File- und Printservices, Datensicherungen im Netzwerk),

- Betrieb und Wartung von Standard-IT-Arbeitsplatzsystemen (Desktop, Laptop, PDA, Remote-Zugänge incl. Software),

- Betrieb abteilungsspezifischer Anwendungen (CAD-Anwendungen),

- Endbenutzer-Hotline (Call Annahme, First Level-Support, Second-Level-Support),

- Mailserverbetreuung,

- Internet- und Intranetbereitstellung und -betreuung,

- Zentrales Asset-Management (Inventarisierung und Verwaltung der IT-Vermögenswerte wie PCs, Laptops, PDAs, Netzwerkleitungen, Server, Zusatzgeräte),

- Betrieb eines IP-basierten Telefonnetzes.

IT-Katalog

IT-Produkte informieren in einem IT-Katalog die Fachabteilungen über bestellbare Produkte. Der IT-Katalog stellt einen Leistungskatalog der IT-Abteilung mit Rechnungspreisen dar, wie in einem Waren- und Dienstleistungskatalog.

Ziel

Innerhalb einer internen IT-Abteilung ermittelt die IT-Kostenträgerrechnung Transferpreise, um die Kostentransparenz zu erhöhen. Die Anteile der IT-Kosten an den gesamten Prozesskosten des Unternehmens werden dann sichtbar.

Praxisbeispiel

Das Anwendungsbeispiel für eine Kostenträgerrechnung behandelt eine zweistufige Deckungsbeitragsrechnung eines IT-Service-Centers in einer Versicherung, das als Profit Center geführt wird und Gewinne erwirtschaften muss. Der **Deckungsbeitrag 1** ist als Überschuss der Erlöse über die mengenabhängigen Kosten definiert. Der Deckungsbeitrag 2 deckt zusätzlich die fixen Kosten des Profit Centers ab. Ein positiver **Deckungsbeitrag 2** signalisiert, dass alle Aufwendungen abgedeckt sind.

PRAXISBEISPIEL ZUR KOSTENTRÄGERRECHNUNG

Erlöse (aus externen und internen IT-Dienstleistungen)

./. Personalkosten

./. IT-Kosten (Hardware, Software, Material)

./. Kommunikationskosten (Telefon, Mobilfunk)

./. Raumkosten (Mitarbeiterbüros)

./. Kfz-Kosten (Mitarbeiterbezogen)

./. Sonstige direkte Kosten (Ausbildung, Schulung, Reisekosten, Büromaterial u.a.)

Zwischensumme (mengenabhängige Kosten)

= Deckungsbeitrag 1

./. Datenleitungen

./. Raumkosten für zentrales Rechenzentrum

./. Kalkulatorische Raumkosten

./. Sonstige fixe direkte Sachkosten (Zeitschriften, Versicherungen, Bewirtung)

./. Sonstige Kosten aus der internen Leistungsverrechnung (z. B. Leitungskosten)

= Deckungsbeitrag 2

B.8.6   Fallstudie zum IT-Kostenmanagement

Ausgangssituation und Aufgabenstellung

Die IT-Kosten eines Elektronikhandelsunternehmens liegen deutlich über dem Branchendurchschnitt. Das Unternehmen verfügt über ein zentrales Rechenzentrum, eine zentrale IT-Entwicklungsmannschaft und in einigen Fachabteilungen über IT-Fachleute. IT-Kosten werden vom Rechnungswesen auf drei Kostenarten (Hardware, Software, Sonstige IT-Kosten) erfasst, wenn der Rechnungstext eine eindeutige Zuordnung erlaubt. Sämtliche IT-Kosten verbleiben auf der Kostenstelle „Rechenzentrum". IT-Leistungen werden ohne schriftliche Vereinbarung, jedoch nach Absprache mit der Fachabteilung, realisiert, jedoch nicht im Rahmen der Betriebsabrechnung weiterbelastet. Eine große Anzahl der Anwendungen wurden über Jahre hinweg selbst entwickelt.

Der neue Leiter „IT-Controlling" erhält die Aufgabe, die IT-Kosten im Unternehmen zu optimieren und die Kostentransparenz nachhaltig zu verbessern. Das Management erwartet kurzfristige Erfolge im Hinblick auf die Kostenreduktion (Quick Wins), da die Ertragslage des Unternehmens sehr angespannt ist, sowie eine nachhaltige Optimierung der IT-Kostenstruktur.

Lösungsvorschlag

Der IT-Controller schlägt nach einer kurzen Analyse der Situation einen dreistufigen Maßnahmenplan vor:

- *M1:* Kurzfristige Reduzierung der IT-Kosten durch kostengünstigere Erbringung der IT-Leistungen und Verbesserung der IT-Kostenstruktur durch Verzicht auf nicht geschäftskritische IT-Leistungen.

- *M2:* Verbesserung der Kostentransparenz durch Aufbau einer IT-Kosten- und Leistungsrechnung.

- *M3:* Dauerhafte Optimierung der IT-Leistungserbringung durch Veränderungen der Leistungsstruktur.

M1: Reduktion der IT-Kosten

Der für die Akzeptanzsicherung notwendige Katalog von Sofort-
maßnahmen enthält Vorschläge, welche zwar die Kostenstruktur
verbessern, nicht aber das Leistungsniveau reduzieren, sowie
Vorschläge, die IT-Leistungen verringern, wenn hierdurch keine
Beeinträchtigung des Geschäfts erfolgt.

- ***Vorschlag 1: Lizenzen und Hardware reduzieren***

Fehlendes Management von Softwarelizenzen kostet viele Unternehmen große Anteile am IT-Budget. Ein wesentliches Element
eines wirksamen IT-Kostenmanagements ist die Anpassung des
Lizenzvolumens an den tatsächlichen Bedarf. Die gleichen Aussagen treffen für das Bestandsmanagement der IT-Hardware zu.
Zur Verbesserung der Situation ist eine Bestandsaufnahme (In-
ventur) der im Unternehmen befindlichen Hard- und Software
notwendig. Die Daten sollen weitgehend automatisiert mit Hilfe
eines neuen IT-Assetmanagement-Systems erfasst werden (vgl.
hierzu S. 218 ff.). Anschließend erfolgen der systematische Abbau nicht mehr notwendiger Hardware- und Softwarelizenzen.

- ***Vorschlag 2: Nutzungsdauer überprüfen***

Vielfach werden Harwarekomponenten (Personalcomputer, Laptops) von Mitarbeitern der Fachabteilungen nach „Budgetlage"
ausgetauscht. Dies führt dazu, dass bei ausreichendem IT-Budget
Beschaffungen vorgezogen werden, die bei näherer Betrachtung
nicht sinnvoll erscheinen. Im Rahmen des Sofortprogramms werden Nutzungsdauern überprüft und verbindliche Austauschzyk-
len entwickelt, an denen die Budgetfreigabe zu koppeln ist. Bei
der Festlegung der Nutzungsdauer ist zu beachten, dass mit steigender Nutzungsdauer indirekte IT-Kosten (z.B. Ausfall von
Komponenten: Ausfallzeit; Unverträglichkeit von Komponenten:
Programmabstürze) steigen (vgl. S. 41 ff.).

- ***Vorschlag 3: Software-Releasewechsel überprüfen***

Vielfach werden Software-Releasewechsel in Übereinstimmung
mit der Herstellerpolitik vollzogen: Sobald der Softwarehersteller
ein neues Release auf den Markt bringt, wird ein Updateprojekt

gestartet. Begründet werden die Projekte mit eher technischen Argumenten, ohne dass für Mitarbeiter der Fachabteilung ein erkennbarer Nutzen sichtbar wird.

Software-Releasewechsel müssen in Zukunft als Projekt beauftragt werden und vor dem Projektstart eine Wirtschaftlichkeitsbetrachtung nachweisen, aus der hervorgeht, dass der Releasewechsel für das Unternehmen einen Nutzen erbringt. Der Nutzennachweis kann auch aus dem zugrundeliegenden Geschäft erfolgen, wenn kein direkter Nutzen ermittelbar ist (z.B. Update einer ERP-Software führt durch neue Bearbeitungsfunktionen zu schnelleren Reaktionszeiten bei der Auftragserfassung, hierdurch ist ein steigender Umsatz möglich).

- ### *Vorschlag 4: Projektarbeiten optimieren*

Ein hoher Anteil des IT-Budgets wird für Dienstreisen, Besprechungen, Projektsitzungen, Schulungen, Übernachtungen u.a. verbraucht.

Die Kosten hierfür sollen durch Einsatz moderner Kommunikationslösungen (z. B. Videokonferenz, Telefonkonferenz, Chat-Rooms) und Schulungskonzepte (z. B. Blended-E-Learning) reduziert werden.

- ### *Vorschlag 5: IT-Verträge neu verhandeln*

Ein leistungsfähiges IT-Vertragsmanagement verhandelt insb. in Krisensituationen IT-Verträge mit Lieferanten regelmäßig neu aus und bündelt Einzelverträge zur Erzielung von Mengenrabatten.

Die Honorare von externen IT-Beratern sind nach Tätigkeitsgruppen zu standardisieren (z.B. Management-Beratung, Fach-Beratung, Anwendungsprogrammierung, Standardschulungen ...) und ggf. auf Marktniveau zu reduzieren.

- ### *Vorschlag 6: IT-Projekte neu terminieren*

Ziel des Vorschlages ist es, nicht notwendige IT-Projekte zu streichen oder zu verschieben. Hierzu bedarf es langristig eines IT-Portfoliomanagements (vgl. S. 176 ff.). Zur kurzfristigen Einsparung sind Projekte zu identifizieren, auf die eine Zeitlang oder generell verzichtet werden kann. Hier bieten sich insbesondere Projekte an, bei denen noch keine vertraglichen Verpflichtungen eingegangen wurden bzw. Kündigungsmöglichkeiten bestehen.

- **Vorschlag 7: Standards forcieren**

Die Fokussierung auf IT-Standards hilft kurzfristig und dauerhaft, IT-Kosten zu reduzieren (vgl. S. 35 ff.). Im vorliegenden Fall bietet es sich an, Projekte mit Standardsoftware zu fördern und die Nutzung von Standardfunktionen, die sich über Customizing-Möglichkeiten realisieren lassen, zu bevorzugen.

Weiterhin ist der Bestand an Hardwaretypen und Softwarelizenzen auf Redundanz zu überprüfen und zu standardisieren.

- **Vorschlag 8: IT-Leistungsniveau gezielt reduzieren**

Vielfach werden aus Projektsituationen heraus hohe Leistungsniveaus im Regelbetrieb beibehalten. So können z.B. Hotlinebesetzungszeiten, die in der Einführungsphase eines Projektes sehr intensiv ausgeweitet wurden, im Regelbetrieb auf Kernzeiten (z. B. Montag bis Freitag 08.00 Uhr bis 17.00 Uhr, Samstag auf Anforderung) zurückgeführt werden.

Reaktionszeiten für Störungen sollten an Servicelevels und Tätigkeitsmerkmale geknüpft werden, die vom internen Kunden budgetwirksam bezahlt werden müssen (Standard-Level für die Störungsbeseitigung: 1 Tag zum Normalpreis für Standardbüroarbeitsplätze, Premium-Level: 1 Stunde zum erhöhten Preis für geschäftskritische Arbeitsplätze).

M2: Verbesserung der Kosten- und Leistungstransparenz

Grundvoraussetzung für transparente IT-Kosten- und IT-Leistungen sind ein Transferpreissystem in Verbindung mit einer verursachungsgerechten IT-Kosten- und Leistungsrechnung.

Der IT-Controller schlägt daher die Einführung einer IT-Kosten- und Leistungsrechnung in folgenden Teilschritten vor:

- Erarbeitung eines IT-Produkt- bzw. IT-Leistungskataloges und Festlegung des IT-Produktportfolios.

- Verabschiedung von Leistungsvereinbarungen für jedes IT-Produkt zwischen IT-Abteilung und IT-Kunden (Service-Level-Agreements, vgl. S. 52 ff.).

- Analyse der Berichtsanforderungen des Managements (z.B. Kennzahlen, Kostenanalysen) und der IT-Endkunden (z. B. für Kostenstellenberichte).

- Erarbeitung einer Kostenartenstruktur mit den IT-Hauptkostenarten IT-Material, IT-Entwicklung, IT-Betrieb, IT-Abschreibungen und IT-Miete/Leasing.

- Erarbeitung einer differenzierten IT-Kostenstellenstruktur unter Berücksichtung spezieller IT-Kostenstellen für Applikations-, Verrechnungs-, Projekt-, Service- und Equipmentkostenstellen.

- Integration der IT-Kostenarten und IT-Kostenstellen sowie der Verrechnungssystematik über Customizing-Funktionen in den Controllingbaustein des ERP-Systems.

- Verursachungsgerechte Planung der IT-Kosten (Bestimmung der IT-Leistungsarten und Leistungsmengen je Leistungsart/Kostenstelle, Planung der primären und sekundären Kostenarten).

- Konzeption der Ist-Erfassung von Leistungsdaten und Kosten unter Berücksichtigung vorhandener Informationssysteme (Finanzbuchhaltung, Logistik) sowie spezieller Leistungserfassungssysteme (z. B. für Rechnerleistungen, Telekommunikationsgebühren).

M3: Optimierung der Kosten- und Leistungsstruktur

Nachdem durch die Maßnahmenbündel M1 und M2 kurzfristige Verbesserungen der Kostenstruktur herbeigeführt und die Qualität der Analysen sichergestellt worden ist, können langfristig wirksame Optimierungen der IT-Struktur in Angriff genommen werden. Der IT-Controller schlägt hierfür folgende Einzelmaßnahmen vor:

- ***Vorschlag 1: Standardisierung von Anwendungen***

Analyse der gesamten Prozessunterstützung des Unternehmens mit dem Ziel, verstärkt Individualanwendungen durch Standardsoftware abzulösen.

Weiterin sind Überschneidungen von Standardsoftwarepaketen bzw. unterschiedliche Hersteller zu identifizieren und zu bereinigen. Hierdurch können Lizenz- und Betriebskosten gesenkt und Schnittstellen reduziert werden.

- ***Vorschlag 2: Ressourcenbündelung***

Häufig werden dezentrale IT-Ressourcen vorgehalten, um mehr Flexibiltät zu erzielen. Redundanzen und verfälschte IT-Kosten sind jedoch die Folge solcher Maßnahmen. Beispiele hierfür sind dezentrale Rechenzentren / IT-Abteilungen je Standort oder „versteckte" IT-Mitarbeiter in Fachabteilungen (z.B. für Reportprogrammierung, dezentrale Datenverwaltung), die im IT-Budget nicht auftauchen. Derartige Situationen sind im Rahmen einer Analyse zu identifzieren und in die normale IT-Organisation zu überführen.

- ***Vorschlag 3: Standardisierung und Optimierung der IT-Prozesse***

Analyse der IT-Prozesse und Restrukturierung anhand eines Best-Practice Modells um Erfahrungen anderer Unternehmen zu nutzen. Hierfür bietet sich derzeit z.B. das ITIL-Konzept an, das von vielen Unternehmen verstärkt genutzt wird (vgl. S. 60).

- ***Vorschlag 4: Outsourcing-Analyse***

Die Leistungen der IT-Abteilungen sollten im Rahmen eines Benchmarks mit Marktleistungen verglichen werden. Hierzu kann die formale Ausschreibung eines Outsourcing-Projektes dienen, bei der sich die eigene IT-Abteilung ebenfalls als Leistungsanbieter bewerben kann.

- ***Vorschlag 5: IT-Bebauungsplan mit Migrationskonzept***

Erstellung eines Migrationskonzeptes zur möglichst raschen Ablösung der Altanwendungen bzw. redundanten Standardsoftwaresysteme.

In diesem Zusammenhang soll ein IT-Bebauungsplan helfen, den Überblick über die Vielzahl von IT-Anwendungen, Releaseständen und Verantwortlichkeiten zu verbessern.

B.8.7   Praxisbeispiel zur IT-Leistungsverrechnung (AGIS GmbH)

Das Praxisbeispiel beschreibt den Aufbau einer IT-Leistungsverrechnung bei der AGIS Allianz Dresdner Informationssysteme GmbH (vgl. ausführlich Gadatsch/Gerick/Rauh, 2005).

Ausgangssituation und Handlungsbedarf

Durch den Zusammenschluss der IT-Gesellschaften der Allianz und der Dresdner Bank im Jahr 2003 entstand mit der AGIS ein großes IT-Systemhaus im Finanzdienstleistungssektor. In beiden IT-Unternehmen stellte sich bereits in den 90er Jahren die Herausforderung, vielfältige IT-Leistungen genau und verursachergerecht zu verrechnen.

Bei der Dresdner Bank wurde bis Mitte der 90er Jahre eine allgemeine IT-Kostenverteilung anhand von Durchschnittswerten durchgeführt, welche auf der Zahl der Mitarbeiter oder dem jährlichen Budget basierte. Es existierte lediglich eine geringe Anzahl von definierten Leistungsarten. Ein spezielles Verrechnungs-Werkzeug gab es nicht. 1997/98 wurde im Projekt IPLUS (Integrierte Planung und Steuerung) ein Konzept für eine verbesserte und insbesondere verursachergerechte bankinterne Leistungsverrechnung der IT-Infrastruktur entwickelt. Nach der Evaluierung geeigneter Werkzeuge entschied sich die Bank 1999 für das auf IT-Controlling spezialisierte Softwarehaus USU AG mit seinem Produkt ValueControl. Die Bank setzte das System im Großrechner-Umfeld ein. Dabei waren umfangreiche Informationen aus zahlreichen Datenquellen im Zugriff, insbesondere die klassischen Mainframe-Anwendungen oder Asset Management-Systeme. Im Einzelnen wurden zentrale Druckleistungen, Batches, das Storage-Management, der User Help Desk oder Projektstunden verrechnet. Mit der Ausgliederung der IT, 1999 zunächst in das Geschäftsfeld DREGIS und Mitte 2000 in die GmbH, und der Erwartung, als eigenes Profit Center zu agieren, war eine Neudefinition und Strukturierung des IT-Serviceangebots und der anschließenden verursachergerechten Verrechnung durch DREGIS notwendig geworden. Zusätzlich zu den schon vorhandenen Leistungsdefinitionen wurden über eine Multi-Schnittstelle die Leistungen von etwa 1.700 Servern anhand von Anwendungsprofilen zugeordnet. Weitere Leistungen aus dem Netzwerk- und Client/Server-Bereich sowie auftragsbezogene Leistungen insbesondere aus dem UNIX-Bereich wurden in das

Leistungsspektrum der DREGIS integriert. Auf dieser Basis entstanden gut 100 Leistungsarten mit definierten Preisen. Die Kontinuität der Leistungsverrechnung für die Bank wurde gewahrt, indem ein zweiter Mandant speziell für die DREGIS-Leistungsverrechnung eingerichtet wurde, der aber systemseitig in 2000 noch von der Bank betreut wurde und ab 2001 mit allen Verantwortlichkeiten und Pflichten, auch operativ, komplett zu DREGIS überging.

Auch die AGIS analysierte im Rahmen einer Vorstudie im Sommer 1998 den Bedarf und definierte entsprechende Ziele. Es galt u.a., einheitliche Dienstleistungsprodukte zu paketieren, einheitliche Verfahren für die Kalkulation der AGIS-Preise zu erarbeiten oder Schnittstellen zu den bestehenden LV-Verfahren der Kunden zu schaffen. Dabei war eine Reihe wichtiger Faktoren stets zu berücksichtigen: Wirtschaftlichkeit, gute Handhabung, Transparenz, Revisionssicherheit, Flexibilität, Verursachergerechtigkeit sowie Plan- und Beeinflussbarkeit. Auch hier kam die Anwendung ValueControl für IT-Leistungsverrechnung zum Einsatz. Sie löste das seit 1992 laufende großrechner-basierte Altsystem ab. Im November 1998 startete das Projekt mit der Entwicklung und Umsetzung einer konzernweit einheitlichen Leistungsverrechnung. Es galt, ein Verfahren zu implementieren, welches Altlösungen integriert und Verrechnungsverfahren transparent und flexibel für zukünftige Anforderungen gestaltet. Hierfür wurde ein Konzept erarbeitet und mit der IT-Leistungsverrechnung umgesetzt. Umfangreiche Leistungsarten-Kataloge wurden für die Bereiche IT (Server-, PC-Kosten- und Service-Pauschalen), Telefon (Anschlüsse, Modelle & Funktionen sowie Gesprächsgebühren), Mainframe (CPU-Verbrauch, Platten- bzw. Kassettenplatz, Druckseiten in verschiedenen Ausführungen, Porti etc.) und Services (Projektunterstützung, Schulungen etc.) entwickelt. Sie bilden die Grundlage für die Leistungsverrechnung an die Kunden und stellen die abgerechneten Mengeneinheiten für die Preisermittlung und die Kostenverteilung auf die Produkte bereit.

Konsolidierung

Nach der Übernahme der Dresdner Bank durch die Allianz im Frühjahr 2001 ergab sich die Herausforderung, die Leistungsverrechnung der IT-Töchter AGIS und DREGIS zu konsolidieren. Hierfür wurde ein zweistufiges Projekt in 2002 aufgesetzt. Man strebte eine Harmonisierung der verschiedenen Einsatzszenarien und die sukzessive Integration in eine einzige Anwendung mit einer DB2-Datenbank an. Zuvor musste man die wichtigsten Kriterien, z.B. das gemeinsame Rollenmodell und Berechtigungskonzept definieren, die auf beiden Seiten bestehenden Leistungskataloge zusammenführen sowie einen einheitlichen Leistungsverrechnungs-Prozess festlegen. Eine zusätzliche DB2-Datenbank und Batch-Komponenten wurden eingerichtet. Nach einer Anpassungs- und Testphase wurde das erste Etappenziel einer gemeinsamen IT-Leistungsverrechnung Anfang 2003 mit der Einführung der vollen Funktionalität erreicht. Die Anwendung lief seitdem im parallelen Betrieb als „USU Bank" (ehemals DREGIS) und „USU Versicherung" (alte AGIS).

Die Stufe 2 des Projekts zielte dann darauf ab, ab dem Verrechnungsjahr 2004 auf Basis einer gemeinsamen Tabellenstruktur und gemeinsamer Debitorenschlüssel die Leistungsverrechnung konzernweit einheitlich und im Detail zu verrechnen. Dabei wird der Leistungsartenkatalog auf die durch das SAP®-System generierten Materialnummern umgestellt.

Die AGIS führt in den Vorsystemen auch kundenrelevante Informationen (z.B. die Kunden-Kostenstelle) mit, die in die Anwendung übernommen werden. Dadurch können den Kunden Schnittstellen-Sätze für deren Buchhaltungs- und Kostenverteilungssysteme zur Verfügung gestellt werden. Dies verhindert unterschiedliche Daten in den Kunden- und AGIS-Systemen und reduziert den Aufwand durch einen vollmaschinellen Prozess.

Die Allianz Dresdner Informationssysteme verrechnet heute die ganze Palette ihrer IT-Services an die Kunden und macht damit ihren Wertschöpfungsbeitrag innerhalb des Konzerns transparent. Wurden bis Mitte der 90er Jahre die IT-Kosten und -Leistungen noch weniger differenziert gesehen, genießt die verursachergerechte und revisionssichere Verrechnung dieser IT-Produkte und -Services heute einen sehr hohen Stellenwert.

B.8.8   Fallbeispiel zur IT-Leistungsverrechnung (Glasklar AG)

Das Fallbeispiel beschreibt den Aufbau einer computergestützten IT-Leistungsverrechnung bei einem fiktiven mittelständischen Unternehmen auf der Grundlage realistischer Daten (vgl. ausführlich Bauer 2005a).

Ausgangssituation

Bisher wurden die gesamten IT-Plankosten nach der Anzahl der Arbeitsplätze auf die Fachbereiche „umgelegt". Hierbei wurden die Arbeitsplätze nach einem Punktesystem gewichtet. Sämtliche IT-Kosten wurden auf einer zentralen Kostenstelle gebucht.

Die IT-Kosten wurden in grobe Funktionsbereiche untergliedert (z.B. Lotus Notes, SAP®) und über eine einfache Divisionskalkulation mit MS Excel auf ein Punktesystem abgebildet. Insgesamt wurden etwa zehn IT-Leistungen definiert (vgl. Abbildung 64), deren Gewichtung nach Anschaffungswert und IT-Serviceaufwand vorgenommen wurde. So erfolgte die Belastung für einen Laptop mit drei Punkten und für einen Desktop mit zwei, da Betrieb und Wartung des Laptops aufwändiger sind, als bei einem Desktop oder Network-Computer. Der Preis für einen Punkt ergab sich dann aus der Division der IT-Gesamtplankosten durch die Summe aller Punkte.

Menge	IT-Leistung	Gewichtung	Summe
395	Desktop	2 Punkte	790 Punkte
165	Laptop	3 Punkte	495 Punkte
506	Mailbox	1 Punkt	560 Punkte
70	Network Computer	1 Punkt	70 Punkte
205	SAP-Arbeitsplatz	5 Punkte	1250 Punkte
		Summe	**3165 Punkte**
Planbudget = 250.725 Geldeinheiten (GE)= 65 GE / Punkt			
IT-Leistung		**Geldeinheiten (Einheit)**	
Desktop		130 GE	
Laptop		195 GE	
Mailbox		65 GE	
Network Computer		65 GE	
SAP-Arbeitsplatz		325 GE	

Abbildung 64: Pauschale IT-Kostenverrechnung (Auszug)

Handlungsbedarf

Auf der Grundlage des bisherigen Verfahrens waren die „umgelegten" IT-Kosten für die Kostenstellenverantwortlichen nicht nachvollziehbar. Die Kostentreiber blieben unerkannt. Vor dem Hintergrund des steigenden Kostendrucks ergaben sich im Unternehmen intensive Diskussionen mit folgenden Inhalten:

- Weshalb wird allen SAP®-Anwendern trotz unterschiedlicher Nutzung gleich viel berechtet?

- Welcher IT-Kostenanteil kann für die Prozesskosten der Fachbereiche angesetzt werden? (Beispiele: Was kostet die Erstellung von Buchungsjournalen, Summenlisten etc.)

- Wie können die Kostenstellenverantwortlichen IT-Kosten sparen, die IT-Kostenplanung beeinflussen und unterstützen?

Die Problematik des Abrechnungsverfahrens zeigte z. B. die folgende Fehlentwicklung: Weil viele Kostenstellenverantwortliche nur wenige Reports nutzten, gaben einige ihren SAP-Zugang zurück, um IT-Kosten zu sparen. Die notwendigen Auswertungen wurden anschließend von deren Mitarbeitern abgerufen. IT-Kosten wurden aus Sicht des Unternehmens nicht eingespart.

Praktische Konsequenzen

Nach Kosteneinsparungen in den vorangegangenen Jahren, die vor allem über Systemkonsolidierungen und Standardisierungen erreicht worden waren, ließen sich weitere Kostensenkungen nur noch mit Unterstützung der Fachbereiche realisieren. Um die Mitarbeiter für den Kosten sparenden Umgang mit IT-Ressourcen zu sensibilisieren und zu wirksamen Entscheidungen zu motivieren, entschied sich das Unternehmen für die Einführung der Software-Lösung Catenic Anafee zur Unterstützung einer verursachergerechten Leistungsverrechnung. Das Projekt sollte unter anderem Antwort auf folgende Kernfragen geben:

- Welche IT-Leistungen müssen definiert werden, um eine gemeinsame Sprache mit den Fachabteilungen zu finden und die Leistungen nachvollziehbar abrechnen zu können?

- Wie kann die Kostenstruktur wirtschaftlich und automatisiert abgebildet werden, um die Kosten der Leistungen berechnen und laufend verfolgen zu können?

- Wie können Basisleistungen wie die Datensicherung oder die Erhöhung der IT-Sicherheit (z. B. durch eine Firewall) auf prozessnahe IT-Produkte abgebildet werden?

- Wie können die Kosten konsolidierter Serverplattformen auf die darauf befindlichen Anwendungen und geschäftsrelevanten Funktionen abgebildet werden?

Einführung einer verursachungsgerechten Leistungsverrechnung

In einem ersten Schritt wurde die Übernahme von Stammdaten wie z. B. Organisationsstruktur und Useridentifikationen eingerichtet. Danach wurden die laufenden Kostenbelege aus der SAP®-Lösung für das Controlling und die Verbrauchsinformationen pro Geschäftssystem und Organisationseinheit in die Anafee-Datenbank eingelesen (z. B. Transaktionen aus dem SAP-System). Die Softwarelösung unterstützte folgende Schritte:

- Definition eines Servicekataloges und hierauf aufbauend eine Mengenplanung der Fachbereiche.

- Preiskalkulation auf Basis von Plankosten und Planmengen im Rahmen einer Kostenträgerrechnung.

- Zuordnung der Verbrauchsmengen im „IST". Daraus resultierend Belastung der Fachbereiche und Entlastung der IT-Kostenstellen.

- Automatische Verbuchung in SAP per Batch-Input.

- Rechnungsversand per E-Mail im PDF-Format.

- Präsentation der Ergebnisse im Intranet: Fachbereichsleiter und IT-Verantwortliche können hier entsprechend der hinterlegten Berechtigung interaktiv und detailliert Einblick in die Verrechnung erhalten.

- Weiterverarbeitung der Ergebnisse in MS Excel.

Auswirkungen der IT-Leistungsverrechnung

ROI

Durch den kostenbewussten Umgang mit IT-Ressourcen und die verbesserte Planung konnte die Glasklar AG einen positiven Return on Invest (ROI) und eine Amortisationsdauer von deutlich unter einem Jahr erzielen.

Prozess-optimierung

Neben Kosteneinsparungen in der IT verhilft die neue Leistungsverrechnung zur allgemeinen Verbesserung der Geschäftsprozesse: Durch die Abrechnung signifikanter Transaktionen wird deutlich, wenn in der Praxis Abläufe vom optimalen Pfad abweichen und beispielsweise Teilschritte wie „Bestellung ändern" im Verhältnis zu „Bestellung anlegen" zu häufig durchgeführt werden. In solchen Fällen birgt der Geschäftsprozess vermutlich Optimierungspotenzial.

Kosten-bewusstsein

Darüber hinaus ist es möglich, die Kosten des IT-Einsatzes in den verschiedenen Geschäftsprozessen zu identifizieren und zu optimieren. Werden Mitarbeiter beispielsweise für die Nutzung einer kostspieligen Online-Datenbank zur Kasse gebeten, achten sie verstärkt darauf, ob sie diese weiterhin eifrig nutzen oder auf die billigere Variante des Archivs umsteigen. Durch das gesteigerte Kostenbewusstsein der Mitarbeiter lassen sich Investitionen, die für die Erweiterung der Online-Datenbank anfallen würden, verzögern oder sogar vermeiden.

Ähnlich positive Effekte bewirkt die Abrechnung nach verschiedenen SAP®-Transaktionen, zu denen etwa das Aufrufen von Reports, das Anlegen von Debitoren oder das Vorhalten bestimmter Stammdaten gehören. Da das Erstellen von SAP®-Reports jetzt etwas kostet, können Abteilungsleiter auf die Anwender einwirken, die Aufrufe auf das notwendige Maß zu reduzieren. Auch können durch Verlagerung in weniger nutzungsintensive Tageszeiten Lastspitzen vermieden werden, die eine Erweiterung der IT-Infrastruktur wie Rechner, Server oder Netzkapazitäten erfordern würden.

Strategische Entscheidungen

Das Fallbeispiel zeigt deutlich, dass eine transparente IT-Leistungsverrechnung eine wichtige Grundlage für strategische Entscheidungen ist.

B.9 Aufbau und Implementierung eines IT-Kennzahlensystems

B.9.1 IT-Kennzahlen

IT-Kennzahlen liefern Maßgrößen für IT-relevante Aspekte. Sie dienen zwei Zielen: Information des Managements, der Informationsverarbeitung und der Endbenutzer sowie der Steuerung von IT-Projekten und Ressourcen (z. B. Rechenzentrum, Mitarbeiter). IT-Kennzahlen beurteilen IT-Bereiche und die von ihnen erbrachten IT-Leistungen. Sie ermöglichen eine Ursachenanalyse bei Abweichungen zwischen Soll- und Istwerten und zeigen signifikante Veränderungen auf. Über IT-Kennzahlen lassen sich Zielwerte für organisatorische Einheiten, Projekte oder Maßnahmen formulieren. Soll-Ist-Vergleiche überprüfen die Einhaltung der Zielwerte.

Struktur von IT-Kennzahlen

IT-Kennzahlen unterscheiden sich in absolute und Verhältnis-Kennzahlen (vgl. Abbildung 65). Verhältnis-Kennzahlen differenzieren sich in Gliederungs-, Beziehungs- und Indexkennzahlen.

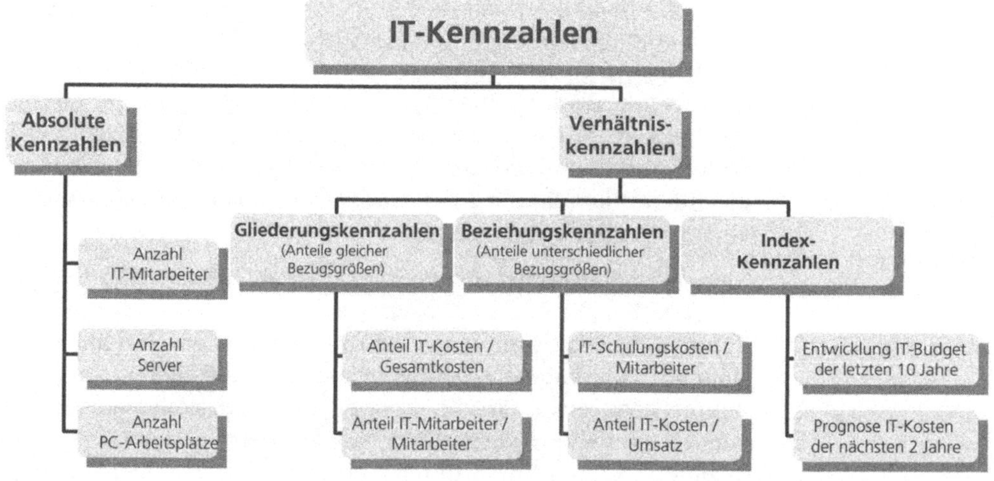

Abbildung 65: Struktur von IT-Kennzahlen

Kosten reduktion

Die Reduktion von IT-Kosten gelingt über die Einbindung der Endanwender, d. h. der „IT-Verbraucher". Häufig kennen diese die IT-Kosten oder die Wirtschaftlichkeit von Projekten nicht, da ihre Kosten nicht transparent sind. In diesen Fällen wird der Aufbau eines Planungs-, Steuerungs- und Berichtssystems mit geeigneten IT-Kennzahlen für entscheidungsrelevante Analysebereiche erforderlich. Nur eine kausalgerechte Ermittlung und Zurechnung der IT-Kosten kann eine elementare Grundlage für ein leistungsfähiges IT-Controlling-Konzept liefern. Als wichtige Analysebereiche für IT-Kennzahlen gelten:

- Wirtschaftlichkeit (Was kostet, was nützt die Durchführung eines IT-Projektes?),

- Innovationsgrad der IT (Investieren wir in die Wartung von Altsystemen oder in neue IT-Systeme?),

- Prozessqualität (Wie unterstützt das IT-System den Geschäftsprozess?),

- Ressourcenauslastung in der IT (Wie qualifiziert sind die IT-Mitarbeiter, wie viel IT-Personal setzen wir ein?).

Begrenzte Aussagekraft

Die Aussagekraft von isolierten IT-Kennzahlen ist kritisch zu hinterfragen. Die in der Praxis häufig verwendete Kennzahl „IT-Kosten/Umsatz" lässt sich stellvertretend für die mangelnde Aussagekraft anderer Kennzahlen heranziehen. Kütz verweist auf folgendes Beispiel (vgl. Kütz, 2003, S. 20-21):

PRAXISBEISPIEL: IT-KENNZAHLEN (IT-KOSTEN/UMSATZ)

Ein Vergleich zweier Handelsunternehmen ergab, dass die IT-Kostenanteile vom Umsatz bei Unternehmen A 0,8 % und bei Unternehmen B 1,2 % IT-Kostenanteil betrugen. Hieraus folgte ein Entscheidungsvorschlag für einen Übernahmeplan: Unternehmen B sollte die IT-Systeme von A übernehmen, um seine IT-Kosten zu reduzieren. Die weitere Detailanalyse ergab unter anderem:

Unternehmen A besitzt eine veraltete IT-Architektur, die seit Jahren nicht mehr gepflegt wurde. Die IT-Kosten bestanden im wesentlichen aus Kosten für die Wartung der Altsysteme. Unternehmen B hat eine moderne, weitaus leistungsfähigere IT-Architektur. Die Übernahme der IT-Systeme wurde daraufhin verworfen.

Ein weiteres Problem ist die fehlende Primärkostenauflösung von IT-Kosten, insbesondere in größeren Konzernen mit umfangreicher Leistungsverrechnung. So weist z. B. der Finanzbereich eines Industrieunternehmens einen hohen IT-Anteil auf, weil moderne Softwarelösungen eingesetzt werden. Die Leistungsverrechnung an andere Konzerneinheiten erfolgt unter der Leistungsart „Rechnungswesen-Services". Die primären IT-Kostenanteile sind in den Berichten der Konzerneinheiten nicht mehr transparent. Zu ähnlichen Ergebnissen gelangt man bei der Betrachtung vergleichbarer Kennzahlen, wie z. B. der häufig verwendeten Kennzahl „IT-Kosten/Mitarbeiter". Da die IT-Durchdringung der Arbeitsplätze häufig sehr unterschiedlich ist, sagt die Kennzahl sowohl im innerbetrieblichen Vergleich von Organisationseinheiten, als auch in der überbetrieblichen Analyse wenig aus.

B.9.2   IT-Kennzahlensysteme

IT-Kennzahlen sind Führungsinstrumente der IT-Managementpraxis (vgl. Jäger-Goy, 2002, S. 127). Sie sind in Kennzahlensysteme eingebunden, da Einzelkennzahlen nur begrenzt aussagefähig sind. Ein Kennzahlensystem stellt Einzelkennzahlen in einen sachlogischen Zusammenhang. Einzelkennzahlen messen quantitativ messbare Zusammenhänge. Jede Einzelkennzahl hat nur eine begrenzte Aussagekraft. Erst im Zusammenspiel mit anderen Kennzahlen wird die Konsistenz der gewünschten Wirkungen der Einzelkennzahlen sichergestellt. Leider hat sich in der Praxis noch keines der in der Literatur vorgestellten Kennzahlensysteme etablieren können, da die Anforderungen der Unternehmen sehr uneinheitlich ausfallen (vgl. ausführlich Gadatsch/Mayer, 2005).

Als pragmatischer Vorschlag kann das von Kütz entwickelte Statuskonzept für IT-Kennzahlen empfohlen werden, da es leicht auf unternehmensspezifische Belange angepasst werden kann (vgl. Kütz, 2003, S. 291 ff.). Kütz empfiehlt den Einsatz von Kennzahlen für einen Tagesstatus, jeweils einen Satz von Kennzahlen für einen Monatsstatus IT-Betrieb und für IT-Projekte sowie einen Quartalsstatus mit verdichteten Kennzahlen.

TAGESSTATUS

In den Tagesstatus sind Kennzahlen aufzunehmen, die der Darstellung der Nichtverfügbarkeit wichtiger Informationssysteme sowie der Termintreue der wichtigsten Projekte und Maßnahmen dienen. Daneben können weitere relevante Größen wie z. B. Anzahl von Störungsmeldungen oder der Krankenstand der IT-Mitarbeiter eingearbeitet werden. Für den Tagesstatus empfiehlt sich ein Ampelsystem der aktuellen Werte zur Indikation kritischer Situationen.

MONATSSTATUS IT-BETRIEB BZW. IT-PROJEKTE

Der Monatsstatus informiert über einen abgelaufenen Zeitraum in Bezug auf die Situation im IT-Betrieb bzw. die wichtigsten IT-Projekte. Hier sind folgende Informationen von hohem Interesse:

IT-Betrieb: Aussschöpfungsgrad des IT-Budgets, Anzahl Change Requests, Anzahl produktiv gesetzter neuer IT-Produkte bzw. Versionen bestehender Produkte, Reklamationsquote der Fachabteilungen mit Angaben über den Bearbeitungsstand, Mitarbeiterstand und Überstundenanteil.

IT-Projekte: Fertigstellungsgrad aus fachlicher, zeitlicher und kostenorientierter Sicht, Auftragsreichweite für eigene IT-Mitarbeiter, Krankenstand bzw. Personalverfügbarkeit nach Projekten.

Für den Monatsstatus empfiehlt sich ebenfalls ein Ampelsystem der aktuellen Werte und Durchschnittswerte der letzten ein bis zwei Quartale.

QUARTALSSTATUS

Der Quartalsstatus stellt analytische Informationen zur Verfügung. Hier sind vor allem Strukturgrößen wie z. B. IT-Kosten / Gesamtkosten, Eigenpersonalquote, Qualifikationsstruktur der Mitarbeiter, Umsatzanteil neue IT-Produkte oder Marktanteile von Interesse. Projekte können hinsichtlich wichtiger Kenngrößen betrachtet werden. Hierzu dienen Angaben wie die durchschnittliche Projektgröße in Personentagen oder die durchschnittliche Projektdauer.

IT-Kennzahlensteckbrief

Kennzahlen-Steckbrief

Die Implementierung von IT-Kennzahlensystemen erfordert vor allem in größeren Unternehmen die detaillierte Beschreibung der Kennzahlen durch einen Steckbrief (vgl. Kütz 2003, S. 47). Der Steckbrief regelt die Verantwortlichkeiten zwischen dem Ersteller und den Empfängern einer Kennzahl und legt alle wesentlichen Merkmale fest (vgl. Abbildung 66).

Beschreibung der Kennzahl
Bezeichnung der Kennzahl
Beschreibung
Adressat
Zielwert
Sollwert
Toleranzwert
Eskalationsregeln
Gültigkeit
Erstellungsfrequenz
Quantifizierbarkeit (harte und weiche Ziele)
Verantwortlicher

Bemerkung

Datenermittlung
Datenquellen
Datenqualität (Abweichung, Validität)
Verantwortlicher

Datenaufbereitung
Berechnungsweg
Verknüpfung (mit anderen Kennzahlen)
Verantwortlicher

Präsentation
Darstellung
Aggregationsstufen
Archivierung
Verantwortlicher

Abbildung 66: Inhalte eines IT-Kennzahlensteckbriefs (in Anlehnung an Kütz 2004)

Ein Beispiel für einen Kennzahlensteckbrief ist in Abbildung 67 dargestellt. Die dort beschriebene Kennzahl betrifft die Quote der sofort gelösten Probleme, die mit dem Betrieb einer Standardsoftware auftreten können. In der Praxis werden die verwendeten IT-Kennzahlen idealerweise einheitlich in einer Kennzahlendatenbank beschrieben.

Bezeichnung der Kennzahl:	Erstlösungsrate bei Standard-Software
Aussage der Kennzahl:	Abweichungen zwischen der vereinbarten Erstlösungsrate mit dem IT-Outsourcer und der erzielten Erstlösungsrate
Masseinheit der Kennzahl:	in %
Zielwert:	80 %
Kennzahlkorridor:	70 bis 80 %
Berechnung der Kennzahl:	$Erstlösungsrate = \dfrac{Anzahl\ gelöster\ Probleme}{Anzahl\ aller\ bearbeiteten\ Tickets}$
Erfassung:	permanente Erfassung aller Tickets in einem Ticketing System > durch User-Help-Desk
Berichtzyklus:	monatlich durch Operation Manager
Einflüsse auf die Kennzahl:	Erreichbarkeit und Kompetenz des User-Help-Desk
Sonderfälle:	Rollouts oder Releasewechsel

Abbildung 67: IT-Kennzahlensteckbrief (Son 2004, modifiziert)

B.9.3   Nutzen von IT-Kennzahlen

Der Nutzen von IT-Kennzahlen bzw. IT-Kennzahlensystemen ist vielschichtiger Natur. Wichtige Blickwinkel sind das IT-Projektmanagement, der IT-Betrieb und die Perspektive der Fachabteilung, d. h. dem „Endkunden" der IT.

IT-Projekt-management

Der IT-Controller profitiert im Rahmen der Entscheidungsphase (Projektauswahl) durch Projektkalkulationen, Wirtschaftlichkeitsberechnungen von rendite- und risikoorientierten Kennzahlen, die ihn bei der Auswahl des „richtigen" Projektes unterstützen (vgl. Abbildung 68). Im Rahmen der Projektsteuerung kann ein laufender Soll-Ist-Vergleich dazu beitragen, die Erreichung der Projektziele sicherzustellen. Ein nachträglicher Soll-Ist-Vergleich wichtiger Kennzahlen bietet die Möglichkeit, Erfahrungen aus abgeschlossenen Projekten für die Planung von Folgeprojekten zu verwenden.

Projektauswahl
Projektsteuerung
Projektanalyse
Auswahl der „richtigen" Projekte
-Projektkalkulationen
-Nutzwertanalyse
-RoI-Berechnungen
...
Laufender Soll-Ist-Vergleich von:
-Zielerreichung
(Meilensteinanalyse)
-Bearbeitungszeiten
(Netzplantechnik)
-Projektkosten
(Mitlaufende Projekt-Kalkulation)
Anm.:
Soll = Aktualisierter Plan
Nachträglicher Soll-Ist-Vergleich von:
-Zielerreichung
(Meilensteinanalyse)
-Bearbeitungszeiten
(Netzplantechnik)
-Projektkosten
(Nachkalkulation)
Wichtig:
Nutzung für Folgeprojekte
(z.B. Kostenschätzungen)

Abbildung 68: Nutzen für das IT-Projektmanagement

IT-Betrieb

Eine Vielzahl von Kennzahlen wird für den Betrieb von Informationssystemen genutzt. Betrachtungsgegenstand sind Leistungen der IT-Abteilung, Kosten und die Auslastung der Ressourcen (vgl. Abbildung 69). Eine wichtige Datenquelle für IT-Kennzahlen ist die IT-Kosten- und Leistungsrechnung.

Abbildung 69: Nutzen für den IT-Betrieb

Fachseite

Nicht nur die IT-Abteilung, sondern auch die Fachseite profitiert von IT-Kennzahlen, sofern sie diese bereitgestellt bekommt. Ein detaillierter Leistungs- und Kostennachweis ermöglicht Vergleiche mit anderen IT-Anbietern (Benchmarking) und bietet die Möglichkeit der Kostenkontrolle (vgl. Abbildung 70).

Abbildung 70: Nutzen von IT-Kennzahlen für die Fachabteilung

B.9.4   Fallstudie zu IT-Kennzahlensystemen

Ausgangssituation und Aufgabenstellung

Das in der Fallstudie vorgestellte Unternehmen (vgl. S. 127 ff.) möchte seine IT-Kosten- und Leistungsrechnung durch ein Kennzahlensystem ausbauen, um die Analysequalität zu steigern. Der IT-Controller wird beauftragt, ein IT-Kennzahlensystem zu konzipieren.

Lösungsvorschlag

Der IT-Controller schlägt ein mehrstufiges IT-Kennzahlensystem vor, das aus vier Kennzahlentypen besteht.

- ***Querschnittskennzahlen*** geben einen Überblick über wichtige Querschnittsaspekte des IT-Managements. Viele der hier aufgeführten IT-Kennzahlen sind nur innerhalb der Branche und auch nur bedingt vergleichbar.

- ***Plattformkennzahlen*** liefern Informationen zu ausgewählten Plattformen, die weitgehend arbeitsplatzunabhängig genutzt werden (z.B. E-Mail, Internet, Netzwerk, Workflow-Management, Dokumentenmanagement). Diese Kennzahlen können im Gegensatz zu den Querschnittskennzahlen für externe Vergleiche mit Marktdaten genutzt werden, da sie branchenunabhängig sind.

- ***Anwendungsbezogene Kennzahlen*** liefern Vergleichsdaten zu arbeitsplatzspezifischen Applikationen (z.B. ERP-Systeme von SAP®. Sie können ebenfalls für externe Benchmarks mit Wettbewerbern oder Unternehmen anderer Branchen genutzt werden.

- ***Projektkennzahlen*** liefern Statusinformationen zu laufenden und abgeschlossenen IT-Projekten. Die Kennzahlen der abgeschlossenen Projekte können für die Bewertung neuer Projekte herangezogen werden (vgl. Abbildung 71).

Kategorie	Beispiele
Querschnitts-Kennzahlen	IT-Kosten pro Umsatz (in %) IT-Kosten pro Mitarbeiter (in €) IT-Kosten pro Gesamtkosten (in %) IT-Kosten pro IT-Mitarbeiter (in €) IT-Kosten pro Endgerät Anzahl IT-Mitarbeiter pro Anzahl Mitarbeiter (in %) Anzahl IT-Endbenutzer pro Anzahl Mitarbeiter (in %) Anzahl Endgeräte pro Mitarbeiter
Plattform-Kennzahlen	Arbeitsplatzkosten je Endanwender (in €) Supportkosten je Endanwender (in €) Anzahl Störungen (gemeldet, innerhalb der SLA erledigt, außerhalb der SLA erledigt, offen, ungelöst) je Plattform (Arbeitsplatzsysteme, Netzwerk, Internet, Mail) Downtime je Endanwender (Durchschnittswert, Maximalwert), gegliedert nach Arbeitsplatztypen (Standardbüroarbeitsplatz, Power-

	user).
Anwendungs-Kennzahlen	Projektkosten seit Ersteinführung (in €) Projektkosten je Anwender seit Ersteinführung (in €) Wartungskosten seit Ersteinführung (in €) Wartungskosten seit Ersteinführung pro Ersteinführungskosten (in %) Kosten für funktionale Erweiterungen seit Ersteinführung (in €) Kosten für funktionale Erweiterungen seit Ersteinführung pro Ersteinführungskosten (in %) Softwarelizenzkosten seit Ersteinführung (in €) Softwarelizenzkosten pro Jahr (in €)
Kategorie	**Beispiele**
Projekt-Kennzahlen	<u>Laufende Projekte:</u> Fachlicher Fertigstellungsgrad (in %) Kostenmäßiger Fertigstellungsgrad (in % vom Projektbudget) Zeitlicher Fertigstellungsgrad (voraussichtliche Restlaufzeit in % der voraussichtlichen Gesamtlaufzeit) Voraussichtlicher RoI Voraussichtliche Amortisationsdauer <u>Abgeschlossene Projekte:</u> Projektdauer (in Mitarbeitertagen, Minimal/ Durchschnitt/ Maximal) Projektgröße (in Mitarbeitern, Minimal/ Durchschnitt/ Maximal) Anteil abgeschlossener Projekte pro Anzahl gestarteter Projekte Anteil abgebrochener Projekte pro Anzahl gestarteter Projekte (Abbruch bis 1 Monat, bis 6 Monate, über 12 Monate nach Projektstart) Projektkosten in % vom Ursprungsbudget Laufzeit in % der usprünglichen Planlaufzeit Erreichter Fertigstellungsgrad (in %) Projektkosten je Projektmitarbeiter (Gesamt, Hardware, Software, Beratung, internes Personal, Reisekosten, sonstige Sachkosten) Projektkosten je Anwender (Kostenstruktur wie zuvor) Erreichter RoI Erreichte Amortisationsdauer

Abbildung 71: IT-Kennzahlensystem (Fallbeispiel)

C   Praxis des Projektcontrollings

C.1   Steuerung und Überwachung von IT-Projekten

C.1.1   Projektarbeit als Standard-Organisationsform im IT-Umfeld

IT-Aufgaben werden meist als Projekt durchgeführt. Nur wenige Tätigkeiten, wie der Betrieb eines Rechenzentrums oder einer Hotline, sind Regel- bzw. Routineaufgaben. Für IT-Mitarbeiter ist die Leitung von Projekten bzw. die Projektarbeit der Normalfall. Für die betroffenen Mitarbeiter der Fachabteilungen sind die IT-Projekte oft eine Zusatzaufgabe, die neben dem „Tagesgeschäft" zu leisten ist.

Aufgaben Projekt- controller

Das IT-Projektcontrolling stellt durch Ausrichtung der IT-Projektziele an den Unternehmenszielen deren Erreichung sicher. Hierzu werden klassische Controlling-Werkzeuge, wie der Soll-Ist-Vergleich, die Abweichungsanalyse und Einleitung von Korrekturmaßnahmen eingesetzt. Zu den typischen Aufgaben eines Projektcontrollers gehören:

- Projektplanung: Unterstützung bei der Erstellung der Projektplanung und der Projektbeschreibung,

- Projektpflege zur Konsistenzsicherung mit der Planung und Prüfung auf Vollständigkeit der Leistungskontierungen,

- Unterstützung bei der Erstellung der Präsentationen und Überwachung der Aufträge aus dem Lenkungsausschuss,

- Erstellung von Auswertungen zur Steuerung des Projekts,

- Berichtswesen: Vorbereitung und Prüfung der Statusberichte,

- Risikomanagement: Führen der Risikoliste,

- Überwachung der Projektkosten,

- Unterstützung bei der Projektabschlussberichterstellung.

Ein Praxisbeispiel für die Stellenbeschreibung eines Projektcontrollers ist in Abbildung 72 dargestellt.

Stellenbeschreibung Projektcontroller

Stelleninhaber	Bernd Meier
Vorgesetzter Stellvertreter	Leiter Controlling Funktionsbezogen: Stellvertreter des Leiters Controlling Projektbezogen: Stellvertretung des Projektleiters hinsichtlich Projektplanung und Steuerung (Termine, Kosten, Arbeitsfortschritt)
Direkt unterstellte Mitarbeiter	Hilfskraft Projektassistenz
Vollmachten	Weisungsbefugnis gegenüber dem Projektleiter in folgenden Fragen: - Informationsherausgabe (z.B. über den Status des Projektes oder einzelner Arbeitspakete - Finanzhoheit (insb. Gegenzeichnung von projektbezogenen Ausgaben)
Zielsetzung der Stelle	Wirtschaftliche Planung, Steuerung und Kontrolle der betreuten Projekte. Unterstützung des Projektleiters durch Bereitstellung von geeignete Methoden, Instrumenten, Planungen und Analysen.
Verantwortlichkeiten	Sicherstellung der Transparenz des Projektverlaufs gegenüber den Kontrollgremien durch Bereitstellung und Nutzung der hierfür erforderlichen betriebswirtschaftlichen Methoden, Instrumente und Analysen.
Aufgaben	Unterstützung des Projektleiters durch die Bereitstellung betriebswirtschaftlicher Methoden und Instrumente: - Erstellung von Wirtschaftlichkeits- und Risikoanalysen - Erstellung von Projektstruktur- und Zeitplänen - Erstellung von Projekt-Kostenplänen - Erstellung von mitlaufenden Projektkalkulationen - Ursachenanalyse bei Abweichungen - Erarbeitung von Vorschlägen für Gegenmaßnahmen Information der Mitglieder des Projektlenkungsausschusses, insbesondere bei Abweichungen gegenüber dem Plan.

_________________   _________________
Ort   Datum

_________________   _________________
Leiter Controlling   Projektcontroller

Abbildung 72: Stellenbeschreibung eines IT-Projektcontrollers

C.1.2   Projektphasen

Phasenmodell

IT-Projekte werden in Phasen zerlegt, um fachlich unterschiedliche Tätigkeiten zu trennen und die Steuerung zu vereinfachen. Abbildung 73 zeigt ein Phasenmodell für IT-Projekte, das unter Berücksichtigung des IT-Projektcontrollings entworfen wurde. Es enthält die Kernphasen eines Projektes (Vorstudie, Projektantrag, Projektstart, Ist-Aufnahme, Soll-Konzeption, Umsetzung und Projektabschluss) sowie die projektbegleitende Querschnittsphase des IT-Projektcontrollings.

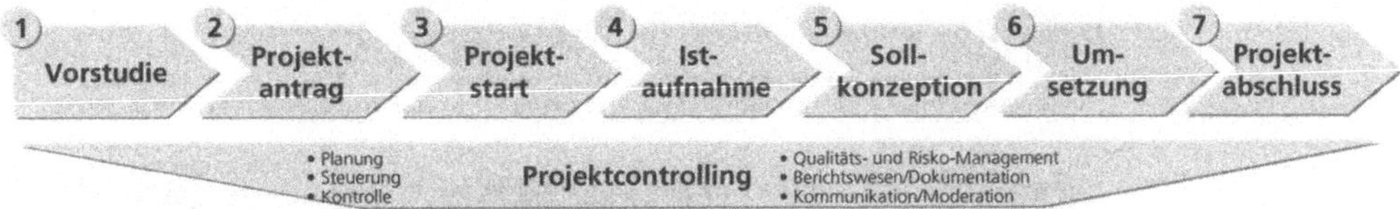

Abbildung 73: Phasenmodell für IT-Projekte

Vorstudie

Die Vorstudie versetzt den Projektleiter in die Lage, einen Projektantrag zu stellen. Sie klärt beispielsweise folgende Fragen:

- Wird das richtige Problem verfolgt?

- Kann es mit einer Standardsoftware gelöst werden oder ist eine Eigenentwicklung erforderlich?

- Müssen externe Berater eingesetzt werden oder reicht das eigene Know-how aus?

- Wie lange wird die Projektdurchführung dauern?

- Welche Kosten müssen veranschlagt werden?

- Wie hoch ist der voraussichtliche Projektnutzen?

Projektantrag

Der Projektantrag ist eine formale Aufforderung an das Management, ein Projekt zur Durchführung freizugeben und die erforderlichen Ressourcen bereitzustellen. Ein genehmigter und freigegebener Projektantrag ist der „Projektauftrag", also die Handlungsgrundlage für den Projektleiter. Er enthält üblicherweise folgende Angaben: Projektname und -ziel, Start und Endetermine, Hauptaufgaben, Budget, Auftraggeber, Projektleiter (soweit bekannt), Projektteammitglieder, betroffene Organisationseinheiten, inhaltlicher oder zeitlicher Zusammenhang zu anderen Projekten.

Abbildung 74 zeigt ein Formularmuster für einen Projektantrag bzw. -auftrag, der aus Hölzle/Grünig, (2002) entnommen wurde.

Projektauftrag

Projektname:	IT-Kennzahlensystem	Projektnummer:	2004/017A
Auftraggeber:	Dr. H. Becker, Leiter Finanz- und Rechnungswesen G. Seidel, Leiterin Informationstechnik	Projektleiter:	Bernd Müller
Datum:	17.12.2003		

Problemstellung: Was ist der Grund für das Projekt, welches der strategische Zweck?

Die IT-Kosten sind in den vergangenen Jahren stark angestiegen. Die Ursachen hierfür sind nur ansatzweise bekannt. Ein Kennzahlensystem mit einem Focus auf die Informationstechnik existiert nicht

Projekt-Ziel: *Was soll das Ergebnis sein/nicht sein, welchen Nutzen soll es für wen stiften?*

Entwurf und Einführung eines Kennzahlensystems zur Planung, Steuerung und Kontrolle der IT-Projekte.

Organisation: Wer ist wofür verantwortlich und hat welche Kompetenzen?

Auftraggeber:	G. Seidel, IT: Bereitstellung Budget. Definition Projektziel. Abnahme der Ergebnisse H. Becker, F: Integration in Finanz-Kennzahlensystem
Ausschüsse:	Führungskreis A (Geschäftsführung, Bereichsleitungen)
Projektleiter:	Bernd Müller, IT-1
Projektteam:	Wird noch bestimmt, temporäre Mitarbeit aus IT und F, ggf. weitere Bereiche

Termine: Wann beginnt bzw. endet was?

Start Phase:	01.01.04
Meilensteine:	Vorlage Projektplan 15.1.04 Vorlage 1. Entwurf 28.2.04 Vorlage Umsetzungskonzept 31.03.04 Abstimmung mit vorhandenen Kennzahlensystemen F 31.10.04 Inbetriebnahme Kennzahlensystem: 1.1.05
Ende Projekt:	31.01.05

Ressourcen: *Welche Ressourcen stehen zur Verfügung?*

Projektbudget:	100.000 €		
Personelle Ressourcen:	• 1 MA aus IT(30 %)	•	•
	• 1 MA aus F (30 %)	•	•
	• 1 Sekr. Aus IT (20%)	•	•
	•	•	•
Sonstige Ressourcen:	Projektbüro im Hauptgebäude, Laptop, weitere Ressourcen nach Bedarf		

Abbildung 74: Formular für einen Projektantrag, (vgl. Hölzle/Grünig 2002)

Projektstart

Zum Projektstart wird ein „Kick-Off-Meeting" durchgeführt, bei dem alle wesentlichen Beteiligten zusammengerufen und die weiteren Schritte festgelegt werden. Die Ziele des Meetings sind:

- Initialisierung des Projektes und der Projektorganisation,

- Vorstellung der benannten Personen und Rollen,

- Festlegung und Klärung von Verantwortlichkeiten,

- Identifikation aller wesentlichen Partner,

- Identifikation der Teilnehmer für den Projektlenkungsausschuss,

- Schaffung eines „Wir-Gefühls",

- Sicherung der Unterstützung des Top-Managements (u.a. durch deren Teilnahme),

- Festlegung von organisatorischen Grundfragen (Projektbüro, Telefonummern, E-Mail-Adressen, Budget, Reisekostenabrechnung, Zeitaufschreibungen für Projektmitarbeiter, u.a.),

- Informelle Gespräche.

Das **Kick-Off-Meeting** ist ein Motivations- und Marketinginstrument. Darüber dient es der Klärung offener Fragen für einen großen Personenkreis, der selten in dieser Konstellation noch einmal zusammen kommt. Die Schaffung persönlicher Beziehungen ist für die spätere Teamarbeit unabdingbar. Nicht bekannte Schwachstellen in der bisherigen Projektvorbereitung werden transparent.

Ist-Aufnahme

Die Zielsetzung der Phase Istaufnahme besteht in der Erhebung des Ist-Zustandes. Hierzu zählen die betriebliche Aufbauorganisation, die Arbeitsabläufe, der IT- und Personaleinsatz sowie eine detaillierte Wirtschaftlichkeitsanalyse. Ein weiterer wichtiger Aspekt ist die Analyse hinsichtlich Schwachstellen und Verbesserungspotentialen der vorgenannten Bereiche.

Soll-Konzeption

In der Sollkonzeption wird ein fachlicher Lösungsentwurfs auf der Basis der Ist-Analyse erarbeitet. Das Sollkonzept umfasst folgende Inhalte:

- **Zielsetzung:** Welches Ziel soll unter Beachtung der realen Restriktionen verfolgt werden?

- **Aufgabenumfang**: Welche Aufgaben sollen im Einzelnen realisiert werden?

- ***Lösung***: Welche Lösungsmöglichkeiten werden eingesetzt, um die Aufgaben zu erfüllen?

Umsetzung

Bei der Umsetzung eines IT-Projektes erfolgt z. B. die Einführung einer Standardsoftware oder die Entwicklung und Einführung einer Individualsoftware.

Projekt-abschluss

Zum Projektabschluss gehört die ordnungsgemäße Übergabe des Projektergebnisses an den Auftraggeber, z. B. die Übergabe des fertigen Softwaresystems an die Fachabteilung. Nach der Durchführung des Projektes ist die Erstellung und Analyse der Nachkalkulation eine wichtige Aufgabe. Sie dient dazu, das durchgeführte Projekt zu bewerten und Erfahrungen für zukünftige Projekte zu sammeln. Ggf. können Maßnahmen eingeleitet werden, wie z.B. eine Verbesserung der im Unternehmen verwendeten Kostenschätzmethoden. Die letzte Aufgabe ist die formelle Auflösung des Projektteams. Aus personalwirtschaftlicher Sicht ist dies verbunden mit der Beschaffung von Nachfolgepositionen für die Projektmitarbeiter und den Projektleiter. Dazu gehört auch die Auflösung von Räumen und Rückgabe von Ressourcen (Fahrzeuge etc.).

C.1.3   Werkzeuge

Einzel- und Mutliprojekt-management

Zu unterscheiden ist die Steuerung eines Einzelprojektes oder eines Projektbündels (Multiprojektcontrolling), also von mehreren unabhängigen oder thematisch zusammengehörenden Projekten. Im ersten Fall konzentriert sich der IT-Controller auf ein einzelnes – meist ein strategisch bedeutsames – Projekt. Im anderen Fall, auch als Programm-Management bezeichnet, geht es darum, eine Vielzahl von Projekten auf die Unternehmensziele hin auszurichten. Dies können mehrere Kleinprojekte sein oder beispielsweise auf der Ebene einer Konzernholding mehrere strategisch relevante Projekte der nachgelagerten Tochtergesellschaften des Konzerns.

Werkzeuge

Im Regelfall obliegt das IT-Projektcontrolling im engeren Sinn dem Projektleiter, der diese Aufgabe jedoch häufig an einen IT-Controller delegiert. Seine Werkzeuge sind:

- der Projektstrukturplan, der den Gesamtumfang eines IT-Projektes in einzelne Aufgabenpakete zerlegt,

- der Projektorganisationsplan (Organigramm), der die Gremien (Projektleitung, Lenkungsausschuss) und die einzelnen Arbeitsgruppen/Projektgruppen darstellt und

- die Ablauf-, Zeit- und Terminpläne, welche die logische Abfolge der Arbeitsschritte und ihrer Abhängigkeiten und Zeitbedarfe aufzeigen.

Auf die Erläuterung von Einzelheiten zu diesen Standardwerkzeugen des Projektmanagements wird verzichtet und auf die Literatur verwiesen (vgl. z. B. Fiedler, 2001; Wischnewski, 2001). Stattdessen wird auf einige praxisnahe Aspekte eingegangen, die für den IT-Controller wichtig sind.

80:20-Regel beachten

Bei der Planung konkreter IT-Projekte ist die bekannte „80:20-Regel" zu beachten. Also: Nicht versuchen, alle Anforderungen der Fachabteilung zu realisieren, sondern nur das Wesentliche. 80 % der Anforderungen werden mit 20 % des Aufwandes erreicht, die restlichen 20 % der Anforderungen benötigen 80 % weiteren Aufwand. Daher ist es wichtig, Aufgaben zu identifizieren, die sich nicht realisieren lassen, und Aufgaben, die realisierbar sind. Die Konzeption einer perfekten Lösung verbraucht zu viel Zeit, während sich im Zeitablauf die Bedingungen wieder ändern. Eine termingerechte 80 %-Lösung führt zu mehr Zufriedenheit bei den Endanwendern, als eine nie fertige 100 %-Lösung. Erfahrungsgemäß ist es für IT-Projektleiter schwierig, die Anforderungen der Fachabteilung zu begrenzen. Hier kann der IT-Controller durch Wirtschaftlichkeitsanalysen Anforderungsrangfolgen empfehlen.

Meilensteine festlegen

Für IT-Projekte liefert das Meilensteincontrolling durch Überwachung und Steuerung wichtige Projektzwischenergebnisse (Meilensteine). Ein Meilenstein liefert ein termingebundenes und zeitkritisches Ergebnis in der Projektarbeit. Es ist erreicht, wenn das Projektziel vollständig und termingerecht vorliegt.

IT-Projekte dauern oft Monate, zum Teil auch Jahre. Meilensteine dienen der permanenten Fortschrittskontrolle und zerlegen ein IT-Projekt in überschaubare Teile. Für jedes IT-Projekt sind wichtige Meilensteine zu planen und mit dem Projektlenkungsausschuss bzw. dem Auftraggeber festzulegen. Der IT-Controller achtet darauf, dass der IT-Projektleiter zu jedem Meilenstein einen formalisierten Bericht (Meilensteinbericht) vorlegt, der über den Stand der Arbeiten informiert.

C.2   Aufwandsschätzung von IT-Projekten

C.2.1   Schätzzeitpunkte im Projektverlauf

Abbildung 75 dokumentiert wichtige Schätzzeitpunkte im Projektverlauf. Die ***Projekt-Vorkalkulation*** dient der groben Schätzung der Projektkosten. Sie ist u.a. das Ergebnis der Vorstudie und erfordert als Input die grobe Projektstruktur (Aufgaben), notwendige Ressourcen und Ecktermine. Für den Projektantrag ist eine detaillierte ***Projekt-Plankalkulation*** notwendig. Sie erfordert detaillierte Angaben. Die ***Projekt-Plankalkulation*** ist die Grundlage für die Projektfreigabe. Die ***mitlaufende Projektkalkulation*** gibt dem IT-Controller die notwendigen Steuerungsinformationen zum Stand und zur Entwicklung der Projektkostensituation. Sie erfordert detaillierte Rückmeldungen über Ist-Kosten (Lizenzgebühren, Berater-Rechnungen, Stundenerfassungen der Mitarbeiter u.a.). Nach dem Projektabschluss empfiehlt es sich, eine Projektnachkalkulation zu erstellen, die als Basis für eine abschließende Betrachtung der Wirtschaftlichkeit des Projektes und Grundlage für spätere Projekt-Vorkalkulationen dient.

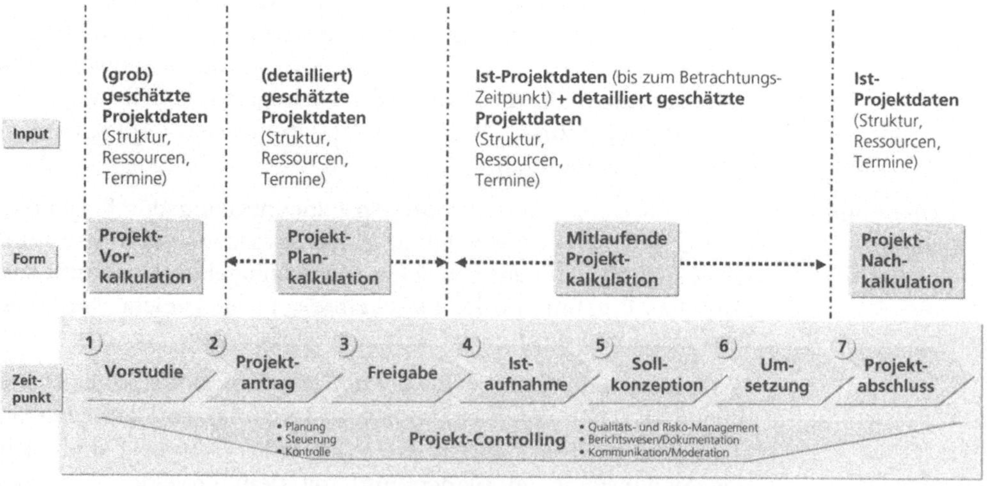

Abbildung 75: Schätzzeitpunkte im Projektverlauf

C.2.2   Grundprinzipien der Aufwandsschätzung

Trotz gestiegener Kostensensibilität wird der Aufwandsschätzung für IT-Projekte oft zu wenig Bedeutung beigemessen. Neben üblichen Problemen der Planungsunsicherheit gibt es bei IT-Projekten einige Besonderheiten, die zu beachten sind.

Kostentreiber

Vor der Aufwandsschätzung von IT-Projekten sind die Kostentreiber für die unterschiedlichen IT-Projekttypen zu identifizieren und zu bewerten. Je nach Projekttyp (Eigenentwicklung von Software oder Implementierung von Standardsoftware) und Projektumfang (Klein-, Mittel- oder Großprojekt) verändern sich die Kostentreiber, und es kommen unterschiedliche Schätzmethoden zum Einsatz.

Ziele und Einsatzbeispiele

Als primäres Ziel der Aufwandsschätzung gilt die Ermittlung des Aufwands für die Durchführung eines inhaltlich festgelegten IT-Projektes. Die zu bestimmenden Aufwandsgrößen sind vor allem Personalkosten und der Aufwand für die zu beschaffende Hard- und Software. Als Voraussetzung für die Aufwandsschätzung ist der Projektrahmen zu fixieren. Ein je nach Projektphase detailliertes Anforderungsprofil ist zu erstellen.

Aufwandsschätzungen werden für folgende Situationen erstellt:

- ***Auswahlentscheidungen:*** Auswahl des günstigsten Projektes aus mehreren Alternativen, z. B. häufig zur Klärung der Make- oder Buy-Entscheidung (Individualentwicklung oder Standardsoftware).

- ***Durchführungsentscheidungen:*** Wird ein Projekt durchgeführt oder nicht? Die Projektkosten liefern die Entscheidungsgrundlage für die Wirtschaftlichkeitsanalyse.

- ***Plandatengewinnung für das Projektcontrolling:*** Die Entscheidung für ein bestimmtes Projekt ist dann bereits erfolgt.

- ***Angebotserstellung:*** Für Softwarehäuser, IT-Abteilungen großer Unternehmen.

- ***Aktualisierung vorhandener Schätzungen:*** Muss nach jeder Projektphase oder aufgrund veränderter Rahmenbedingungen erfolgen.

Organisation

In größeren Unternehmen, z. B. in Versicherungen und Banken, werden teilweise hauptamtliche „IT-Kostenschätzer" beschäftigt, deren Aufgabe es ist, als unabhängige Berater die IT-Projektteams zu unterstützen. In kleineren und mittleren Unternehmen wird die Kostenschätzung in der Regel durch Mitarbeiter der Projektteams durchgeführt.

Prinzipien der Aufwandsschätzung

Unabhängig vom Einsatz spezieller Schätzmethoden gelten allgemeine Grundprinzipien, die bei der Aufwandschätzung von Softwareprojekten zu beachten sind. Sie liefern wichtige Voraussetzungen für eine erfolgreiche Aufwandsschätzung.

- ***Methodisch und nachvollziehbar vorgehen***

  Jede Aufwandsschätzung muss für Dritte nachvollziehbar sein. Vergleichbare Projekte eines Unternehmens sind nach der gleichen Methode zu schätzen.

- ***Projekt untergliedern und kleine Objekte schätzen***

  Es ist einfacher, kleine Einheiten zu schätzen. Projekte sind in überschaubare Einzelpakete zu untergliedern.

- ***Normalen Projektverlauf voraussetzen***

  Bei der Schätzung ist ein normaler Projektablauf zu unterstellen. Besondere Engpässe, wie fehlende Mitarbeiterqualifikation, Zeitdruck, Einsatz eines neuen Datenbanksystems, anstehende Unternehmensrestrukturierungen etc. lassen sich in der Form von Risikozuschlägen berücksichtigen.

- ***Aufwandsschätzung regelmäßig wiederholen***

  Eine Aufwandsschätzung zu Beginn eines Projektes ist zu wiederholen. Es empfiehlt sich, je Projektphase eine aktualisierte und detailliertere Schätzung durchzuführen. Oft wird gegen diesen Grundsatz in der Praxis verstoßen und nur eine einzige Schätzung zu Beginn des Projektes durchgeführt. Zum Projektabschluss gehört eine Nachkalkulation.

- ***Alternativschätzung durchführen lassen***

  Die Schätzung ist nicht nur vom verantwortlichen Projektleiter, sondern auch von Dritten durchzuführen, z. B. einem anderen Projektmitarbeiter.

- ***Vertraute Methoden und Instrumente einsetzen***

  Setzen Sie für die Aufwandsschätzung möglichst bereits bekannte Methoden und IT-Tools ein. Die Einarbeitung in neue Methoden während des Projektes führt zu Mehraufwand und liefert unnötige Fehlerquellen für die Qualität der Schätzung. Einheitliche Checklisten und Formulare erleichtern die Projektplanung und -kontrolle.

<table>
<tr><td>

C.2.3

</td><td>

Methodenüberblick

Als Grundlage für die verschiedenen Verfahren der Aufwands-schätzung gelten Basismethoden, die sich einzeln oder kombiniert verwenden lassen. Man unterscheidet zwischen berechnenden Methoden und der Analogie-Methode. Berechnende Methoden verwenden Prozentsätze, Multiplikatoren oder mathematische Gleichungen zur Errechnung des Aufwandes. Die Analogie-Methode schließt von ähnlichen, bereits abgeschlossenen Projekten auf den Aufwand des zu planenden Projektes.

</td></tr>
</table>

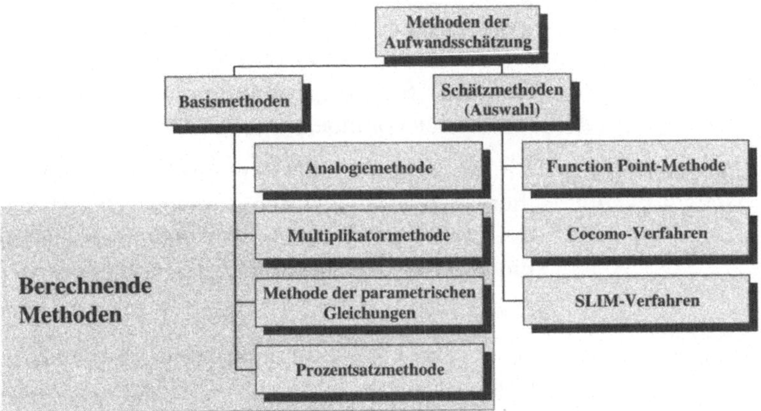

Abbildung 76: Methoden der IT-Aufwandsschätzung

<table>
<tr><td>

Analogie-Methode

</td><td>

Bei der Analogie-Methode schließt der Projektleiter vom Aufwand für ein bereits abgeschlossenes, ähnliches Projekt auf den Aufwand für das zu planende Projekt. Anhand von Ähnlichkeitskriterien wird versucht, die Unterschiede zum geplanten Projekt herauszuarbeiten und zu bewerten. Beispiele für solche Kriterien sind:

</td></tr>
</table>

- Art der Datenorganisation (Dateiverarbeitung oder Datenbankeinsatz),

- Verarbeitungsart (Online- oder Batchbetrieb, Abfragen oder Datenbank-Updates),

- zum Einsatz kommende Programmiersprache,

- fachliches Anwendungsgebiet (Logistik, Rechnungswesen),

- Erfahrung und Qualifikation des eingesetzten Personals.

Die Analogie-Methode wird sehr häufig in der Praxis verwendet, da sie einfach einsetzbar ist und das Erfahrungswissen der Experten im Unternehmen nutzt. Sie kann in allen Projektphasen eingesetzt werden, erfordert jedoch Daten über abgeschlossene vergleichbare Projekte.

Multiplikator-
methode

Bei diesem Verfahren werden die Mengen für quantifizierbare Kostentreiber (z. B. Anzahl Online-Masken, Ein-/Ausgabe-Vorgänge) ermittelt und mit bekannten Aufwandsfaktoren (z. B. pro Line of Code) multipliziert. Das Problem besteht in der Ermittlung der Kostentreiber. Zur Unterstützung muss man unter Umständen auf andere Methoden (z. B. Analogiemethode) zurückgreifen. Die Multiplikatormethode liefert je nach verwendetem Kostentreiber nicht für alle Projektphasen unmittelbare Schätzwerte. So kann über den Kostentreiber „Lines of Code" zwar der Aufwand für Programmierung und Test ermittelt werden, nicht jedoch für vorangegangene Phasen.

Parametrische
Gleichungen

Die Methode der „Parametrischen Gleichungen" verwendet mathematische Gleichungen, welche die Abrechnungsdaten bereits durchgeführter Projekte zur Aufwandsschätzung berücksichtigen. Eine solche Gleichung hat z. B. folgenden Aufbau:

$$K = 20 + 30\ x_1 + 20\ x_2\ .... \ 50\ x_n.$$

Sie ist eine Regressionsfunktion, die aus den Einflussfaktoren früherer Projekte (x_1, x_2, ..., x_n) den Projektaufwand K berechnet.

Prozentsatz-
Methode

Auf Basis einer aus Erfahrungswerten bekannten oder hypothetisch angenommenen Verteilung der Projektkosten auf einzelne Projektphasen werden Prozentsätze für die Kosten je Phase ermittelt. Unter Verwendung der Kosten bereits durchgeführter Projektphasen (z. B. Problemanalyse) rechnet man die restlichen Phasen (z. B. Anforderungsdefinition...) hoch. Dieses Verfahren kann darüber hinaus zur Plausibilitäts-Überprüfung anderer Schätzmethoden verwendet werden.

Spezielle Metho-
den für IT-
Projekte

Aus den skizzierten Basismethoden zur Aufwandsschätzung wurden eine Reihe spezieller Schätzmethoden entwickelt. Viele Methoden haben jedoch gemeinsam, dass sie selten zum Einsatz kommen. Sie sind meist formal anspruchsvoll, erfordern einen mehr oder weniger hohen Verwaltungsaufwand und sind oft nicht in allen Projektphasen und nicht für jede Art von IT-Projekt einsetzbar. Teilweise wird noch durch die Verwendung mathematischer oder statistischer Basismethoden eine in der Praxis nicht realisierbare Scheingenauigkeit suggeriert.

Im Folgenden wird exemplarisch die Function-Point-Methode skizziert. Zur Vertiefung wird auf die Spezialliteratur verwiesen, z. B. Gruner et al. 2003, S. 158 ff.

Function-Point-Methode

Die Function-Point-Methode wurde 1979 von der Firma IBM in einem Projekt zur Entwicklung von Systemsoftware entwickelt und mehrfach weiterentwickelt. 1986 wurde die „International Function Point Users Group" (IFPUG) gegründet, die das Verfahren weiterentwickelt. Im deutschsprachigen Raum bietet die DASMA („Deutschsprachige Anwendergruppe für Software-Metrik und Aufwandsschätzungen") Seminare und Qualifizierungen für Praktiker zum „Certified Function Point Specialist (CFPS)" an. Die hohe Verbreitung der Methode hat zu einer Empfehlung durch den IEEE Standard for Software Productivity Metrics geführt (vgl. IEEE 1993).

Die Grundidee dieses auf der Multiplikator-Methode basierenden Verfahrens ist, dass der Aufwand für ein Softwareprojekt von den für die Benutzer nutzbaren Systemfunktionen abhängt.

Aus den Anforderungen der Benutzer (z. B. Bereitstellung eines Dialogprogramms zur Eingabe von Rechnungsdaten mit grafischer Oberfläche) werden standardisierte Recheneinheiten (Function-Points) ermittelt. Die Informationen hierfür stehen als Ergebnis des Grobentwurfes eines Anwendungssystems zur Verfügung. Die ermittelten Function-Points werden noch um einige Faktoren korrigiert, die den Aufwand beeinflussen. Dies kann z. B. der Einsatz eines Datenbanksystems sein, welches die Programmierarbeiten erheblich vereinfacht.

Alle Function-Points werden anschließend addiert und anhand einer möglichst unternehmensindividuellen Erfahrungskurve, ggf. differenziert nach Projekttypen, in Personen-Tage umgerechnet (vgl.

Abbildung 77). Der geschätzte Aufwand wird allerdings nur für das Gesamtprojekt bestimmt, eine Unterteilung nach Phasen ist nicht vorgesehen.

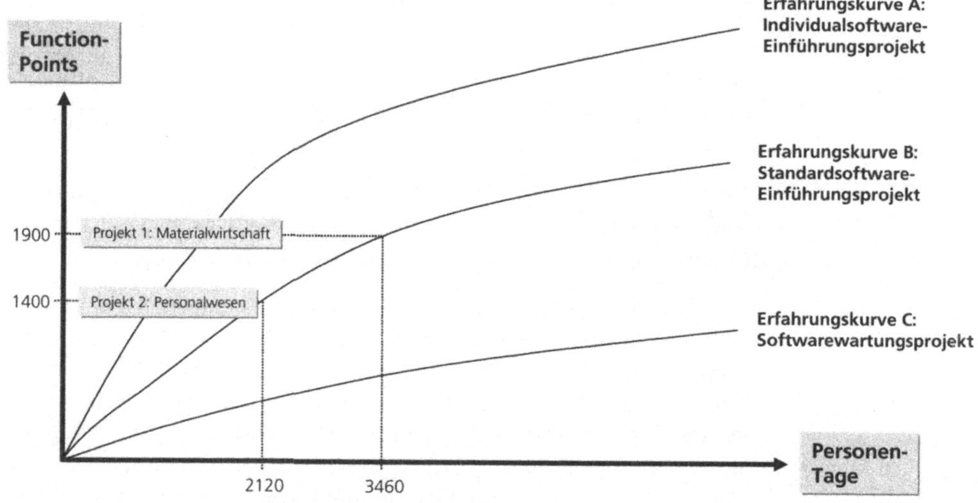

Abbildung 77: Erfahrungskurven der Function-Point-Methode

Voraussetzung für die Ermittlung der Function-Points ist eine detaillierte Beschreibung des zu realisierenden IT-Systems.

Der Einsatzschwerpunkt der Function-Point-Methode ist die Aufwandsschätzung bei größeren Individualentwicklungen in Anwenderunternehmen oder bei Softwarehäusern. Der Schätzumfang umfasst nur den Aufwand in der IT-Abteilung. Der Aufwand im Fachbereich muss anderweitig (z. B. als pauschaler Zuschlag) geschätzt werden. Die Methode ist formal sehr anspruchsvoll und sollte von daher nur von spezialisierten IT-Mitarbeitern (Methodenberater) angewendet werden, um die gleichmäßige und einheitliche Anwendung sicherzustellen. Dem vielfach kritisierten hohen Verwaltungsaufwand steht jedoch ein vergleichsweise großer Nutzen durch gute Schätzergebnisse entgegen (vgl. Bundschuh, 2005, S. 28). Vorteilhaft ist insbesondere die Möglichkeit, die Schätzergebnisse im Detail nachzuvollziehen, und die meist gut erzielbaren Resultate in der Praxis.

C.2.4   Rentabilitätsanalyse von IT-Projekten

IT-Projekte sind Investitionen von hohem Wert. Deshalb empfiehlt es sich, jedes IT-Projekt vor seinem Start und mehrmals während der Laufzeit einer Wirtschaftlichkeitsanalyse zu unterziehen.

Projektkosten-plan

Bei der Rentabilitätsanalyse wird grundsätzlich unterschieden zwischen kurz laufenden und mehrjährigen Projekten (Laufzeit über einem Jahr). Bei kurz laufenden Projekten reicht es aus, die Einnahmen den Ausgaben gegenüberzustellen bzw. bei fehlenden Einnahmen die Kosten zu vergleichen. Mehrjährige Projekte sind einer Investitionsrechnung zu unterziehen, um die Zinseffekte zu berücksichtigen. Dies kann mit Hilfe der Kapitalwertmethode erfolgen. Als Datenbasis für die Berechnung des Kapitalwertes ist ein Projektkostenplan je Jahr aufzustellen. Grobe Beispiele zeigen Abbildung 78 und Abbildung 79, jeweils für den Fall der Entwicklung von Individualsoftware und des Einsatzes von Standardanwendungssoftware.

Zeitraum	Aufwand				
Projektphasen	Projekt-leitung	Personal (intern)	Personal (extern)	Sonstiger Aufwand	Summen
1 Problemanalyse					
2 Anforderungsdefinition					
3 Systementwurf					
4 Modulentwurf					
5 Implementierung					
6 Test und Einführung					
Summen					

Abbildung 78: Projektkostenplan (Eigenentwicklung)

Die Besonderheit bei der Einführung von Standardanwendungssoftware liegt in einer anderen Einteilung der Projektphasen und der zusätzlichen Aufwandskategorie für die Softwarelizenzen.

Zeitraum	Aufwandsarten					
Projektphasen	Projekt-leitung	Personal (intern)	Personal (extern)	Soft-ware-lizenzen	Sonstiger Aufwand	Sum-men
1. Problemanalyse						
2. Anforderungsdefinition						
3. Schnittstellenentwurf und -implementierung						
4. Customizing Standardsoftware						
5. Test und Einführung						
Summen						

Abbildung 79: Projektkostenplan (Einführung Standardsoftware)

Kapital-wertformel

Die Summenzeilen der Projektkostenpläne sind für die Kapital-wertermittlung jahresweise zu verdichten und in das Formular-muster der Abbildung 81 zu übertragen. Daraus lässt sich der Kapitalwert des IT-Projektes anhand der Kapitalwertformel be-rechnen:

$$\text{Kapitalwert} = \sum_{t=0}^{n} E_t {}^* (1+i)^{-n}$$

Anm.:
E = Saldo aus Einnahmen und Ausgaben des Jahres
t = Index für Jahre
n = Laufzeit des Projektes (Planungsdauer)
i = Kalkulations-Zinssatz, z.B. $i = 0,08$

Abbildung 80: Kapitalwertformel

Die Jahressalden (jährliche Projekteinnahmen abzüglich der Aus-gaben) werden auf den heutigen Zeitpunkt zu einem Kalkulati-onszinssatz abgezinst.

Kategorie \\ Jahr	2004	2005	2006	2007	2008	Summe
Projekt-Erträge	0	0	250	100	200	550
Aufwand	-170	-200	-80			450
Überschuss/-Defizit	-170	-200	170	100	200	100
Kapitalwert (i=0,08)						85

Abbildung 81: Berechnung des Kapitalwertes für ein IT-Projekt

Ist der Kapitalwert wie in diesem Beispiel positiv, so ist das Pro-jekt aus finanzieller Sicht lohnenswert. Unberücksichtigt sind bei dieser Betrachtung natürlich nichtmonetäre Aspekte, z. B. strate-gische Nutzenpotentiale, die durch das Projekt freigesetzt wer-den.

Werden im Rahmen von Auswahlentscheidungen mehrere Projekte verglichen, so ist das Projekt mit dem höchsten Kapitalwert vorzuziehen. Da allerdings in solchen Fällen nicht nur monetäre Gründe für die Projektentscheidung maßgebend sind, kommen hier qualitative Verfahren wie die Nutzwertanalyse zum Einsatz.

Nutzwert-
analyse

Die Nutzwertanalyse ist eine Methode zur Bewertung von nicht quantitativ beschreibbaren Alternativen. Hierzu werden die Alternativen und deren Nutzenwerte in einer Matrix gegenübergestellt. Die Alternative mit dem höchsten Nutzenwert ist die „optimale" Alternative. Das Verfahren ist einfach zu ermitteln und leicht nachvollziehbar, täuscht aber eine nicht vorhandene quantitative Messbarkeit der Bewertungskriterien vor, die zu Fehlinterpretationen führen können. Der Grund liegt in der Festlegung der Gewichte der Entscheidungskriterien, die das Ergebnis stark beeinflussen. Auf keinen Fall darf das Ergebnis einer Nutzwertanalyse kritiklos übernommen und umgesetzt werden.

Merkmal	Ge-wicht	Bewertung A	Summe A	Bewertung B	Summe B	Bewertung C	Summe C
Benutzer-freundlich-keit	20	3	60	5	100	4	80
Wart-barkeit	30	2	60	3	90	5	150
Zuverläs-sigkeit	50	1	50	3	150	2	100
Summe	100		170		340		330
Rang			3		1		2

Bewertungs-Skala: 0,1...,5   (0 = Nicht vorhanden   5 = sehr gut)

Abbildung 82: Beispiel einer Nutzwertanalyse (Systemauswahl)

Alternatives
Abrechnungs-
verfahren

Ein Nachteil der klassischen Wirtschaftlichkeitsanalyse ist die häufig in der Praxis geforderte kurze Amortisationsdauer von teilweise bis zu 12 oder 18 Monaten, die von vielen Projekten nicht erreicht werden können. Dies kann dazu führen, dass wichtige Projekte nicht in Angriff genommen werden. Bauer (2005b) schlägt hierzu ein alternatives Abrechnungsverfahren vor, das sich an den Transaktionsmodellen von Outsourcing-Anbietern orientiert (Zahlung nach Transaktionene, z.B. je durchgeführter Gehaltsabrechnung, je Ein-/Auslagerung).

Nach dem Vorschlag von Bauer wird von der IT-Abteilung zunächst das gesamte IT-Projekt vorfinanziert und später nutzungsabhängig an die Fachabteilung verrechnet. Die Entscheidung über die Durchführung und die gesamte Steuerung des Projektes obliegt der IT-Abteilung. Sie tritt damit als interner „Unternehmer" auf. Die Refinanzierung des IT-Projektes erfolgt durch die Berechnung von „Wahrnehmungspunkten der Nutzung" durch die Fachabteilung (vgl. Bauer, 2005b, S. 91). Die Wahrnehmung der IT geschieht insbesondere dann, wenn der Anwender bei seiner Arbeit unterstützt und entlastet wird, z. B. beim Erfassen eines Auftrages oder der Erstellung einer Kalkulation. Voraussetzung für das Verfahren ist eine aussagefähige IT-Kosten- und Leistungsrechnung, da für die Wahrnehmungspunkte Mengen und Preise ermittelt werden müssen.

C.3 Risikomanagement in IT-Projekten

C.3.1 Projektrisiken

Typische Projektrisiken ergeben sich aus folgenden Situationen:

- Ausfall wichtiger Mitarbeiter während der Projektlaufzeit durch Unfall, Krankheit oder Kündigung,

- Mehrbedarf in anderen Projekten / Unternehmensbereichen,

- Nichteinhaltung zugesagter Termine durch eigene Mitarbeiter oder mit der Durchführung der Aufgaben beauftragte Dritte,

- Mangelnde Akzeptanz und Arbeitsdisziplin der Projektmitarbeiter und hierdurch verursachte Spät- oder Nichtleistungen,

- Verzögerungen durch unklare Verantwortungs- und Aufgabenzuweisungen.

Grundrisiken   Projektrisiken lassen sich auf drei Grundrisiken zurückführen:

- Nicht-Einhaltung von Terminen: Ein Vorgang wird zu spät abgeschlossen.

- Nicht-Einhaltung von Kosten: Ein Vorgang wird zwar termingerecht abgeschlossen, verursacht aber zu hohe Kosten.

- Nicht-Einhaltung von Qualitätsanforderung: Ein Vorgang hält zwar Termine und Kosten ein, die erbrachte Leistung ist aber nicht ausreichend. Hieraus können Folgerisiken entstehen.

Typische Risiken in IT-Projekten lassen sich in folgende Kategorien unterteilen (vgl. Fiedler 2001, S. 27):

- Technische Risiken

    - Sind alle Komponenten technisch kompatibel?

    - Besitzen wir die notwendige Ausrüstung?

    - Haben wir bereits Erfahrung mit der Entwicklungsumgebung?

- Betriebswirtschaftliche Risiken

    - Ist die Bonität des Kunden in Ordnung?

    - Gibt es Währungsrisiken?

    - Ist die Liquidität gesichert?

    - Gibt es genügend Puffer in der Kalkulation?

- Personelle Risiken

    - Besitzen die Mitarbeiter die notwendige Qualifikation?

    - Haben wir genügend Mitarbeiter zur Verfügung?

    - Können wir auf externe Mitarbeiter zurückgreifen?

- Umwelt-Risiken

    - Steht das Management hinter dem Vorhaben?

    - Gibt es Einwände des Betriebsrates?

    - Gibt es wichtige Mitarbeiter, die gegen das geplante Projekt sind?

    - Sind nationale Mentalitäten zu berücksichtigen?

- Zulieferungs-Risiken

    - Haben wir zuverlässige Lieferanten?

    - können wir kurzfristig auf andere Lieferanten ausweichen?

- Zeitrisiken

    - Haben wir genügend Puffer eingeplant?

    - Gibt es Einwirkungen, die wir nicht planen oder beeinflussen können (Streik, schlechtes Wetter)?

KonTraG

Für große Softwareprojekte sind Maßnahmen des Risikomanagements für Aktiengesellschaften im Rahmen des „Gesetzes zur Kontrolle und Transparenz im Unternehmensbereich" (KonTraG) eine Pflichtaufgabe (vgl. Grauer et al. 2004, S. 62). Darüber hinaus sind auch sonstige Gesellschaften betroffen, wenn sie zwei der drei folgenden Kriterien erfüllen (vgl. Versteegen, 2003, S. 5):

- Bilanzsumme > 3,44 Mio EUR

- Umsatz > 6,87 Mio EUR

- Mitarbeiterzahl > 50.

Die Leitung der erfassten Unternehmen ist nach dem KonTraG verpflichtet, für die Implementierung eines Risiko-Früherkennungssystems zu sorgen und besondere Auskünfte über die zukünftige Risikoentwicklung im Lagebericht des Unternehmens zu geben.

Testat

Die Umsetzung der KonTraG-Bestimmungen wird durch unabhängige Wirtschaftsprüfer im Rahmen der normalen Jahresabschlussprüfung überwacht. Die Abschlussprüfer testieren, ob die Risiken der künftigen Entwicklung korrekt dargestellt sind, und geben im Prüfungsbericht eine Stellungnahme zur Beurteilung der Risiken im Lagebericht ab.

C.3.2   Kernelemente eines Risikomanagementsystems

Um Projektrisiken vorzubeugen und den gesetzlichen Anforderungen zu genügen, muss der IT-Controller ein Risikomanagementsystem aufbauen, das aus mehreren Komponenten besteht (vgl. Henrich 2002, S. 380 ff.):

Komponenten des Risikomanagements

- ***Risiko-Identifizierung.***

  Diese Komponente prüft, ob und welche potentiellen Risiken bestehen. Dies geschieht unter dem Einsatz von Kreativitätstechniken wie z. B. der Moderationstechnik.

- ***Risiko-Bewertung.***

  Sie ermittelt den potentiellen Schaden und dessen Eintrittswahrscheinlichkeit. Die Darstellung kann als Risikoportfolio erfolgen (vgl. Abbildung 83)

- **Risiko-Vermeidung/ Reduktion**

  erfolgt über Einleitung von Maßnahmen, für Risiken im rechten Bereich des Risikoportfolios (vgl. Abbildung 83).

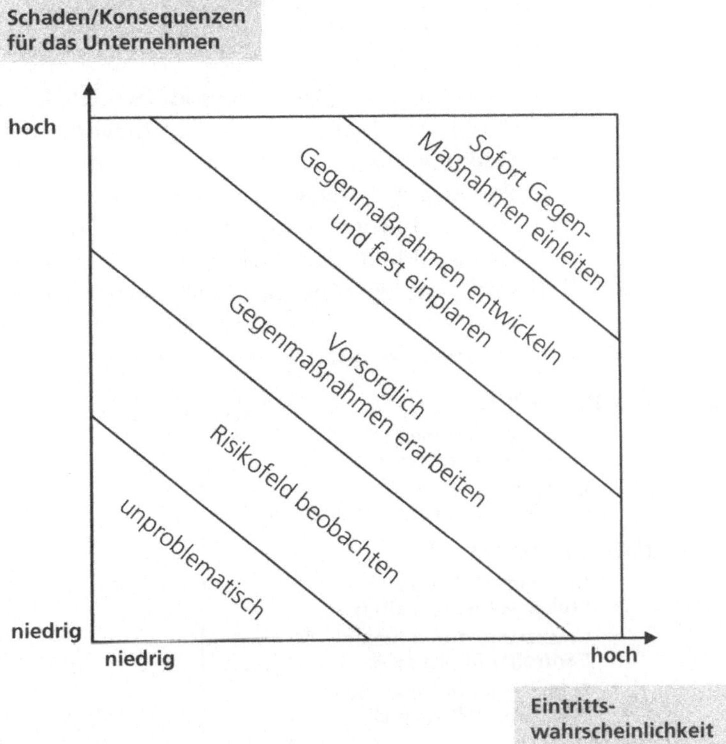

Abbildung 83: Risikoportfolio (Henrich 2002)

Die Konkretisierung des in Abbildung 83 dargestellten Risikoportfolios kann mit Hilfe von Risikobereichen erfolgen, denen konkrete Aktivitäten im Projekt zugeordnet werden (vgl.

Abbildung 84). Für Risiken im Bereich A sind Gegenmaßnahmen durch das Projektteam zu erarbeiten. Deren Umsetzung ist im Lenkungsausschuss des Projektes zu überwachen. Für Risiken der Risiko-Bereiche B und C sind ebenfalls Gegenmaßnahmen im Projektteam zu erarbeiten. Die Überwachung der Umsetzung erfolgt durch den Projekt-Controller. Risiken des Bereiches B sind dem Lenkungsausschuss mitzuteilen. Für den Risiko-Bereich D sind keine Gegenmaßnahmen erforderlich, sie obliegen der Überwachung durch den Projekt-Controller.

❑ **Risiko-Bereich A**

　» **Gegenmaßnahmen im Projektteam erarbeiten**

　» **Umsetzung im Lenkungsausschuss überwachen**

❑ **Risiko-Bereiche B + C**

　» **Gegenmaßnahmen im Projektteam erarbeiten**

　» **Umsetzung durch Projekt-Controller überwachen**

　» **B: Information Lenkungsausschuss erforderlich**

❑ **Risiko-Bereich D**

　» **Keine Gegenmaßnahmen erforderlich**

　» **Überwachung durch Projekt-Controller**

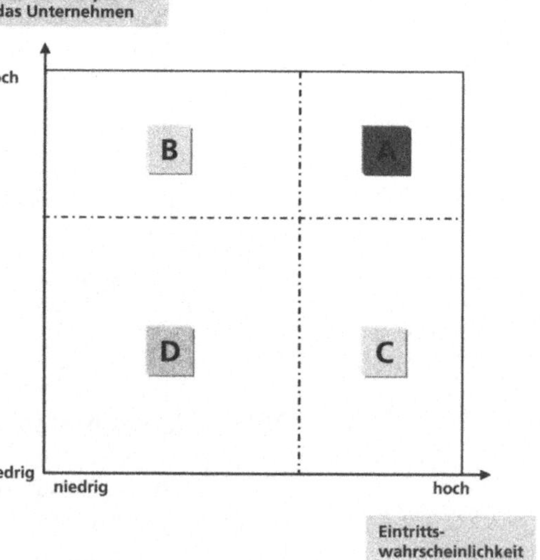

Abbildung 84: Risikobereiche im Projektcontrolling

Risiko-Liste　Die Risiko-Identifizierung übernimmt ein Beauftragter für das Risikomanagement. Er führt eine Liste mit den wichtigsten Risiken des IT-Projektes (vgl. Abbildung 85) und dem Status der eingeleiteten Maßnahmen (vgl. Henrich 2002, S. 380).

Nr. diese Woche	Nr. letzte Woche	Anz. Wochen auf der Liste	Risiko	Fortschritt der Maßnahmen zur Risikobekämpfung
1	1	5	Ansteigende Anforderungen	❑ Erstellung eines Prototyps zur Validierung der Anforderungen ❑ Das Benutzerhandbuch wurde einer ausdrücklichen Versionskontrolle unterstellt. ❑ Die Auslieferung der Software wird in mehreren Schritten mit ansteigender Funktionalität vorgesehen
2	5	3	Analysemodell ufert aus	…
…	…	…	…	…

Abbildung 85: Liste zur Überwachung von Projektrisiken

C.3.3   Risikomanagement in der Praxis: Net Present Value – Praktiker Methode zur Aufwandsschätzung – Reale Optioen

Net Present Value-Ermittlung von IT-Projekten

Das Risikomanagement ermittelt die diskontierten Projektwerte. Die BASF Pharma AG berechnet zur Beurteilung von Entwicklungsprojekten den diskontierten Net Present Value (NPV), der große Ähnlichkeit mit der Kapitalwertmethode hat (vgl. Fiedler 2001, S. 38 und die drei Darstellungen ab Abbildung 86). Für den Planungszeitraum von 15 Jahren wird der NPV je Projektszenario ermittelt, abgezinst und anschließend mit der Eintrittswahrscheinlichkeit gewichtet. Der NPV eines Projektszenarios ermittelt sich aus der Differenz von Umsatz und Kosten (pro Jahr) abzüglich der Investitionssumme. Die Summe aller NPV soll positiv sein.

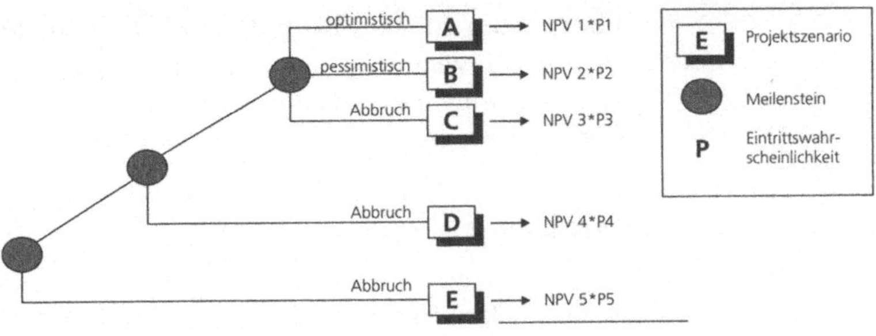

Abbildung 86: Schema zur NPV-Berechnung (Fiedler 2001)

Projekt-szenario	Einnahmen (abgezinste Summe)	Ausgaben (abgezinste Summe)	NPV	Wahrschein-lichkeit
A (opt.)	20.000	10.000	10.000	30%
B (pess.)	15.000	10.000	5.000	10%
C (Abbr.)	10.000	10.000	0	5%
D (Abbr.)	5.000	17.000	-12.000	25%
E (Abbr.)	0	6.000	-6.000	30%

Abbildung 87: Daten zur NPV-Berechnung (Fiedler 2001)

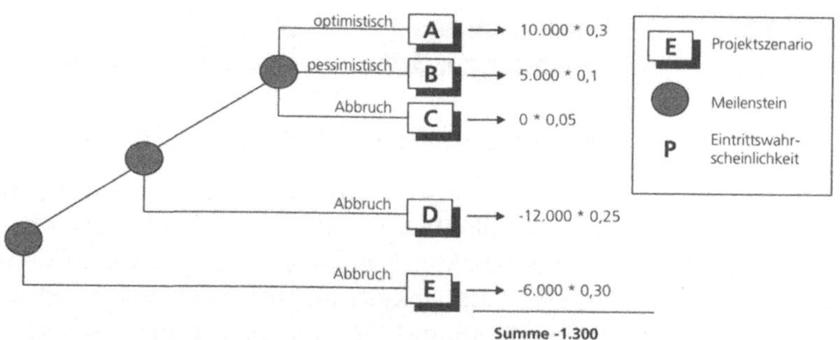

Abbildung 88: Beispiel zur NPV-Berechnung (Fiedler 2001)

Praktikermethode für die IT-Kostenschätzung

Eine in der Praxis anzutreffende Methode der Kostenschätzung ist die Gewichtung von pessimistischen, optimistischen und wahrscheinlichen Schätzwerten mit Hilfe der folgenden bzw. ähnlicher Formeln:

$$Aufwand = \frac{A_o + A_p + 4A_w}{6}$$

A_o =   Optimistischer Aufwand, der unter besten Bedingungen erreicht werden kann,

$A_p =$ Pessimistischer Aufwand, der unter besonders ungünstigen Bedingungen erwartet wird,

$A_w =$ Wahrscheinlicher Aufwand, der unter normalen Bedingungen zu erwarten ist.

Als weitere Maßnahmen zur Risiko-Vermeidung und -Reduktion gelten:

- Verbesserung der Planungssicherheit (Risikominderung)

  Einsatz der Simulation zur dynamischen Analyse von Alternativentscheidungen mit Sensitivitätsanalysen zur Überprüfung einer Rangfolge von Alternativen auf ihre Robustheit gegenüber Änderungen von Parameterwerten.

- Planung vorbeugender Maßnahmen zur Risikominderung

  Zeitpuffer einbauen, z. B. zusätzliche Mitarbeiter, Finanzreserven oder Rückfallszenarien planen, z. B. altes Softwaresystem zurückladen, alten Arbeitsablauf reaktivieren.

- Korrektivmaßnahmen (Problembeseitigung im Schadensfall)

  Vorbereitung eines Maßnahmenkataloges zur Problembeseitigung, z. B. Ersatzlieferanten identifizieren, falls ein Lieferant ausfällt oder nicht termingerecht liefert, z. B. über einen Vertrag mit einer Leiharbeitsfirma für die Bereitstellung von Personal mit bestimmten Qualifikationsprofilen.

Einsatz von Realen Optionen im IT-Projektcontrolling

Die Ermittlung von Kosten- und Nutzenwerten führt in der Praxis oft nicht zu den gewünschten Ergebnissen. So ermittelt z.B. die häufig genutzte Kapitalwertmethode einen abezinsten Barwert für das gesamte IT-Projekt. Leider kann die für IT-Projekte typische Dynamik nicht in die Entscheidungsfindung einbezogen werden. Dies ist von Nachteil für die Qualität der Entscheidungsfindung, denn häufig ändern sich die Rahmenbedingungen eines IT-Projektes mehrfach bereits während der Projektlaufzeit. In diesem Zusammenhang wird versucht, mit dem Konzept der „Realen Option" die Entscheidungen in IT-Projekten zu dynamisieren. Allerdings werden Reale Optionen sehr selten als Werkzeug für das Projektmanagement genutzt (vgl. z.B. Gadatsch/Juszczak/Kütz, 2005, S. 10).

Option   Eine Option ist das Recht, aber nicht die Pflicht, eine bestimmte Handlung auszuführen. So ist die Kaufoption einer Aktie ab einem bestimmten Aktienkurs sinnvoll, wenn mit Kurssteigerungen gerechnet wird. Allerdings bestehen bezüglich der zukünftigen Kursentwicklung noch Unsicherheiten, die abzuwägen sind.

Reale Optionen   Prinzipiell kann jedes IT-Projekt als Bündel mehrerer realer Optionen angesehen werden. Der Projektleiter muss sich im Rahmen der Projektsteuerung auf permanent veränderte Umwelt- oder Rahmenbedingungen einstellen. Realoptionen von IT-Projekten können z.B. sein:

- **Erweiterungsoption:** Erweiterung des geplanten Funktionsumfangs des Informationssystems, z.B. nach erfolgten Tests der Standardsoftware werden zusätzliche für den Auftraggeber bisher unbekannte Funktionen entdeckt, die im ursprünglichen Projektvolumen nicht bekannt waren.

- **Verzögerungsoption:** Projektverzögerung, z.B. Verzögerung der Einführung eines neuen Vertriebsabwicklungssystems, da das vorangegangene Projekt „Hochregallager" nicht rechtzeitig fertig gestellt wurde. Das Projekt soll erst wieder aufgesetzt werden, wenn das Hochregallager in Betrieb ist.

- **Abbruchoption:** Projektabbruch wegen Wechsel der Rahmenbedingungen, z.B.: Auftraggeber benötigt wegen eines Unternehmenskaufs das geplante Rechenzentrum nicht mehr, da die dortigen Kapazitäten zunächst ausgeschöpft werden müssen.

- **Wiederanlaufsoption:** Projekt, dass zuvor verzögert oder gestoppt wurde, wird wieder im vorgesehenen Umfang in Gang gesetzt, z.B. Rollout der fertigen Software wird fortgesetzt, nachdem er zuvor wegen zahlreicher Qualitätsmängel ausgesetzt wurde.

Kombiniert man die Einzeloptionen mit klassischen Instrumenten der Wirtschaftlichkeitsanalyse, also z.B. der häufig genutzten Kapitalwertmethode, erhält man keine statische Größe für das gesamte IT-Projekt, sondern angepasste Kapitalwerte für jede Option.

BEISPIEL: EINSATZ REALER OPTIONEN IN IT-PROJEKTEN

Ausgangsprojekt: Ein Maschinenbauunternehmen plant die Einführung einer betriebswirtschaftlichen Standardsoftware. Zunächst sollen die Bereiche Logistik und Vertrieb die neue Software nutzen. Die Geschäftsprozesse des Unternehmens sollen an die vorgesehenen Abläufe der Standardsoftware angepasst werden. Ziel des Projektes ist es, nur Standardfunktionen der Software zu nutzen.

Nach drei Monaten Projektarbeit wird festgestellt, dass die logistischen Prozesse sehr stark mit den finanzwirtschaftlichen Prozessen vernetzt sind. Außerdem reichen die Standardprozesse der Software bei weitem nicht aus, um die Anforderungen der Produktion und des Vertriebs zu befriedigen. Folgende Optionen werden dem Lenkungsausschuss für den weiteren Verlauf des Projektes vorgeschlagen:

Projektabbruch: Sofortiger Stopp des Projektes und Neuausschreibung der Standardsoftware, da die ausgewählte Software die notwendigen Lösungen nicht als Standardlösung bereitstellen kann. Hierdurch entstehen erhebliche Zusatzkosten, die nicht geplant worden sind.

Projekterweiterung (technisch): Die fehlenden Funktionen werden über Zusatzprogramme (Add Ons) entwickelt und über Schnittstellenprogramme mit der Standardsoftware verknüpft. Auch diese Alternative führt zu zusätzlichen Kosten, allerdings kann die gekaufte Software genutzt werden.

Projekterweiterung (organisatorisch): Einbeziehung der Bereiche „Finanzbuchhaltung und Controlling" in das Projekt, um eine integrierte Gesamtlösung zu implementieren.

Nachdem die Option „Projektabbruch" zugunsten der Option „technische Projekterweiterung" verworfen wurde, werden die beiden Optionen „technische und organisatorische Projekterweiterung" gemeinsam realisiert.

Nach fünf weiteren Monaten werden Verzögerungen im Teilprojekt „Logistik" transparent. Aus diesem Grund müssen die Teilprojekte „Fertigung", „Vertrieb" sowie „Finanzwirtschaft" verzögert werden, da sie auf die Daten des Teilprojektes „Logistik" angewiesen sind. Hieraus ergibt sich eine weitere Option:

Projektverzögerung: Stopp der vom Logistikprojekt abhängigen Teilprojekte, bis die Voraussetzungen für die Wiederaufnahme wieder gegeben sind.

Aus dem geschilderten Fallbeispiel wird der Vorteil des Einsatzes der Realen Optionen deutlich. Anstelle einer starren Projektplanung zu Beginn des Projektes und einer hierauf aufbauenden Wirtschaftlichkeitsanalyse kann die Bewertung des Projektes der aktuellen Situation angepasst werden.

C.4   Bestimmung eines IT-Projektportfolios

C.4.1   Life-Cycle-Modell des IT-Portfoliomanagements

Üblicherweise werden in Unternehmen zahlreiche IT-Projekte parallel in unterschiedlichen Fortschrittsgraden (z. B. in Planung, im Genehmigungsverfahren, in der Fachkonzeption, in der Entwicklung, in Einführung, im Probebetrieb, in der Wartung, Ablösung) bearbeitet. Da die finanziellen und sonstigen Ressourcen (z. B. Spezialpersonal) begrenzt sind, muss regelmäßig über die Zusammensetzung des Projektportfolios entschieden werden. Diese Problematik ist vor allem in Unternehmen mit zahlreichen, voneinander unabhängigen IT-Projekten bedeutsam.

Im Rahmen des Portfoliomanagements sind aus Sicht der Notwendigkeit einer Bewertung drei Projekttypen zu unterscheiden: Soll-Projekte, Muss-Projekte und Standard-Projekte.

Soll-Projekte

Soll-Projekte sind von der Unternehmensleitung aus unternehmenspolitischer Sicht gewünschte Projekte, die keiner Bewertung unterzogen werden. Sie gelten als „gesetzt".

Muss-Projekte

Muss-Projekte sind aus operativen oder gesetzlichen Gründen unausweichlich. Allgemeine Beispiele sind die Jahr2000-Umstellung (faktisch notwendig) oder die Euro-Umstellung (Gesetz).

Standard-IT-Projekte

Standard-IT-Projekte durchlaufen einen standardisierten Bewertungsprozess, z.B. hinsichtlich ihres Kapitalwertes und Risikos oder ihres Beitrages zur Untenehmensstrategie (Nutzwertanalyse). Als Beispiel lassen sich die Einführung eines neuen Logistiksystems oder die Umgestaltung des Rechnungswesens incl. einer Softwareumstellung anführen. Die Einbeziehung von Muss-Projekten in den Bewertungsprozess ist nicht notwendig, aber aus informatorischen Gründen möglich. Der Nutzenwert ist in diesem Fall „unendlich hoch".

Begriff

Das IT-Portfoliomanagement umfasst die Bewertung und Auswahl von neuen IT-Projekten oder Wartungsprojekten und deren Steuerung. Dies geschieht aus Sicht des IT-Controllerdienstes in Form eines Life-Cycle-Modells durch eine an der IT-Strategie des Unternehmens orientierte IT-Projektauswahl (IT-Projekt-Portfoliomanagement) und die Steuerung der Projekte durch Beteiligung in den Lenkungsgremien der IT-Projekte (vgl. Abbildung 89).

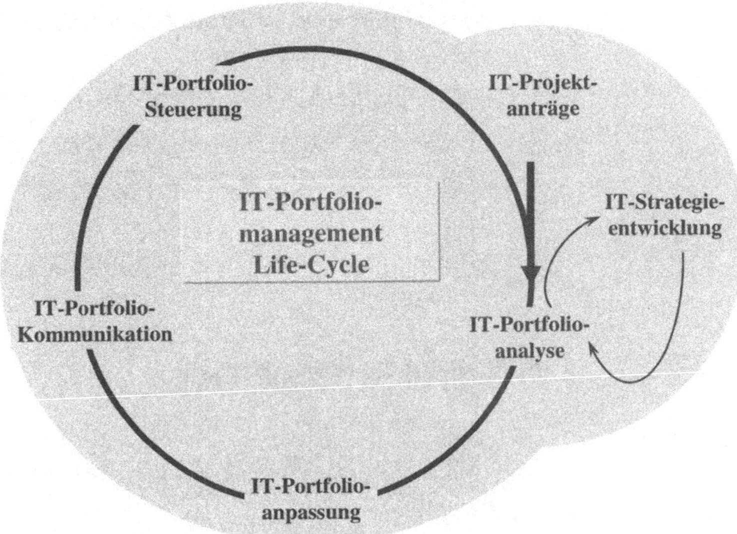

Abbildung 89: IT-Projektlenkung als Life-Cycle-Modell

Ein wirksames Portfoliomanagement erfordert standardisierte Verfahren, die für alle Beteiligten transparent und nachvollziehbar auf die IT-Projektanträge angewendet werden. IT-Projektanträge für Neu- und Wartungsprojekte der Fachabteilungen werden laufend mit dem aktuellen IT-Portfolio und der IT-Strategie abgeglichen, denn Änderungen der IT-Strategie wirken sich auf das IT-Projektportfolio aus. Vorschläge für IT-Projekte, die nicht mit dem laufenden Portfolio kompatibel sind, bewirken Veränderungen der IT-Strategie. Der IT-Projektantrag soll folgende Informationen zur Beurteilung der Aufnahmefähigkeit in das IT-Portfolio enthalten:

- Projektbezeichnung,

- Ansprechpartner und Auftraggeber, ggf. Sponsor in der Geschäftsführung / Vorstand,

- Art des Projektes (Neuprojekt, Wartungsprojekt, Verlängung eines bestehenden Projektes),

- Zielsetzung des Projektes (Was soll erreicht werden?),

- Vorgehensweise (Wie soll die Aufgabe gelöst werden?),

- Geltungsbereich (Konzern, Unternehmen, Abteilungen, weitere IT- oder sonstige Projekte, IT-Systeme),

- Zeitplanung und geplante Lebensdauer (Wie lange soll das System genutzt werden?),

- Ggf. Migrationsplanung bei Ablösung vorhandener Systeme,

- Kosten- und Nutzenanalyse (RoI-Ermittlung),

- Alternativvorschlag, falls das Projekt nicht genehmigt werden kann,

- Realisierungswahrscheinlichkeit mit Begründung.

C.4.2   Kriterien für die Projektauswahl

Die Auswahl geeigneter IT-Projekte erfordert die Festlegung von sinnvollen Entscheidungskriterien. Abbildung 90 zeigt einen beispielhaften Katalog mit Kriterien, die unternehmensindividuell anzupassen und zu gewichten sind (in Anlehnung an Buchta et al. 2004, S. 115). Hauptkriterien sind Nutzen und Risiken des Projektes. In der Praxis wird die Priorisierung überwiegend anhand der Ersteinführungsprojekte durchgeführt, obwohl Wartungsprojekte oft den überwiegenden Anteil am IT-Budget ausmachen.

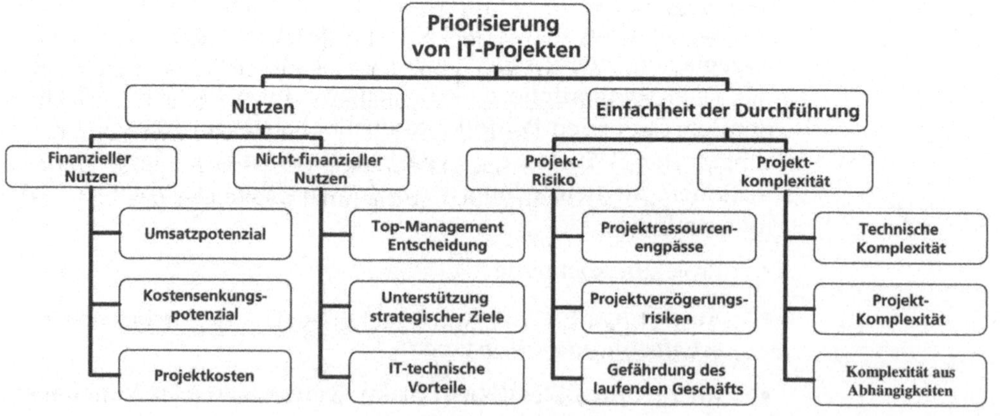

Abbildung 90: Priorisierungsbaum (Buchta et al. 2004)

IT-Portfolio-analyse und -anpassung

Knappe IT-Budgets erfordern eine Auswahl von IT-Projekten aus dem gültigen IT-Projektportfolio. Es enthält die Wartungs- und Neuentwicklungsprojekte des Unternehmens, orientiert an der IT-Strategie. Auswahlkriterien orientieren sich am „Return on

Investment“ und dem Beitrag der IT-Projekte zur Erreichung der Unternehmensstrategie (vgl. Abbildung 91).

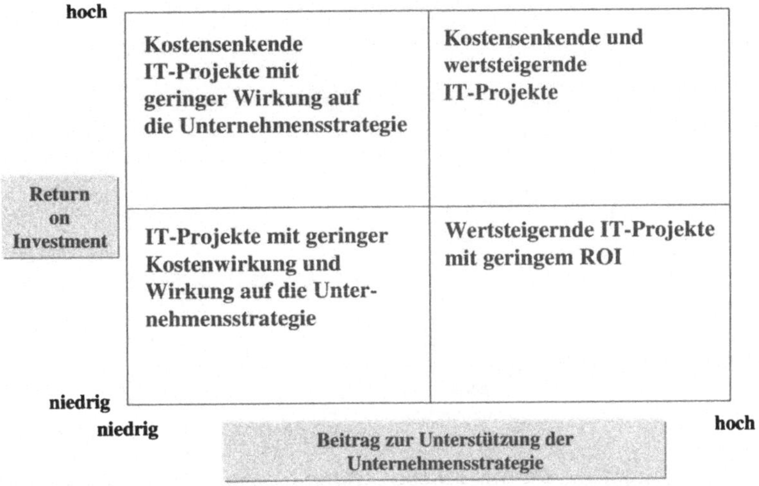
hoch
Kostensenkende IT-Projekte mit geringer Wirkung auf die Unternehmensstrategie
Kostensenkende und wertsteigernde IT-Projekte
Return on Investment
IT-Projekte mit geringer Kostenwirkung und Wirkung auf die Unternehmensstrategie
Wertsteigernde IT-Projekte mit geringem ROI
niedrig
niedrig
Beitrag zur Unterstützung der Unternehmensstrategie
hoch

Abbildung 91: Nutzen- und strategieorientiertes IT-Portfolio

In der Praxis wird bei der Erstellung eines IT-Projektportfolios häufig das Risiko eines Fehlschlages, mit dem viele IT-Projekte behaftet sind, vernachlässigt. Vor dem Hintergrund häufig scheiternder IT-Projekte ist es empfehlenswert, neben dem Nutzen auch die Realisierungswahrscheinlichkeit der vorgeschlagenen IT-Projekte zu bewerten (vgl. Abbildung 92).

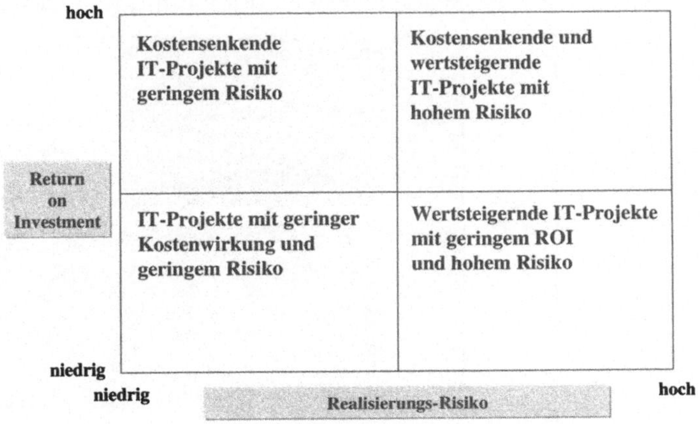
hoch
Kostensenkende IT-Projekte mit geringem Risiko
Kostensenkende und wertsteigernde IT-Projekte mit hohem Risiko
Return on Investment
IT-Projekte mit geringer Kostenwirkung und geringem Risiko
Wertsteigernde IT-Projekte mit geringem ROI und hohem Risiko
niedrig
niedrig
Realisierungs-Risiko
hoch

Abbildung 92: Nutzen- und risikoorientiertes IT-Portfolio

In Kombination der beiden Alternativen ist es möglich, alle genannten Kriterien darzustellen. So kann z. B. der „Strategiefit“, also der Beitrag zur Unterstützung der Unternehmensstrategie in Form unterschiedlich großer Markierungen dargestellt werden (vgl. Abbildung 93).

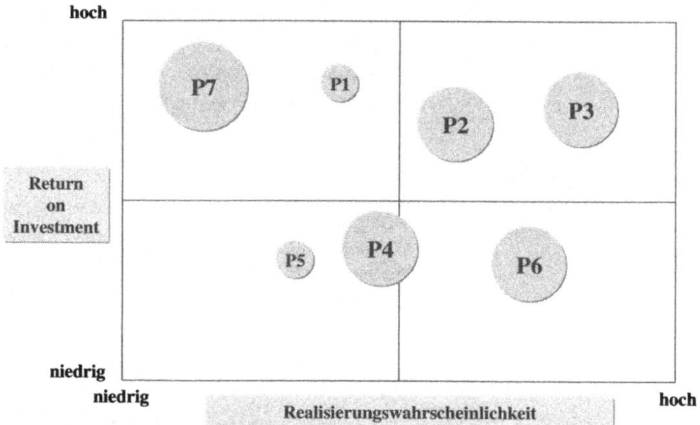

Abbildung 93: Nutzen-, risiko- und strategieorientiertes IT-Portfolio

C.4.3   Praxisbeispiele zum Projektportfoliomanagement

IT-Portfoliomanagement ist in der Praxis weit verbreitet. Eine nicht nur am Break-Even-Punkt, sondern auch an der Realisierungswahrscheinlichkeit ausgerichtete 6-Felder-Portfoliomatrix ist in Abbildung 94 dargestellt. Sie zeigt, unter welchen Bedingungen Projekte eingestellt, überprüft oder realisiert werden.

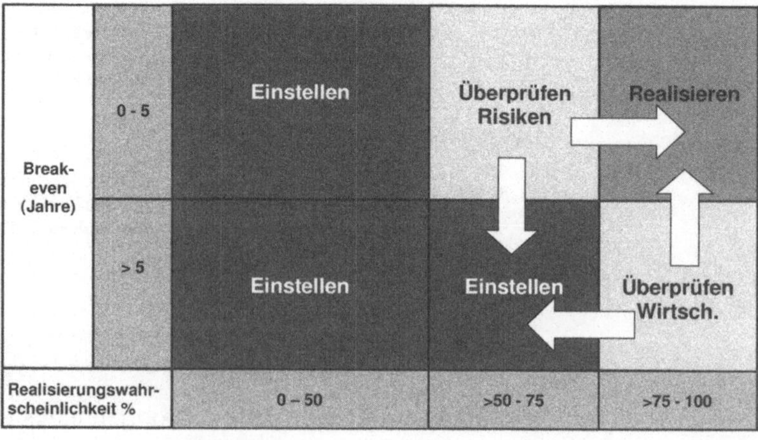

Abbildung 94: Portfoliogestützte Projektauswahl (Kramer 2002)

In der Unternehmenspraxis stellt sich neben der Frage der Rentabiltität bzw. des strategischen Wertbeitrages eines IT-Projektes noch die Frage, ob das Projekt bereits läuft und nur die Fortsetzung oder Folgestufen zu entscheiden sind bzw. vertragliche Bindungen die Fortsetzung des Projektes faktisch erzwingen.

Dies ist vor allem in kritischen Situationen, z. B. bei notwendigen Budgetkürzungen von besonderer Bedeutung.

PRAXISBEISPIEL DEUTSCHE LUFTHANSA

Diesen Aspekt hat die Deutsche Lufthansa in ihrem Konzept der Projektpriorisierung berücksichtigt und unterscheidet in Ihrem Portfolio die Kriterien Strategischer/Monetärer Nutzen und Dispositionsfähigkeit (vgl. Abbildung 95).

Nicht laufende Projekte, die nur eine geringe strategische Bedeutung aufweisen oder einen zu langen Amortisationszeitraum haben, werden gestrichen. Projekte mit hoher strategischer Bedeutung und kurzer Amortisationsdauer werden verschoben. Bereits angelaufene Projekte werden je nach Einordnung und den vertraglichen Möglichkeiten reduziert bzw. unverändert durchgeführt (vgl. Beißel et al. 2004).

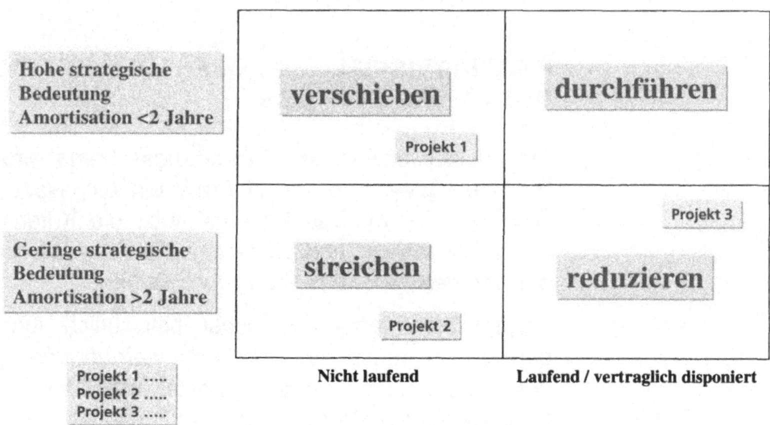

Abbildung 95: Projekt-Priorisierung Deutsche Lufthansa (Beißel et al. 2004, S. 60)

Portfolioaus-schuss

Die Bewertung des IT-Portfolios wird als bereichsübergreifende Teamaufgabe vom IT-Controllerdienst moderiert und gesteuert. Vom IT-Controllerdienst ist ein Portfolioausschuss zu konstituieren, besetzt mit verantwortlichen Führungspersönlichkeiten der betroffenen Geschäftseinheiten. Die Bereichsegoismen bei der Projektrangfolgebestimmung kann der IT-Controllerdienst nur über Sachargumente (Kosten, Nutzen, Laufzeit, Projektrisiko u.a.) steuern.

Bei einer Projektrangfolgebestimmung empfiehlt sich folgende Vorgehensweise:

1) Bestandsaufnahme notwendiger Projekte (bei erstmaliger Portfolioanalyse),

2) Erfassung von Projektvorschlägen anhand der IT-Projektanträge mit Projektkosten, -nutzen und Realisierungswahrscheinlichkeit,

3) Portfoliogestützte Projektauswahl durch das Bewertungsteam anhand mit Hilfe der Moderationstechnik gemeinsam erarbeiteter Kriterien,

4) Kommunikation des angepassten Portfolios an die Verantwortlichen der Geschäftsbereiche, Informationstechnik und Controlling,

5) Portfoliosteuerung über regelmäßige Berichterstattung der Projektleiter an den Portfolioausschuss.

PRAXISBEISPIEL PROJEKTBEWERTUNG DEUTSCHE POST EURO EXPRESS

Ein dreifach gewichtetes Bewertungsschema wird bei der Deutschen Post zur Bewertung von IT-Projekten eingesezt (vgl. Albayrak/Olufs 2004, S. 119 f.). Das Schema nutzt die Kriterien *„Risikovermeidung"*, *„Nutzen"* und *„Strategiefit"*. Die Gewichtungsfaktoren werden von der Geschäftsleitung vorgegeben.

Projektideen werden zunächst hinsichtlich Ihres *Gesamtrisikos* bewertet. Hierdurch soll vermieden werden, dass z.B. Projekte einfach deshalb scheitern, weil sie zu groß sind oder länger laufen, als eine Neuorganisation Bestand hat.

Die *„Nutzenbewertung"* zerfällt in mehrere Subkomponenten. Hierbei steht insbesondere der monetäre Wertbeitrag des Projektes im Vordergrund. Daneben werden qualitative Nutzenaspekte wie Imagesteigerung oder Kundenbindung berücksichtigt.

Das Kriterium *„Strategiefit"* beantwortet die zentrale Frage, ob ein Projekt in die IT-Strategie des Unternehmens passt. Da die IT-

Strategie aus der Unternehmensstrategie abgeleitet wird, ist sichergestellt, dass alle IT-Projekte einen geschäftlichen Wertbeitrag liefern.

C.5 Bewertung von IT-Sicherheitsprojekten

C.5.1 Nutzen der IT-Sicherheit

Die Bewertung von IT-Sicherheits-Projekten (z. B. Aufbau und
Betrieb von Verschlüsselungssystemen, Einsatz digitaler Signaturen zur Authentisierung von Personen) ist unter rein wirtschaftlichen Gesichtspunkten problematisch, da häufig kein direkter
Nutzen messbar ist.

Dennoch ist sicherzustellen, dass ausreichende Budget-Mittel für
IT-Sicherheitsmaßnahmen bereitgestellt werden, damit diese
nicht von Projekten aus dem IT-Projektportfolio verdrängt werden, die einen höheren RoI aufweisen.

Rechtfertigung der IT-Sicherheit?   Wie rechtfertigt der IT-Controller Investitionen in die IT-
Sicherheit? Diese wichtige Frage muss bei der jährlichen IT-
Budgetierung konkret beantwortet werden.

C.5.2 Möglichkeiten der Bewertung von IT-Sicherheitsprojekten

Anhand ausgewählter Praxisbeispiele soll dargestellt werden,
welche Möglichkeiten der Bewertung für IT-Sicherheitsprojekte
bestehen (vgl. ausführlich Gadatsch/Uebelacker, 2004).

BEISPIEL 1: DATENSICHERUNG (DESASTER RECOVERY) UND VIRENSCHUTZ

In der Praxis wird selten nach dem RoI eines Desaster-Recovery-
Konzeptes (Organisatorische und technische Datenwiederher-
stellungsmaßnahmen im Rechenzentrum) oder Virenschutz-Projekts
gefragt, solange die Schutzmaßnahmen noch nicht etabliert waren, da
die Notwendigkeit unumgänglich erscheint. Wurde die Lösung dagegen bereits implementiert, kann durch einen „Technologie-Refresh"
(Aktualisierung einer IT-Lösung an den aktuellen Stand der Technik)
mit entsprechend reduzierten Betriebskosten ggf. durch das Projekt ein
postiver RoI realisiert werden.

Deshalb stellt sich die Frage: Weshalb investieren Unternehmen in IT-Sicherheits-Projekte? Idealerweise führen sie eine Risikoabwägung durch. Entweder trägt das Unternehmen das Risiko und unternimmt weiter nichts oder es hält das Risiko für untragbar und wird aktiv, z. B. durch Installation einer Virenschutzsoftware oder eines Backupsystems. IT-Sicherheits-Projekte wirken sich absichernd auf die Investitionen des Unternehmens aus. Verschlüsselungs-, Virenschutz- und Firewallprojekte sind typische Beispiele dafür. Der Geschäftsprozess als solcher wird jedoch nicht „optimiert", sondern lediglich durch die IT-Security-Maßnahme „abgesichert". Diese Projekte erhöhen aufgrund der notwendigen Investition und der laufenden Wartungskosten die Kosten der Infrastruktur. Das aber bedeutet, dass hier ein positiver RoI nicht darstellbar ist.

BEISPIEL 2: SINGLE SIGN ON (SSO)

Passwörter sollten möglichst schwer zu erraten sein und außerdem periodisch gewechselt werden. Zahlreiche Mitarbeiter verwalten Passwörter für unterschiedliche, von Ihnen genutzte IT-Systeme (E-Mail, SAP® R/3®, Reisekostenabrechnung u.v.m.) und benötigen Hilfe, wenn Störungen auftreten (z. B. Passwort-Reset). Eine Lösung zur Vereinfachung dieser Problematik sind Single Sign-On-Systeme (SSO). Sie sorgen dafür, dass sich ein Anwender nur einmal authentisieren muss. Dies geschieht entweder durch ein Passwort oder durch eine Chipkarte (Smartcard). Das SSO-System hat die Passwörter für alle benötigten Ziel-Anwendungen gespeichert.

Eine große Schweizer Bank konnte nachweisen, dass bei der Einführung eines SSO-Systems ein positiver RoI möglich ist (vgl. Gadatsch/Uebelacker 2004). Die Bank führte ein SSO-System mit 30.000 Anwendern ein. Vor der Einführung des SSO-Systems hatte der Helpdesk sehr viele passwortbezogene Anrufe zu verzeichnen. Diese Zahl konnte kurzfristig um mehr als ein Drittel gesenkt werden. Jeder Anruf war mit einem Produktivitätsausfall von durchschnittlich 20 Minuten verbunden. Damit ergab sich bei einem internen Stundensatz von 60 Euro ein Einsparungspotential von 2,4 Millionen Euro pro Jahr. Zusätzlich zu den Einsparungen stellt sich ein Nebeneffekt ein, der in eine RoI-Berechnung nicht einfließt: die Zufriedenheit der Anwender mit ihrer IT steigt erheblich.

BEISPIEL 3: KFZ-MOTORSTEUERUNG

Die Mikroprozessortechnologie hat die Kraftfahrzeuge deutlich verändert. Antiblockiersysteme, Stabilitätsprogramme, Fahrererkennung werden von einem zentralen Fahrzeugcomputer (Motorsteuerung) überwacht. Leistungssteigerungen lassen sich neben „klassischen" mechanischen Veränderungen einfacher durch ein „Chiptuning" realisieren, d. h. durch eine Manipulation der Software im Fahrzeugcomputer. Unautorisiertes Chiptuning verursacht bei den Automobilherstellern jährlich hohe Verluste durch stärkeren Verschleiß und erhöhtem Wartungsaufwand in der Garantiezeit. Die Automobilindustrie versucht durch den Einsatz von Digitalen Signaturen (elektronische Unterschriften) unerwünschte Manipulation in den Motorsteuerungsgeräten zu unterbinden, was durch einen positiven RoI dargestellt werden kann.

BEISPIEL 4: ELEKTRONISCHE STEUERERKLÄRUNG (ELSTER)

Grundlage von ELSTER ist die Beobachtung, dass immer mehr Bürger ihre Steuererklärungen am Computer erstellen. Dabei werden die Daten für den Ausdruck der Steuererklärungsformulare dezentral elektronisch erfasst. Die Idee liegt nun darin, die erfassten Daten der Steuerverwaltung über das Internet zur Weiterverarbeitung zur Verfügung zu stellen. Damit spart die Steuerverwaltung die Kosten der Datenerfassung und kann den Prozess beschleunigen. Ein positiver RoI kann für dieses Projekt unterstellt werden.

Allerdings bezieht sich der RoI auf den gesamten Geschäftsprozess. Im Gegensatz zum Motorsteuerungsprojekt spielt die IT-Sicherheit eine andere Rolle. Wurden im Motorsteuerungsprojekt die Optimierungspotentiale ausschließlich durch die innovativen Sicherheitsmechanismen hervorgerufen, so ist dies bei ELSTER nicht der Fall. Die den RoI positiv bestimmenden Faktoren sind hier primär die eingesparte elektronische Datenerfassung. Die implementierten Sicherheits-Mechanismen wirken „lediglich" als „Enabler" zur Implementierung des Optimierungspotentials.

BEISPIEL 5: DIGITALE SIGNATUR IN WORKFLOW-GESTÜTZTEN GESCHÄFTSPROZESSEN

Beim Einsatz digitaler Signaturen in Workflows (Workflows sind automatisierte Geschäftsprozesse, vgl. ausführlich Gadatsch 2004, S. 209 ff.) geht es darum, repetitive Geschäftsprozesse elektronisch zu unterstützen und mit Hilfe von Authentisierungsmechanismen[1] eine Nachweisbarkeit von Teilschritten zu erreichen. So kann z. B. die Freigabe einer Bestellung, die Genehmigung eines Urlaubsantrages oder einer Dienstreise ein solcher Teilschritt sein. Workflow-Management-Systeme setzen häufig ein hohes Optimierungspotential frei. Ein RoI ist in entsprechenden Projekten meist darstellbar.

Das Deutsche Signaturgesetz (SigG) bietet grundsätzlich die Möglichkeit, händische Unterschriften abzulösen und durch zertifizierte Digitale Signaturen (elektronische Unterschriften) zu ersetzen. Das erfordert Investitionen der Unternehmen, denen für den Nachweis einer positiven RoI-Kennzahl ein Nutzen gegenüber gestellt werden muss. Der Nutzen kann jedoch nur aus Prozessverbesserungen generiert werden. Die Prozessoptimierung mit der Freisetzung des Einsparpotentials resultiert nicht direkt aus einem Sicherheitsprojekt, sondern aus der Ablösung papiergebundener Prozesse durch elektronische Systeme.

C.5.3   Projekttypen

Klassifiziert man die vorgestellten Projekte, so lassen sich nach Uebelacker (vgl. Gadatsch/Uebelacker, 2004) drei Projekttypen ableiten: das Versichererprojekt, das Enablerprojekt und das Einsparerprojekt (vgl. Abbildung 96):

- ***Versichererprojekt (insurer)***

    Ziel dieser Projekte ist es, die Eintrittswahrscheinlichkeiten und das Risiko von ungewünschten Ereignissen zu minimieren. Das primäre Ziel ist es nicht, Einsparpotentiale zu realiseren. Ein RoI ist im Regelfall nicht darstellbar. Zahlreiche IT-Sicherheitsprojekte sind Versichererprojekte (z. B. Firewall, Virenschutzprogramm, Zugangskontrollsysteme)

---

[1] Sicherstellung, dass es sich beim „Unterzeichner" um die betreffende Person handelt, z. B. durch eine elektronische Unterschrift

- ***Ermöglicherprojekt (enabler)***

  Haben neue Geschäftsprozesse Sicherheitsanforderungen, dann handelt es sich bei den betroffenen Projekten oft um Enablerprojekte. Die IT-Sicherheitsmaßnahmen haben unterstützenden Charakter. Die Einsparung wird primär von der Anwendung erbracht, nicht von den Sicherheitsbausteinen. Ein typisches Beispiel sind die PIN-TAN-Verfahren beim Internetbanking, ohne die keine Bankgeschäfte über das Internet möglich wären. Auch Firewallsysteme können hierzu gerechnet werden, da sie die durch die Abschottung des Unternehmensnetzes bestimmten Transaktionen ermöglichen (z. B. Sicherer Zugriff vom Kunden auf seine Bestelldaten im Firmenrechner). RoI-Überlegungen sind bei Enabler-Projekten von nachgeordneter Bedeutung.

- ***Optimiererprojekt (optimizer)***

  Dieser Projekttyp ist selten anzutreffen, da es sehr anspruchsvoll ist, ausschließlich durch eine Sicherheitsanwendung Einsparungspotentiale zu realisieren. Ein Beispiel ist die digitale Bürgerkarte (digitales Ausweissystem), die als Identifikationsmedium eine Vielzahl von wirtschaftlichen Nutzenpotenzialen aufweist.

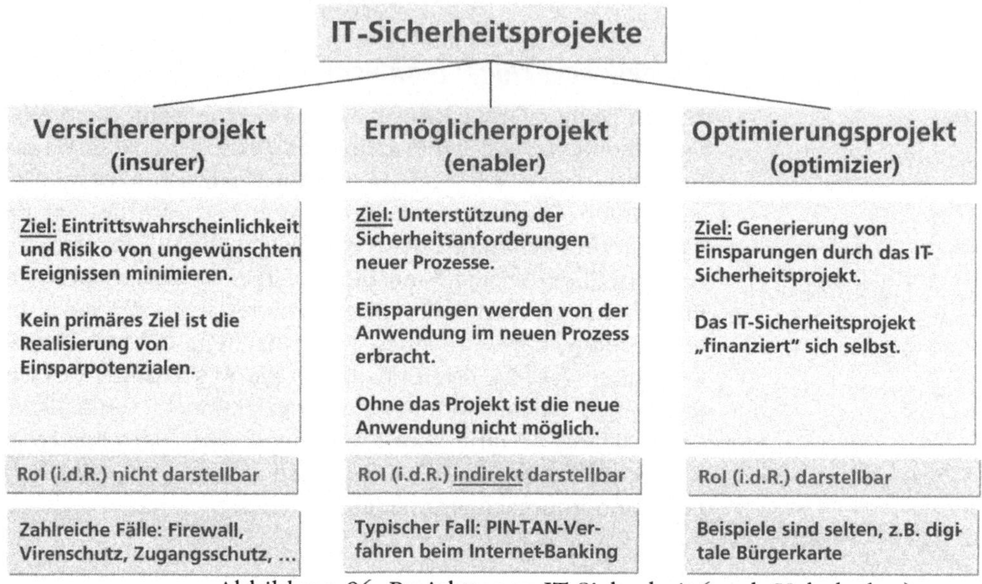

Abbildung 96: Projekttypen IT-Sicherheit (nach Uebelacker)

Fazit

Wesentlich bei der Beurteilung eines IT-Sicherheitsprojektes ist zu ermitteln, woher das Einsparungspotential herrührt. Typischerweise ist dafür die Anwendung verantwortlich, da sie den Geschäftsprozess auf IT-Systeme abbildet. Bei ELSTER steht das vom Bürger ausgefüllte elektronische Formular für diese Anwendung. Untersucht man Projekte mit Einsparungspotential, so fällt auf, dass die Anwendungen in den seltensten Fällen „reine" Security-Anwendungen sind. Single-Sign-On und das skizzierte Motorsteuerungsprojekt sind Ausnahmen. Es wird deutlich, dass zahlreiche Anwendungen IT-Sicherheits-Funktionen erfordern, damit sie ihren Mehrwert generieren können. Als klassisches Beispiel gilt Internet-Banking, da es ohne sicheren Datenaustausch mit dem PIN-TAN-Verfahren zwischen Kunde und Bank nicht möglich ist.

Dennoch bleibt als wichtiges Ergebnis festzuhalten: Für viele IT-Security-Projekte ist kein postiver RoI darstellbar.

C.6   Besonderheiten von Standardsoftwareprojekten

C.6.1   Notwendigkeit der Einbindung des IT-Controllings

Die Einführung einer betriebswirtschaftlichen Standardsoftware ist eine langfristig wirkende Investition in Technik (Hardware, Software) und Humankapital (Schulung, Einführung neuer Prozessabläufe). Sie stellt hohe Anforderungen an die Mitarbeiter im Projektteam und die betroffenen Personen aus den Fachabteilungen. Moderne Softwaresysteme sind prozessorientiert konzipiert und kennen keine Abteilungsgrenzen mehr. Deshalb entstehen neben fachlich-betriebswirtschaftlichen Fragestellungen neue Anforderungen an die Zusammenarbeit durch die vernetzte Zusammenarbeit der Abteilungen im Unternehmen. Schon die Wahl einer falschen Einführungsstrategie kann irreversible Folgen für das Unternehmen auslösen, wie Beispiele aus der Praxis zeigen.

Einführung von Standardsoftware

Für die Einführung betriebswirtschaftlicher Standardanwendungssoftware haben sich zwei Grundstrategien herausgebildet: Big-Bang und Sukzessiv-Strategie. Beim Big-Bang wird die Software in einem Zug eingeführt. Dies geschieht durch Abschalten des Altsystems nach vorheriger Übertragung der Daten und Aktivierung des neuen Systems. Bei der Sukzessiv-Strategie werden aus dem Altsystem stufenweise Funktionen oder Prozessteile herausgelöst und durch das neue Softwaresystem unterstützt. Beide Vorgehensweisen haben spezifische Vor- und Nachteile, auf die hier nur kurz eingegangen wird (für weitergehende Ausführungen vgl. Gadatsch, 2005).

Big-Bang

Die Big-Bang-Strategie ist eine theoretisch ideale Lösung, da keine Schnittstellenprobleme (Verbindung alter und neuer Softwarekomponenten zum Datenaustausch) auftreten und die Softwarelösung sofort nach der Umstellung zur Verfügung steht. Nachteilig ist das hohe Projektrisiko. Bei Totalausfall des neuen Systems kann die Unternehmung in ihrer Existenz gefährdet sein. Deshalb ist die Einbindung des IT-Controllers zur Abschätzung der Projektrisiken im Zuge der Vorbereitung obligatorisch.

Sukzessiv-Strategie

Die Sukzessivstrategie birgt geringere Risiken, da für eine Übergangszeit die Funktionen des Altsystems weiter zur Verfügung stehen. Die Gesamtaufgabe lässt sich in mehrere Einzelprojekte zerlegen, die einfacher zu handhaben sind. Hierdurch sinkt das Gesamtprojektrisiko. Andererseits steigen wegen der notwendigen Schnittstellen in der Übergangszeit (Datenaustausch zwischen der Altsoftware und dem neuen System) die Projektkosten.

Erst nach dem Abschluss des Projektes steht wieder ein integriertes, voll funktionsfähiges System zur Verfügung.

C.6.2   IT-Controlling-Aufgaben bei Standardsoftwareprojekten

Einführungs-
prozess

Abbildung 97 zeigt im Einführungsprozess für Standardanwendungssoftware, welche Aufgaben durch den IT-Controllerdienst wahrzunehmen sind.

Abbildung 97: IT-Controllerdienst im Standardsoftware-
einführungsprozess.

Voruntersu-
chung

Im Rahmen der **Voruntersuchung** erarbeitet das Projektteam strategische Handlungsalternativen (z. B. Einsatz von Standardsoftware, Eigenentwicklung, Outsourcing) und bewertet sie für eine Entscheidung durch den Lenkungsausschuss. Die Auswahl des ggf. einzusetzenden Softwareproduktes gehört ebenfalls in diese Phase.

Bereits in der ersten Phase fallen zahlreiche Aufgaben für den IT-Controllerdienst an. Der zunehmend auf IT-Projekten lastende Kostendruck erfordert eine fundierte **Wirtschaftlichkeitsanalyse** des Softwareprojektes. Im Regelfall ist sie um eine **Nutzwertanalyse** und **Risikobewertung** zu ergänzen. Die abschließende **Genehmigung des Projektantrages** beantragt der IT-Controller. Sie ermittelt auch den **Wertbeitrag** des Projektes zur Geschäftsstrategie. Der IT-Controller unterstützt den IT-Projektmanager als betriebswirtschaftlichen Berater.

Organisation und Konzeption

In der Phase ***Organisation und Konzeption*** erfolgen die Vorbereitung des Projektes und der durch die Standardsoftware abzudeckenden Funktionen und Prozesse. Da Daten aus vorgelagerten Softwaresystemen zu übernehmen bzw. an nachgelagerte Systeme zu übergeben sind, müssen Schnittstellenprogramme für den Datentransport entworfen werden. Selten lassen sich alle Anforderungen durch Standardsoftware abdecken. Add Ons sind als individuelle Erweitungen zu konzipieren. In extremen Fällen kommen Modifikationen der Software in Betracht (Veränderung des Programmcodes durch den Kunden). Häufig werden Standardfunktionen nicht genutzt, sondern für historisch gewachsene Lösungen aufwendige Erweiterungen der Standardsoftware vorgenommen. Schnittstellenprogramme, Add Ons und Modifikationen verursachen neben den Einmalkosten für die Konzeption, Entwicklung und Inbetriebnahme häufig nicht kalkulierbare Folgekosten bei Releasewechseln, die regelmäßig durchzuführen sind, um die Gewährleistungsansprüche des Softwareherstellers nicht zu verlieren.

Der IT-Controllerdienst sorgt in dieser Phase dafür, dass viele der von der Software angebotenen Standardfunktionen genutzt werden. Als ausgleichende Instanz stellt der IT-Controllerdienst sicher, dass überzogene Anforderungen der Fachbereiche gegenüber der Projektleitung an wirtschaftlich günstigere in der Standardfunktionalität bereitstehende Lösungen angepasst werden. Für gewünschte Add Ons und Modifikationen des Systems muss der Antragsteller (Fachabteilung oder IT-Abteilung) einen detaillierten langfristigen Wirtschaftlichkeitsnachweis mit Abschätzung der Folgekosten bei späteren Releasewechseln erbringen.

Detaillierung und Realisierung

Nach den konzeptionellen Vorbereitungen werden in der Phase ***Detaillierung und Realisierung*** die Geschäftsprozesse des Unternehmens mit Hilfe der Standardsoftware abgebildet. Die Parametrisierung der Software übernehmen spezielle Tabellen und Programmeinstellungen (***Customizing***). Für die nicht darstellbaren Anforderungen werden Add Ons entwickelt und Schnittstellenprogramme zur Datenüberleitung programmiert.

Der IT-Controllerdienst beschränkt sich in diesen technisch geprägten Phasen auf den Aufbau eines Berichtswesens für das spätere Monitoring des geplanten Systems.

Produktions-
vorbereitung

Die Phase **Vorbereitung der Produktion** erstellt notwendige Unterlagen für den Betrieb, wie z. B. Anwender- und RZ-Dokumentationen, führt Schulungen für Endanwender durch und aktiviert das Produktivsystem.

Spätestens zu diesem Zeitpunkt wird der IT-Controllerdienst die zu Beginn des Projektes durchgeführte Risikobewertung aktualisieren. Sie ist besonders bei der risikobehafteten Big-Bang-Einführungsstrategie von hoher Bedeutung. Bei hohem Risiko lässt sich an dieser Stelle das Projekt noch abbrechen oder die produktive Einführung des Systems verzögern.

Produktiver
Betrieb

Nach dem Abschluss des Einführungsprojektes beginnen die produktive Nutzung des Systems und regelmäßige Wartungsarbeiten. Releasewechsel führen zu kleineren Projekten mit Customizing- und Entwicklungsaktivitäten, die der IT-Controllerdienst fortlaufend begleitet.

Der IT-Controller übernimmt in der Einführungs- und Nutzungsphase die Bereitstellung von IT-Kennzahlen und Berichten, beurteilt die Wirtschaftlichkeit und Leistungsfähigkeit des eingeführten Softwaresystems. Bei jedem Releasewechsel oder bei Erweiterungen führt der IT-Controllerdienst Wirtschaftlichkeitsberechnungen und Risikoanalysen durch, um die Maßnahmen beurteilen und befürworten zu können.

Phasen-
übergreifend

Während der Laufzeit des Einführungsprojektes, der Nutzungs- und Wartungsphase unterstützt der IT-Controllerdienst das IT-Management und die Mitarbeiter der Fachabteilungen mit folgenden Dienstleistungen:

- Durch die Mitarbeit in Projektlenkungsausschüssen als betriebswirtschaftlicher Berater mit IT-Know-how,

- bei der Durchführung von regelmäßigen Audits zur Qualitätsverbesserung und -sicherung,

- durch die Bereitstellung eines Soll-Ist-Vergleiches mit Abweichungsanalysen zu Terminen, Ressourcen, Risiken u.a.,

- durch Hilfen bei der Auswahl, Vertragsgestaltung und Beurteilung qualifizierter Berater und Formulierung der Verträge (Beratermanagement).

| **C.6.3** | **Fallstudie: Einführung betriebswirtschaftlicher Standardsoftware** |

Ausgangssituation

Unternehmens-profil

Die Fallstudie betrachtet ein Unternehmen des Anlagenbaus mit etwa 1400 Mitarbeitern. Davon arbeiten etwa 75 % am Hauptsitz in Deutschland. Die restlichen Mitarbeiter arbeiten weltweit in den Regionallägern, Vertriebsbüros und Niederlassungen. Der Jahresumsatz beträgt 640 Mio. Euro.

IT-Organisation

Der Zentralbereich Organisation und IT verantwortet die Aufgaben Organisation, IT-Planung, Rechenzentrum, Anwendungsentwicklung und -betreuung sowie den PC-Benutzerservice und berichtet an den kaufmännischen Vorstand. Der PC-Benutzerservice wird von einem externen Dienstleister wahrgenommen. Für die Realisierung des derzeit größten IT-Projektes „Einführung einer betriebswirtschaftlichen Standardsoftware" wurde ein großes Softwarehaus mit entsprechender Erfahrung in derartigen Projekten beauftragt.

Situationsbeschreibung

Einführung

Das Unternehmen führt eine komplexe betriebswirtschaftliche Standardsoftware ein. Das Projektbudget beträgt ohne Kosten für ggf. neu anzuschaffende Hardware etwa 2 Mio. EUR. Bisher wurde eine weitgehend selbst entwickelte Software genutzt, die den gewachsenen Anforderungen des Unternehmens nicht mehr Rechnung trägt. Das Altsystem wurde in den vergangenen Jahren aus Kostengründen nur wenig weiterentwickelt. Ziel des Projektes ist die vollständige Ablösung des Altsystems und eine möglichst umfassende Nutzung der Standardsoftware.

Mit der Durchführung des Einführungsprojektes wurde ein externes Softwarehaus beauftragt, da im eigenen Unternehmen kein spezifisches Know-how zur Verfügung steht. Im Rahmen des Projektes sollen die eigenen Mitarbeiter so ausgebildet werden, dass sie die spätere Betreuung und Weiterentwicklung der Standardsoftware selbständig übernehmen können.

Das Projekt wurde in mehrere funktional zugeschnittene Teilprojekte gegliedert: Rechnungswesen, Personalwesen, Logistik und Produktion, Vertrieb sowie als Querschnittssteilprojekt Technik. Leiter des Projektes ist ein Mitarbeiter der IT-Abteilung, der über eine betriebswirtschaftliche Ausbildung und langjährige Erfahrung verfügt. Er berichtet an den Leiter Organisation und IT, der zugleich den Lenkungsausschuss führt. Im Lenkungsausschuss sind die Leiter der Organisationseinheiten Rechnungswesen, Personalwesen usw. vertreten.

Den zuständigen kaufmännischen Vorstand erreichen bereits nach wenigen Monaten ernst zu nehmende Hinweise seiner Mitarbeiter über den Projektfortschritt.

Stand der Arbeiten

Die Fachkonzepte der Teilprojekte Rechnungs- und Personalwesen wurden weitgehend fertig erstellt, da sich die verantwortlichen Führungskräfte auf die konsequente Nutzung der Standardfunktionen der Software anstelle individueller Lösungen einigen konnten.

Durch die starke Integration der Standardsoftwaremodule sind noch mehrere abteilungsübergreifende Aufgaben mit Bezug zum Teilprojekt Logistik und Produktion sowie dem Teilprojekt Vertrieb zu regeln. So durchläuft der Beschaffungsprozess beispielsweise nacheinander die Abteilungen Einkauf, Wareneingang, Rechnungsprüfung, Kreditorenbuchhaltung und Hauptbuchhaltung. Da der Gesamtprozess abgestimmt werden muss, sind Regelungen in mehreren Fachkonzepten zu treffen.

Die Fachkonzepte für die Teilprojekte Logistik und Produktion sowie Vertrieb sind unvollständig. Wesentliche Geschäftsprozesse sind noch in der Diskussion. Der Grund liegt darin, dass die derzeitigen Arbeitsabläufe in diesen Aufgabenbereichen sehr weit von den Referenzprozessen der Standardsoftware entfernt sind und noch keine Einigung über eine Prozessrestrukturierung erzielt werden konnte. Die Leiter der Fachabteilungen bestehen in der Diskussion mit den Beratern des Softwarehauses auf der Übertragung von historisch gewachsenen Arbeitsabläufen in die Standardsoftware und insbesondere auf Beibehaltung der bisherigen organisatorischen Zuständigkeiten. Die Software-Berater argumentieren, dass die Abläufe des Unternehmens bei einer stärkeren Bereitschaft zum Business-Reengineering innerhalb der Möglichkeiten der Standardsoftware zu lösen sind. Allerdings können sie sich in der Diskussion mit den verantwortlichen Mitarbeitern der Fachabteilungen nicht immer durchsetzen.

Das Teilprojekt Technik umfasst einerseits technische Aufgaben im engeren Sinne, z. B. den Aufbau und die Inbetriebnahme der Hardware, Vernetzung. Daneben fallen organisatorische Aufgaben an, wie z. B. die Erstellung eines Berechtigungskonzeptes. Hierunter ist die organisatorisch-fachliche Regelung der Verantwortlichkeiten für Prozesse (Wer darf den Kreditorenzahllauf durchführen?; Wer darf Lieferanten- und Kundenstammsätze anlegen und ändern?) und Objekte (Zugriff auf einzelne Kostenstellen, Materialien, Personaldaten usw.) und deren technische Hinterlegung in Systemtabellen zu verstehen. Bedingt durch die noch unvollständige Beschreibung der fachlichen Konzepte konnten bisher nicht alle Berechtigungen festgelegt und implementiert werden.

Projekt-
organisation

Die Mitglieder des Projektteams sind an mehreren Standorten verteilt untergebracht. Projektmeetings finden wöchentlich in verschiedenen einzeln anzumietenden Besprechungsräumen statt. Ein zentrales Projektbüro steht nicht zur Verfügung. Kurzfristige Meetings mit mehr als vier Personen sind oft mangels geeigneter Besprechungsräume nicht organisierbar.

Zahlreiche Mitarbeiter der Fachabteilungen sind nicht von ihrer regulären Tätigkeit freigestellt. Dies führte in der Vergangenheit mehrfach zu Terminkollisionen mit der Konsequenz, dass das Tagesgeschäft mehrfach Vorrang vor den Projekttätigkeiten hatte.

Einzelne Berater des Softwareunternehmens sind in weiteren Projekten anderer Kunden tätig. Insbesondere im Teilprojekt Logistik und Produktion häufen sich Beschwerden der Fachabteilungsmitarbeiter über die Nichtverfügbarkeit einzelner Berater.

Einige Teilprojektleiter der Fachabteilungen dürfen für das Projekt keine verbindlichen Entscheidungen treffen, da sich ihre jeweiligen Führungskräfte wichtige Entscheidungen vorbehalten haben. Dies führt bei schwierigen Fragen, z. B. wenn Geschäftsprozesse und organisatorische Regelungen zu verändern sind, regelmäßig zu Verzögerungen in der Projektarbeit, da die Softwareberater mehrere Mitarbeiter des Fachbereiches überzeugen müssen.

Aufgabenstellung

Der kaufmännische Vorstand möchte sich ein unabhängiges Bild über die Situation des Projektes verschaffen und beauftragt den Leiter IT-Controlling damit, Lösungsvorschläge zur Verbesserung der Situation zu erarbeiten.

Lösungsvorschläge

Business-
Reengeneering
und IT

Ein Grundproblem des Projektes ist die Missachtung des Zusammenhangs zwischen Business-Reengineering und dem Einsatz der Informationstechnik. Die Einführung von Standardsoftware führt im Regelfall nur dann zum Erfolg, wenn sich das Unternehmen hinsichtlich seiner Prozesse an die vorgesehenen

Möglichkeiten der Standardsoftware anpasst. Das Beharren auf traditionellen Lösungen erhöht die Einführungskosten und den späteren Wartungsaufwand (z. B. bei Releasewechseln).

1. Empfehlung Moderne betriebswirtschaftliche Standardsoftware setzt meist eine Prozessorganisation voraus, die im vorliegenden Fall offensichtlich nicht vorliegt. Der Vorstand sollte das Projekt stoppen und eine Restrukturierungsphase einlegen, in der zunächst über eine angemessene, an den Referenzprozessen der ausgewählten Standardsoftware orientierte Reorganisation nachgedacht wird. Sollte die Standardsoftware die betriebswirtschaftlichen Ziele im Kernbereich des Unternehmens (Produktion, Logistik Vertrieb) nicht abdecken, muss ggf. auch die Auswahlentscheidung überdacht werden.

Prozessorganisation und Projektmanagement Der funktionale Zuschnitt des Projektes begünstigt Abteilungsdenken und Bereichsegoismen. Dies wirkt auch auf die gewählte Projektorganisation, welche ein Spiegelbild der Aufbauorganisation darstellt.

2. Empfehlung Nach Vorliegen eines Konzeptes für die Prozessorganisation (s.o.) sollte die Projektorganisation nicht nach funktionalen Aufgaben, sondern nach möglichst umfassenden Prozessketten (z. B. Teilprojekte für Auftragsbearbeitungsprozess, Ersatzteilgeschäft usw.) gegliedert werden. Die Projektmitglieder müssen von den verantwortlichen Führungskräften (Prozessverantwortliche) die Kompetenz für Entscheidungen übertragen bekommen. Für die Dauer des Projektes muss das Kernteam ein zentrales Projektbüro mit Konferenz- und Arbeitsräumen erhalten. Die Berater des beauftragten Softwarehauses müssen für die Projektlaufzeit durchgängig zur Verfügung gestellt werden. Der Projektleiter sollte an den Gesamtvorstand berichten, da es sich um ein unternehmenskritisches Projekt handelt. Der Lenkungsausschuss ist neu zu besetzen, abhängig von der zukünftigen Prozessorganisation.

C.7   Besonderheiten von Individualsoftware-Projekten

C.7.1   Grundproblematik

Zur Bearbeitung komplexer Problemstellungen wie der Entwicklung von Produkten und Diensten sowie der Softwareentwicklung haben sich Phasen- oder Life-Cycle-Modelle durchgesetzt. Diese wurden eher aus der Perspektive der Softwareentwicklung konzipiert. Diese Konzepte zerlegen ein komplexes Problem in mehrere Teilaufgaben nach vordefinierten Regeln.

C.7.2   Exkurs: Vorgehensmodelle für Individualsoftware-Projekte

C.7.2.1   Klassischer Software-Life-Cycle

Die klassischen Vorgehensmodelle beschreiben die in Abbildung 98 dargestellten Phasen des Software-Entwicklungsprozesses.

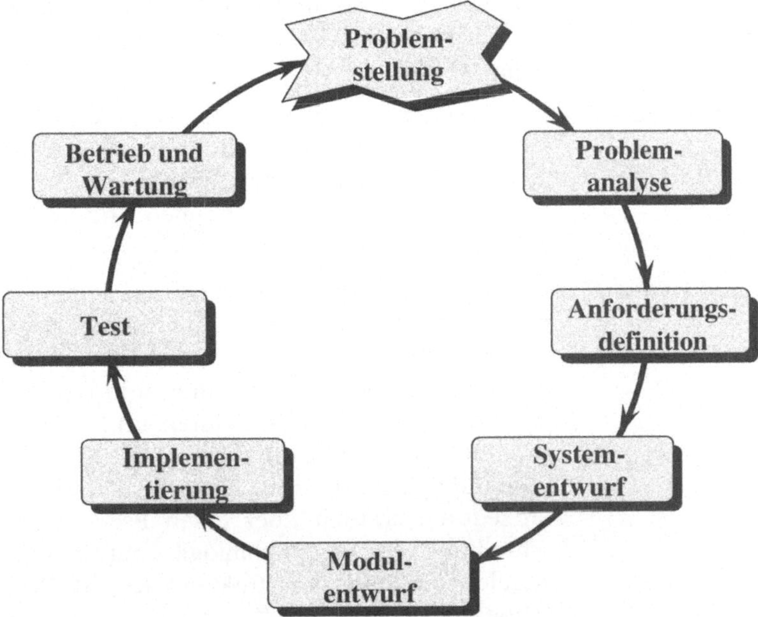

Abbildung 98: Klassischer Software-Life-Cycle (Pomber-ger/Blaschek, 1993, S. 218)

Problemstellung   Aus den Anforderungen der Fachabteilung ergibt sich die Aufgabenstellung für eine Erstellung oder Erweiterung eines Softwaresystems, die in einer grob beschriebenen Projektidee mündet.

Problemanalyse   Die Lösungsidee wird in der Problemanalyse detailliert und untersucht. Es folgt die Beschreibung des Ist-Zustandes mit Hilfe von Datenflussplänen, Vorgangskettendiagrammen oder anderen Techniken. Von der Machbarkeitsanalyse hängt der weitere Fortgang des Projektes ab. Das Soll-Konzept beschreibt die gewünschte Funktionalität des Softwaresystems. Zahlreiche Modellierungstechniken zur Prozess-, Funktions- und Datenmodellierung kommen hier zum Einsatz. Die Lösungsanalyse beantwortet die Frage, ob das Softwaresystem auf der Basis von Standardanwendungssoftware oder als Individualentwicklung erstellt werden soll.

Anforderungs-
definition

Eine Anforderungsdefinition legt fest, was das Softwaresystem leisten soll. In einem Pflichtenheft werden die Spezifikationen festgehalten. Der Projektplan legt Folgeschritte, deren Zeitansatz und die notwendigen Ressourcen fest. Fehler dieser Phase fließen in Folgephasen ein und erhöhen die Kosten. Aus diesem Grund muss das IT-Controlling bereits in dieser Phase aktiv beteiligt werden

Systementwurf

Das Lösungskonzept definiert, „was" das Softwaresystem leisten soll, im Systementwurf wird festgelegt „wie" dies geschehen soll, aus welchen Systemkomponenten das Softwaresystem besteht, welche Teilaufgaben zu erbringen sind und wie das Zusammenspiel der Teilkomponenten erfolgt.

Modulentwurf

Der Modulentwurf konkretisiert den Systementwurf. Die Komponenten werden verfeinert, ihre innere Logik beschrieben, die bisher noch nicht Gegenstand der Betrachtungen war. Spezifikationsobjekte sind die Prozeduren und Algorithmen innerhalb der Module, interne Datenstrukturen und Schnittstellen. Die Datenstrukturen werden als logisches Datenmodell mit Techniken zur Datenmodellierung (z. B. Entity-Relationship-Modell) spezifiziert. Prozeduren werden über einen Pseudocode (semiformale Beschreibung der Programmlogik mit an Programmiersprachen angelehnten Sprachkonstrukten wie z. B. IF – THEN – ELSE) beschrieben.

Implementie-
rung

Die Implementierung erstellt ausführbare Programme. Die erstellten Algorithmen sind so zu verfeinern, dass Sie sich mit Hilfe einer Programmiersprache spezifizieren lassen. Die Programm- und Benutzerdokumentation ist gleichzeitig zu erstellen. Weiterhin ist in der Implementierungsphase auf der Grundlage eines logischen Datenmodells für die Ausführung ein physisches Datenmodell für das Datenbank-Managementsystem zu erstellen.

Test

Die bisher isoliert getesteten Systemkomponenten sind einem Integrationstest zu unterziehen, um die erforderliche Systemqualität sicherzustellen. Die Programm- und Benutzerdokumentation sind auf Querverträglichkeit zu überprüfen.

Betrieb und
Wartung

Nach dem Testverfahren wird die Software für den Einsatz freigegeben. Beim Betrieb der Software werden in der Regel noch nicht entdeckte Fehler sichtbar. Die Mitarbeiter der Fachabteilungen lernen das System im praktischen Einsatz kennen und können Verbesserungsvorschläge unterbreiten. Änderungsvorschläge für das Computersystem führen zu einem erneuten Durchlauf des Software-Life-Cycle.

Bewertung Phasenmodelle bedingen, dass vor dem Beginn der Folgephase die Vorphase abgeschlossen sein muss. Da dieser Grundsatz in der Praxis nur selten durchzuhalten ist, wurden Varianten entwickelt, die einen „Rücksprung" in vorherige Phasen erlauben. Bekannte Konzepte zur Lösung dieses Problems bietet das Wasserfall-Modell oder der Prototyping-orientierte Ansatz.

C.7.2.2   Wasserfallmodell

Die Erfahrungen des klassischen Software-Life-Cycle führten zu Versuchen, für die Praxis tauglichere Vorgehensmodelle zu entwickeln. Einer davon ist das Wasserfallmodell (vgl. Abbildung 99).

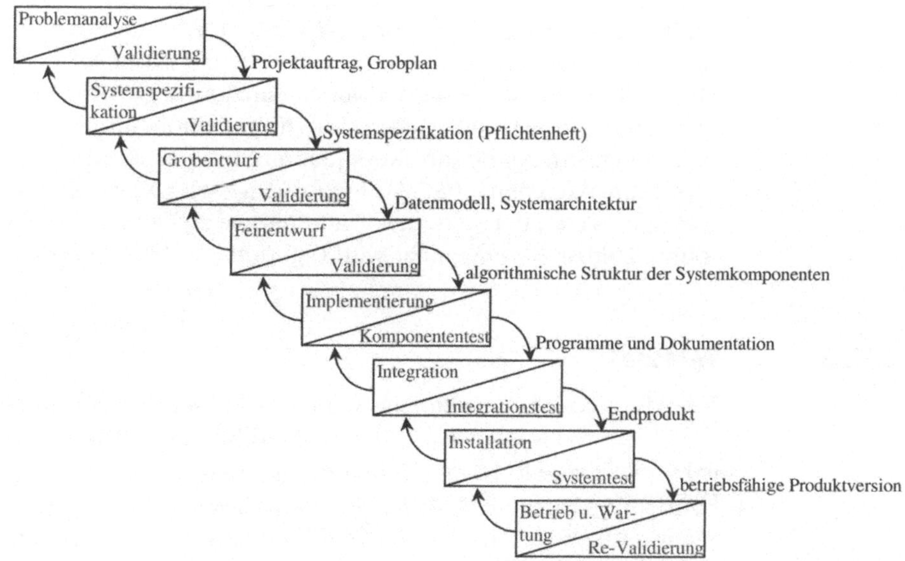

Abbildung 99: Wasserfallmodell (Pomberger/Blaschek 1993, S. 23).

Das Wasserfallmodell wurde bereits in den 70er-Jahren entwickelt. Im Vergleich zum klassischen Ansatz sind Rückkopplungen zwischen zwei aufeinander folgenden Phasen und die Einbindung einer möglichst experimentellen Validierung der einzelnen Phasenergebnisse entwickelt worden. Der Projektauftrag und hieraus erstellte Grobplan ergeben die „Problemanalyse. Wenn in der Phase „Systemspezifikation" sich zeigt, dass wichtige Teilbereiche nicht im Projektauftrag berücksichtigt worden sind, wird das Ergebnis der abgeschlossenen Phase „Problemanalyse" überarbeitet und korrigiert. Deutlicher wird dieser Zusammenhang beim Durchlauf der Phasen „Feinentwurf", „Implementierung" und „Integration". So ist es für Praxis-Projekte durchaus typisch, dass erst beim Integrationstest wichtige Details (wie z. B. fehlende Euro-Umrechnung im Fakturierungsprogramm) auffallen, die bereits im Feinentwurf hätten berücksichtigt werden müssen. Das Wasserfallmodell sieht im Gegensatz zum klassischen Ansatz vor, dass für den betrachteten Bereich ein Rücksprung zur Phase „Feinentwurf" erfolgen kann, damit sich die notwendigen Änderungen auf die folgenden Phasen „Implementierung" und „Integration" auswirken.

Sequentielle Vorgehensweise

Die streng sequentielle Vorgehensweise des klassischen Ansatzes wird durch das Wasserfallmodell etwas gelockert. Die Praxis kritisiert das Wasserfallmodell, weil es den Anforderungen ebenfalls nicht gerecht wird, da es zu wenig Flexibilität aufweist. Trotz der Schwächen wird es noch sehr stark genutzt. Eine Untersuchung des Fraunhofer-Instituts Informations- und Datenverarbeitung, Karlsruhe, in Kooperation mit der Gesellschaft für Projektmanagement (GPM) ergab, dass das Wasserfallmodell noch in 41 % der befragten Unternehmen (Zeitraum der Erhebung: Herbst 2003) genutzt wird (vgl. Kalthoff 2004, S. 33).

C.7.2.3   V-Modell

Für den öffentlichen Bereich wurde auf Basis des Wasserfallmodells das V-Modell entwickelt (vgl. Abbildung 100). Es ist das herstellerneutrale Standardvorgehensmodell für die Planung und Durchführung von IT-Vorhaben für IT-Systeme des Bundes. Es wurde ursprünglich von den Bundesministerien der Verteidigung und des Innern entwickelt. Mittlerweile wird es von Behörden, dem Militär und auch vielen Industrieunternehmen angewendet und permanent weiterentwickelt (vgl. IABG 2004).

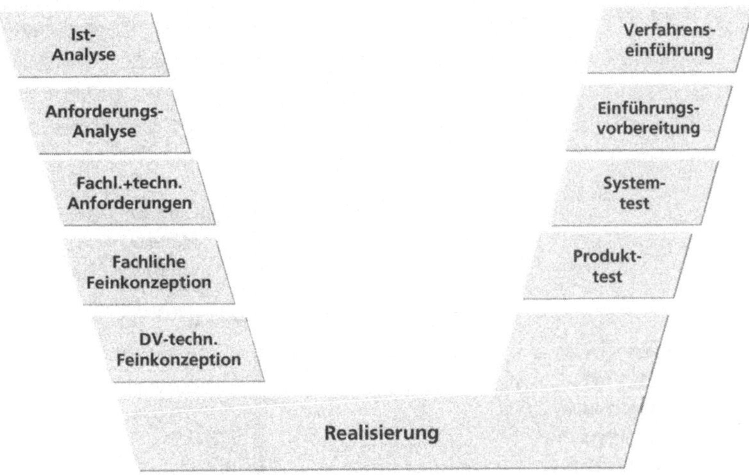

Abbildung 100: V-Modell (angepasst)

Neben dem Vorgehensmodell, das die Aktivitäten und Software-produkte beschreibt, werden die einzusetzenden Methoden (z. B. Schätzverfahren, Planungsverfahren, Daten- und Prozessmo-dellierung, Testverfahren) festgelegt sowie spezifiziert, welche Eigenschaften die einzusetzenden Softwaretools erfüllen müssen.

C.7.2.4   Spiralmodell

Das Spiralmodell (vgl. Abbildung 101) versucht die bisherigen Vorgehensmodelle als Sonderfälle zu integrieren und für jedes Projekt eine individuelle Vorgehensweise zu finden (vgl. Pomberger/Blascheck, 1993, S. 26-28). Die radiale Ausdehnung dokumentiert den Gesamtaufwand des Projektes. Die Winkeldimension zeigt den Projektfortschritt in den einzelnen Spiralzyklen.

Das Spiralmodell lässt sich auf die Entwicklungs- und auf die Wartungsphase anwenden. Jeder Zyklus enthält die gleiche Schrittfolge. Eine Verfeinerung der Analysen und Spezifikationen erfolgt im Projektverlauf. Im ersten Quadrant werden Ziele und Anforderungen definiert, danach Lösungsalternativen entworfen. Anschließend sind Nebenbedingungen und Einschränkungen (Kosten, Termine etc.) für den weiteren Projektverlauf zu identifizieren. Der zweite Quadrant bewertet die Lösungsvarianten im Hinblick auf Projektziele und Restriktionen. Die Risikoanalyse wird durch Prototyping unterstützt. Im dritten Quadrant erfolgt eine Detaillierung, Implementierung und Integration mit einem

Test im Sinne des klassischen Vorgehensmodells. Im vierten Quadrant erfolgt die Planung der nächsten Aktivitäten. In der Praxis ist es nach der oben erwähnten Untersuchung ebenfalls noch vergleichweise häufig (19 %) im Einsatz (vgl. Kalthoff 2004, S. 33).

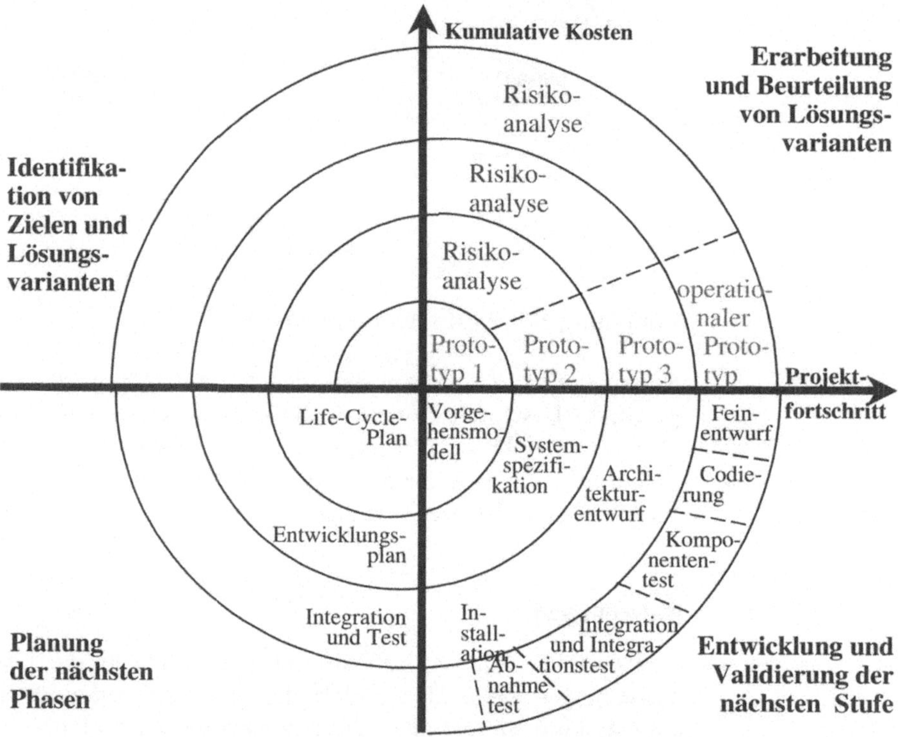

Abbildung 101: Spiralmodell (Pomberger/Blaschek 1993, S. 27)

C.7.2.5   Prototypingorientiertes Vorgehensmodell

Das Phasenmodell bleibt beim prototypingorientierten Vorgehen prinzipiell erhalten, wird jedoch mehr iterativ, als linear angesehen. Die Problemanalyse und Systemspezifikation laufen zeitlich überlappt ab. Entwurf, Implementierung und Test verschmelzen ineinander. Man spricht nicht mehr von Phasen, sondern von Aktivitäten, weil es keine Trennung der Teilaufgaben mehr gibt, wie es das klassische Life-Cycle-Modell erfordert. Die Erstellung des Prototypen ist ein iterativer Prozess, d. h. der Software-Prototyp wird spezifiziert, hergestellt, und anschließend wird mit ihm experimentiert, was wiederum zu einem neuen (erweiterten) Prototypen führt, mit dem wiederum experimentiert wird. Diese Iteration wird solange fortgeführt, bis der Prototyp durch den Benutzer fachlich-inhaltlich und hinsichtlich der Benutzerführung akzeptiert ist.

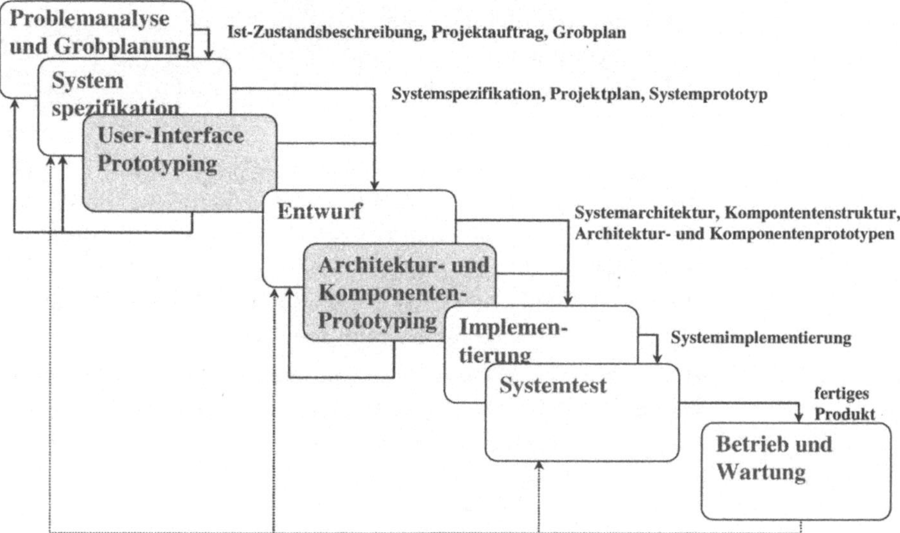

Abbildung 102: Prototypingorientierter Ansatz

C.7.2.6 Unternehmensspezifische Vorgehensmodelle

Die Anwendung klassischer Vorgehensmodelle ist sehr verbreitet. Zahlreiche Unternehmen steuern eine Vielzahl von Softwareprojekten. Die Anzahl der Projektmitarbeiter beträgt häufig mehrere hundert Personen. Für sie besteht die Notwendigkeit, den Entwicklungsprozess zu standardisieren. Einige Unternehmen haben auf der Basis klassischer Ansätze eigene Vorgehensmodelle entwickelt, die den unternehmensindividuellen Besonderheiten Rechnung tragen sollen.

C.7.3 Aufgaben des IT-Controllers in Individualsoftwareprojekten

Im Rahmen von Individualsoftwareprojekten kommt dem IT-Controllerdienst vorwiegend die Aufgabe der kritischen Projektbegleitung zu. Die Aufgaben sind denen bei Standardsoftwareprojekten vergleichbar. Im Wesentlichen besteht die Aufgabe darin, dafür zur sorgen, dass die Instrumente des Projektcontrollings zum Einsatz kommen und nicht dem Zeit- oder Kostendruck zum Opfer fallen. Beginnend mit einer Wirtschaftlichkeitsanalyse, die kontinuierlich fortzuschreiben ist, begleitet der IT-Controller das Projekt als betriebswirtschaftlicher Berater. Er berichtet, unabhängig vom Projektleiter, gegenüber dem Projektlenkungsausschuß über Stand, Fortschritt, Perspektiven und Risiken des Projektes. Er unterstützt den Projektleiter in allen betriebswirtschafltichen Fragen.

Da Individualentwicklungsprojekte risikoreicher sind als Standardsoftwareprojekte, kommt dem Risikomangement eine sehr hohe Bedeutung zu. Best Practices oder Referenzmodelle stehen hier meist nicht zur Verfügung. Im Rahmen der Risikobewertung identifiziert der IT-Controller mögliche Projektrisiken und erstellt kreative Vorschläge für Gegenmaßnahmen.

Kennzahlen und Berichte im Sinne eines „Frühwarnsystems" zum Projektverlauf, insbesondere zur Entwicklung des Projektbudgets, runden das Tätigkeitsfeld ab.

C.8   Multiprojektmanagement

C.8.1   Begriffliche Grundlagen

In der Regel laufen IT-Projekte zeitgleich in unterschiedlichen Phasen (Ideenfindung, Konzeption, Realisierung, Einführung u.a.) ab. Die Einzelprojekte verfolgen meist unterschiedliche Ziele, da sie von verschiedenen Auftraggebern gesteuert werden.

Multiprojekt-
management

Zur Bündelung der Projektziele und zum Ausgleich von Ressourcenkonflikten ist es erforderlich, ein übergreifendes Multiprojektmanagement zu implementieren (Programm-Management). Darunter ist die Auswahl und Planung eines Projektportfolios zu verstehen, das die Unternehmensziele unterstützt.

Einzelprojekt-
Management

Das Einzelprojekt-Management ist die Steuerung eines Einzelprojektes, z. B. die Einführung einer Buchhaltungssoftware für das Rechnungswesen der deutschen Niederlassung eines Konzerns.

In kleineren Unternehmen fallen die Aufgaben des Programm-Managements bzw. Multiprojektmanagements und des Einzelprojekt-Managements wegen der geringeren Komplexität in der Regel zusammen und bedürfen keiner organisatorischen Trennung, wenngleich sie sinngemäß dennoch wahrgenommen werden.

C.8.2 Ziele und Aufgaben

Das Multiprojekt-Management richtet die Ziele und Pläne (Zeiten, Kosten, Inhalte) der Einzelprojekte an den Unternehmenszielen aus. Die Aufgaben lassen sich am Beispiel eines ERP-Einführungsprojektes erläutern.

BEISPIEL: ERP-PROJEKTE

Neben den Einzelprojekten zur Einführung oder Weiterentwicklung spezifischer Aufgaben (z.B. Einführung des ERP-Systems im Personalwesen) ist es erforderlich, zentrale, für alle Teilprojekte relevante Aufgaben, wie die Bereitstellung von unternehmensweiten Customizing-Einstellungen (Templates) oder zentralen weltweit gültigen Materialstammdaten (z.B. einheitliche Materialnummern) als Einzelprojekt unter der Kontrolle des Programm-Managements zusammenzufassen.

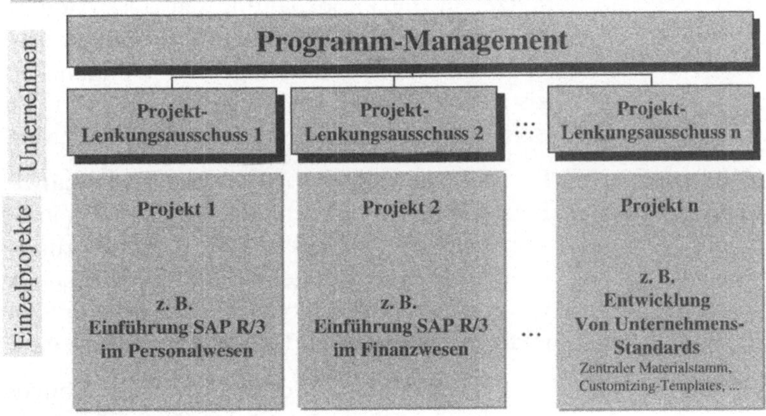

Abbildung 103: Beispiel für Multiprojektmanagement

C.8.3 Organisatorische Umsetzung

Wegen der strategisch relevanten Ziele und Aufgaben ist es erforderlich, dass das Programm-Management der Unternehmensleitung unterstellt wird. Die Steuerungsorgane der Einzelprojekte sind die Projektlenkungsausschüsse. Sie sind üblicherweise im

Programm-Management vertreten. In der Praxis sind unterschiedliche Organisationsformen üblich. Die Gestaltungsspielräume reichen von der Einzelperson bis hin zu einem hoch besetzten Gremium aus den betroffenen Einheiten des Unternehmens.

Qualifikation Programm-Manager

Der Qualifikation eines Programm-Managers kommt eine erhebliche Bedeutung zu. Bei der Auswahl der Programm-Manager ist es daher notwendig, strategisch ausgerichtete Managementpersönlichkeiten zu finden, die fachliches Wissen mit IT-Wissen kombinieren können.

Die Planung und Steuerung einzelner Projekte ist die Aufgabe des Einzelprojekt-Managements (vgl. das Beispiel in Abbildung 104). In der Regel wird die Vertretung im Programm-Management durch den Leiter des Projektlenkungsausschusses (PLA) wahrgenommen, der als Auftraggeber des Projektes den PLA leitet. Daneben sind im PLA der oder die Projektleiter des Einführungsprojektes vertreten. Meist werden mehrere Projektleiter als Vertreter für den PLA bestimmt, die der Fachseite und der eigenen Datenverarbeitungsabteilung entstammen. Eine „Doppelspitze" in der Projektleitung hat den Vorteil, dass die Interessen beider Bereiche (Fachseite und Informationstechnik) gleichrangig vertreten werden. Einseitige Besetzungen haben den in der Praxis anzutreffenden Nachteil, dass u. U. das Projekt von der nicht paritätisch beteiligten Seite boykottiert werden kann.

Beratungs-unternehmen

Da bei der Einführung von Standardanwendungssoftware in Praxisprojekten sehr häufig externe Beratungsunternehmen mit spezifischem Fachwissen zur Unterstützung eingesetzt werden und diese meist maßgeblich die inhaltlichen Arbeiten bestimmen, ist es sinnvoll, den vom Beratungsunternehmen benannten Projektleiter ebenfalls in den PLA mit aufzunehmen.

Interne Beratern

Häufig etablieren Großunternehmen konzernzugehörige Beratungshäuser, die wie externe Berater auftreten. Auch für diese gelten die Aussagen gleichermaßen. Gelegentlich aufkommende Diskussionen hinsichtlich der Vertraulichkeit der in den Entscheidungsgremien zu behandelnden Informationen führen meist dazu, dass die Beratungsunternehmen in das Führungsgremium aufgenommen werden, weil deren Wissensvorsprung es erfordert und eine vertrauensvolle Zusammenarbeit ohnehin erforderlich ist.

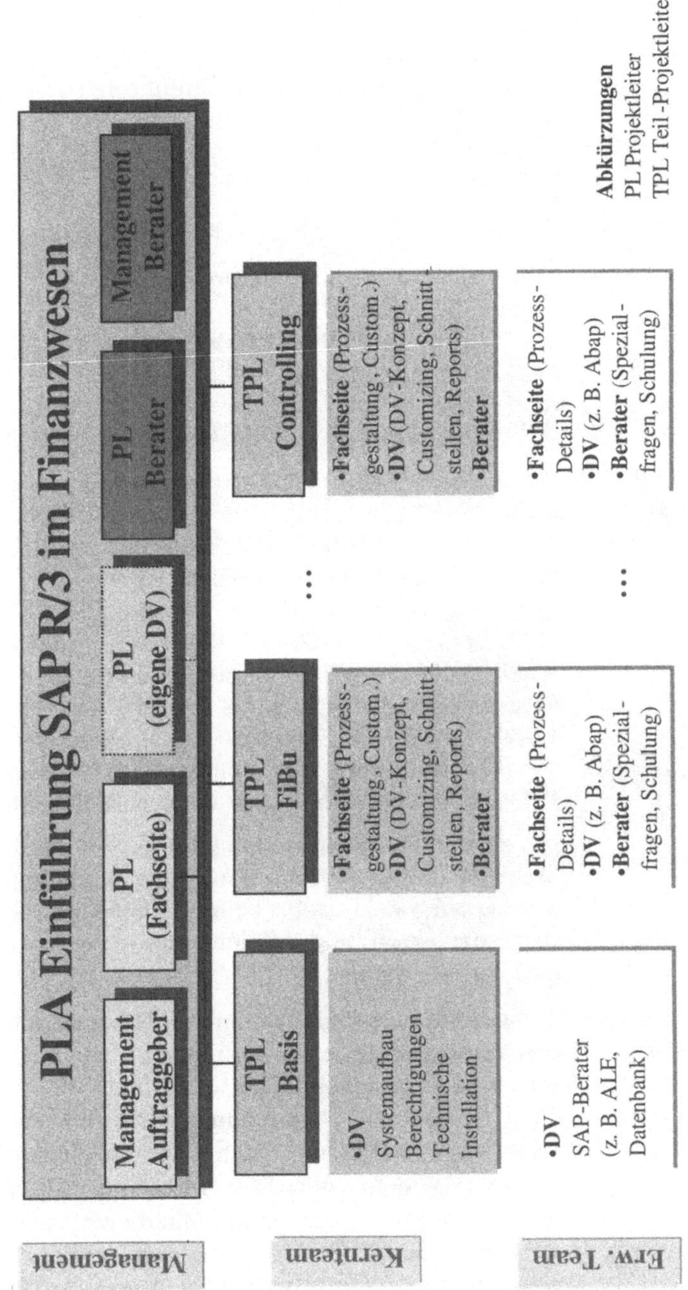

Abbildung 104: Einzelprojekt-Management am Beispiel einer
SAP®-Einführung

Im Regelfall ist es erforderlich, ein Einführungsprojekt in mehrere Teilprojekte zu gliedern. Häufig wird in der Praxis ein Gesamtprojekt gebildet, in dem das Einführungsprojekt eine wesentliche Teilaufgabe darstellt und nicht softwarespezifische Organisationsfragen (z.B. Einbindung der Berater, Organisationsumbau) hiervon getrennt werden.

Im Rahmen des SAP®-Projektes wird vielfach eine Untergliederung nach den einzuführenden Softwaremodulen (Finanzen, Controlling, Logistik etc.) gewählt. Es finden sich aber auch Beispiele für prozessorientierte Gliederungen (z.B. Ersatzteilgeschäft, Erstausrüstung) oder Kombinationen hieraus (z.B. Bildung mehrerer Logistik-Teilprojekte nach Prozessen und je ein Querschnittsprojekt für Rechnungswesen und Personalwesen).

Aufgaben der Teilprojekte

Die Aufgaben der Teilprojekte umfassen sowohl fachliche, als auch technische Aufgaben, die grundsätzlich in gemischten Teams aus Mitgliedern der Fachseite, der Informationsverarbeitung und ggf. externer Berater wahrzunehmen sind, um Reibungsverluste (z.B. durch Missverständnisse) zu verhindern. Die eher fachlichen Aufgaben der Teilprojekte umfassen die Geschäftsprozessanalyse und deren Redesign, d.h. der Neugestaltung unter Berücksichtigung der Möglichkeiten der Standardanwendungssoftware. Daneben ist vor allem das Customizing, d.h. die Konfigurierung der Standardanwendungssoftware an die Belange und Anforderungen des Unternehmens zu verstehen.

Die eher technischen Aufgaben umfassen die DV-Konzeption der Systemlandschaft, dem Customizing informationstechnischer Systemfunktionen (z.B. Schnittstellendateibeschreibungen) und der Konzeption und Implementierung von Zusatzprogrammen und Auswertungen.

Kernteam und erweitertes Team

Teilprojekte bestehen aus einem kleinen Kernteam, das zu 100 % von der täglichen Arbeit befreit und ausschließlich für die Projektarbeit abgestellt ist. Eine temporäre Mitarbeit ist aus nahezu allen betroffenen Unternehmensbereichen erforderlich. In die Projektorganisation sind zumindest diejenigen Mitarbeiter einzuordnen, die einen gewissen Anteil ihrer Arbeitszeit für das Projekt einsetzen. Dies sind Mitarbeiter der Anwendungsentwicklung, die für die Erstellung von Zusatzprogrammen benötigt werden. Außerdem arbeiten Mitarbeiter der Fachabteilungen im Rahmen der Anforderungsanalyse und Sollkonzeption im Rahmen ihrer Spezialaufgaben mit.

Daneben werden auch häufig Berater für vielfältige Spezialaufgaben (z.B. zur Klärung von Fragen zu selten genutzten Funktionen der Standardanwendungssoftware oder technischen Fragen zum Einsatz von Datenbanken und Programmierwerkzeugen) oder aber für interne Schulungen temporär benötigt.

Technisches Querschnittsprojekt

Daneben ist grundsätzlich ein Querschnittsteilprojekt für die technischen Belange erforderlich. Die Aufgaben dieses Projektes sind der technische Aufbau des Systems, die Installation der Standardanwendungssoftware und deren regelmäßige Aktualisierung mit neuen Programmversionen durch den Hersteller. Meist enthalten die Standardsoftwarepakete umfangreiche Werkzeuge zur Benutzeradministration und Verwaltung von Berechtigungen. Auch diese Aufgaben müssen zentral für alle Teilprojekte an dieser Stelle wahrgenommen werden.

Die Abbildung 105 stellt die wesentlichen Merkmale des Programm- und Einzelprojektmanagements abschließend gegenüber.

Merkmale	**Multi-Projektmanagement**	**Einzel-Projektmanagement**
Zielsetzung	Erreichung der Unternehmensziele	Erreichung der Projektziele
Zeithorizont	Langfristig	Kurz- bis mittelfristig
Aufgabe	Management des Projektbündels (Meta-Projekt)	Management des Einzelprojektes

Abbildung 105: Programm- vs. Einzelprojekt-Management

D   Am Ball bleiben: Marktstudien und Software für IT-Controller

D.1   Studie: IT-Controlling im deutschsprachigen Raum

D.1.1   Erhebungsmethodik

Um das Defizit an empirischen Aussagen zu verringern, hat der Verfasser gemeinsam mit der Fachgruppe „5.7 IT-Controlling" der Gesellschaft für Informatik e. V. eine bundesweite Untersuchung zum Stand des IT-Controllings in Deutschland durchgeführt.

Ziel war es, die Nutzung von Werkzeugen des IT-Controllings zu analysieren und Empfehlungen für die Praxis abzuleiten. Die ausführlich kommentierten Ergebnisse der Studie können in Gadatsch/Juszczak/Kütz (2005) nachgelesen werden. Hier werden die zentralen, für das IT-Management wichtigen Ergebnisse und Handlungsempfehlungen kurz zusammengefasst.

Sowohl die organisatorische Einordnung als auch die Verbreitung von IT-Controllern ist in der Praxis aus Sicht eines leistungsorientierten IT-Controlling-Konzeptes zufriedenstellend gelöst. Die Praxis hat die Notwendigkeit des IT-Controllings erkannt und umgesetzt. Jedes zweite Unternehmen hat die Position eines IT-Controllers bzw. eine entsprechende Abteilung eingerichtet. Leider mangelt es in vielen Unternehmen an der Nutzung der verfügbaren Instrumente aus dem IT-Controlling-Werkzeugkasten. Selbst klassische Werkzeuge des IT-Projektcontrollings werden nicht durchgängig genutzt. Hier besteht zum Teil erheblicher Optimierungsbedarf.

Ablauf der Erhebung

Die Umfrage wurde Ende 2004 durchgeführt. Es haben sich 40 Unternehmen beteiligt. Die Rücklaufquote betrug ca. 10 %. Die Unternehmen stammen überwiegend aus dienstleistungsorientierten Branchen. Im Mittel beschäftigten die antwortenden Unternehmen etwa 9.400 Mitarbeiter. Der Umsatz betrug im Mittel etwa 23 Mrd. Euro. Die Fragen wurden überwiegend von leitenden Mitarbeitern des IT-Bereiches bzw. (IT-) Controllern beantwortet.

Der Fragenkatalog war sehr breit gefächert und umfasste das gesamte methodische Spektrum sowie organisatorische Aspekte des IT-Controllings. Die Aufzählung der wesentlichen Schlagworte in Tabelle 2 gibt einen Überblick über die Inhalte.

- Aufwand für IT-Controlling
- Benchmarking als Daueraufgabe
- Branche/Umsatz/Mitarbeiter
- CIO-Einordnung (Vorstand/GF/darunter)
- Einsatz der Balanced Scorecard
- Erstellung IT-Strategie
- Höhe des IT-Budgets
- IT als Profit Center
- IT-Anlagevermögen
- IT-Controller als Berufsbild
- IT-Kennzahlen
- IT-Kosten und Wartungsaufwand
- IT-Leistungsverrechnung
- IT-Produktkatalog
- Land/Region
- Methoden der Entscheidungsunterstützung
- Multiprojektcontrolling
- Outsourcing/Anteil ausgelagerter IT-Leistungen
- Position des Antwortenden
- Projektpriorisierung
- Rechtsform
- Verantwortung IT-Budget
- Werkzeugeinsatz
- Zeitanteile im IT-Controlling

Tabelle 2: Übersicht über den Fragenkatalog

D.1.2   Ausgewählte Ergebnisse

IT-Strategie

Die Erstellung einer IT-Strategie gehört bei drei Viertel der Unternehmen zur Standardaufgabe, meist mit einer Laufzeit von bis zu drei Jahren (vgl. Abbildung 106). Der vergleichsweise lange Planungszeitraum überrascht etwas, da in den vergangenen Monaten in der IT-Fachpresse oft von kurzlebigen IT-Strategien die Rede war.

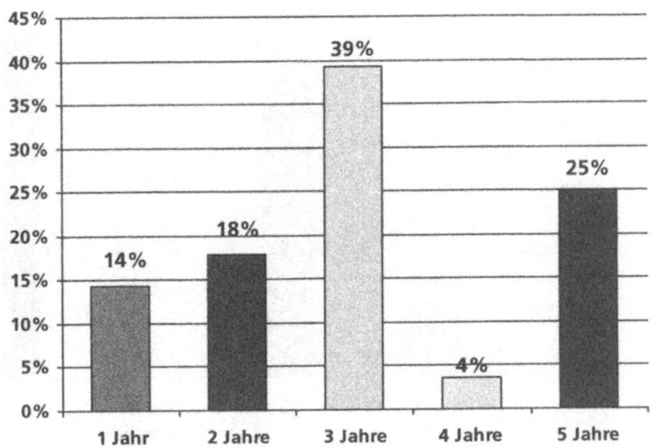

Abbildung 106: Bezugszeitraum der IT-Strategien

Die Inhalte der IT-Strategie sind sehr breit gefächert. Neben technischen Aspekten wie „Virenschutz" oder „WebShop" dominierten organisatorische Aufgaben wie z. B. Standardisierung. Leider wird die Balanced Scorecard nur von etwa einem Drittel der Unternehmen für die strategische Steuerung in der IT eingesetzt, was auf Defizite in der Strategieumsetzung schließen lässt.

Organisatorische Einbindung des IT-Controllings

Erfreulicherweise haben sich Personen mit der Berufsbezeichnung „IT-Controller/in" in der Praxis etabliert und werden deutlich sichtbar in die Unternehmenshierarchie eingeordnet.

Die Position eines IT-Controllers existiert in 52 % der befragten Unternehmen. Das deutet auf ein gewachsenes Problembewusstsein und das Bemühen um Transparenz hin. Da IT-Controller häufig (45 %) dem CIO unterstellt sind (vgl. Abbildung 107), haben sie großen Einfluss auf die Verwendung des IT-Budgets.

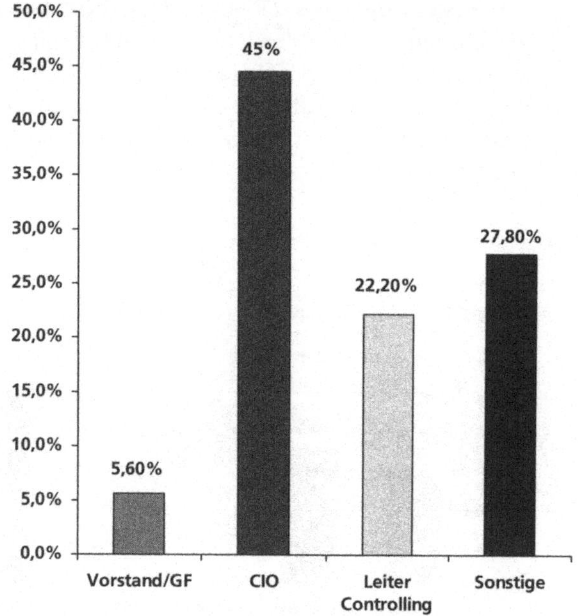

Abbildung 107: Einordnung der IT-Controller

In 65 % der Unternehmen ist das IT-Budget beim CIO angesiedelt (vgl. Abbildung 108). Fachabteilungen haben eher selten direkte Verantwortung für die IT-Budgets. Diese Situation spricht dafür, dass die integrative Bedeutung des CIOs über Bereichsgrenzen hinweg von den Fachabteilungen akzeptiert wird, denn zahlreiche Informationssysteme betreffen ganze Prozessketten und damit mehrere Abteilungen.

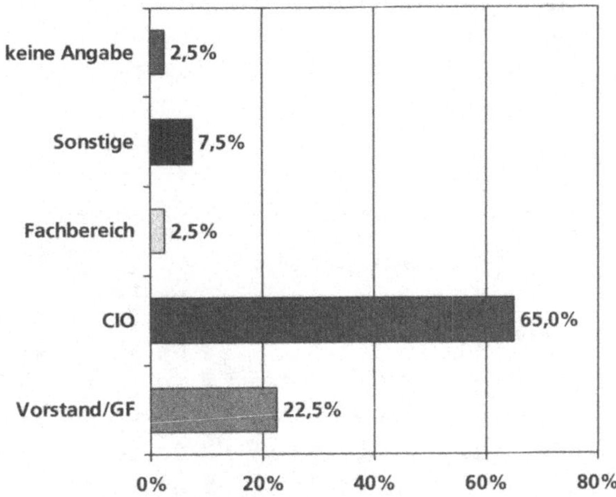

Abbildung 108: Verantwortung für das IT-Budget

Methodenanwendung

Die Betriebswirtschaftslehre stellt mittlerweile eine große Anzahl von Methoden für die Praxis zur Verfügung. Leider ist die Verbreitung von Methoden und Kennzahlen jedoch nicht zufrieden stellend, eigentlich sogar erschreckend. Insgesamt betrachtet ist eine hohe Diskrepanz zwischen Anspruch der Betriebswirtschaftslehre bzw. der Wirtschaftsinformatik und der Realität festzustellen. Hier gilt es, Maßnahmen einzuleiten.

Besonders deutlich wird dies bei klassischen Methoden, die lediglich für den Einsatz im IT-Bereich adaptiert werden müssen. So steht seit Jahrzehnten mit der Kosten- und Leistungsverrechnung ein gewachsenes Instrumentarium bereit, das leider nur ungenügend in der Praxis für den Einsatz in der IT-Kosten- und Leistungsverrechnung zum Einsatz kommt. Nur 48,7 % der Unternehmen führen eine Verrechnung von IT-Leistungen durch.

Dieses Ergebnis ist sehr bemerkenswert, da zahlreiche Unternehmen über zu hohe IT-Kosten klagen, aber offenbar die Steuerungsmöglichkeiten der IT-Leistungsverrechnung nicht nutzen. Die Anzahl der hierbei abgerechneten IT-Produkte schwankt überwiegend gleich verteilt zwischen 3 und 500 Produkten. Etwa ein Drittel der Firmen rechnet bis zu zehn IT-Produkte ab, ein weiteres Drittel zwischen 10 und 20 IT-Produkte (vgl. Abbildung

109). Organisationen, die mehr als 100 IT-Produkte abrechnen, laufen Gefahr, dass die Transparenz der IT-Leistungserstellung für den Kunden durch ein amorphes Leistungsspektrum wieder verloren geht.

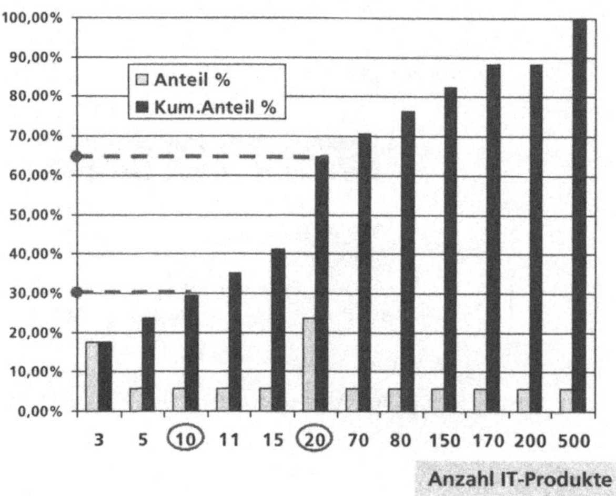

Abbildung 109: Anzahl abgerechneter Produkte in der IT-Leistungsverrechnung

Die Erfassung des IT-Anlagevermögens (Hardware, Software) wird ebenfalls nur von knapp 50 % der Unternehmen praktiziert. Dies verwundert, da zahlreiche Firmen über zu hohe IT-Kosten und zu geringe Transparenz (z.B. über Verwendung von Softwarelizenzen) klagen.

Ein ähnliches Bild ergibt sich bei den Verfahren der Investitions- und Wirtschaftlichkeitsrechnung. So setzen nur 34,2 % der Unternehmen in vollem Umfang Wirtschaftlichkeitsrechnungen ein. 23,7 % gaben an, auf dieses Instrument völlig zu verzichten. Eine Aussage die vor dem Hintergrund des gestiegenen Kostendrucks kaum nachvollziehbar erscheint. Die Meilensteintrendanalyse als klassiches Instrument im IT-Projektcontrolling wird ähnlich eingestuft: 34,2 % der Unternehmen nutzen dieses Instrument in vollem Umfang, 36,6 % dagegen überhaupt nicht.

D.1.3   Handlungsempfehlungen für das Management

Folgende Empfehlungen sollten mit hoher Priorität befolgt werden, um die vorangegangenen Mängel zu beseitigen.

Strategische Ausrichtung der IT weiter verstärken

Die Informationstechnik hat einen hohen Stellenwert. Daher muss eine Intensivierung der Bemühungen um die Erstellung einer aus der Unternehmensstrategie abgeleiteten IT-Strategie erfolgen, um diesen Anspruch zu unterstützen. Hierzu gehört z.B. die verstärkte Nutzung der Balanced-Scorecard-Methode zur strategischen Steuerung des IT-Bereiches. Den Verantwortlichen muss klar sein, dass Strategien erst dann wirken, wenn sie auch konsequent umgesetzt werden und die Umsetzung verfolgt und gesteuert wird.

IT-Kosten- und Leistungsmanagement verbessern

IT-Leistungen müssen unter wirtschaftlichen Rahmenbedingungen erstellt werden. Daher muss für Stärkung des Profit Center-Gedankens für die IT gesorgt werden, um deren Leistung zu steigern und das Kostenbewusstsein zu verschärfen. Hierzu kann die Einführung von Benchmarking-Projekten für den IT-Bereich ein Beitrag sein, um Maßnahmen zur Leistungssteigerung zu überwachen. Weitere konkrete Maßnahmen sind die Entwicklung und Implementierung von IT-Produktkatalogen einschließlich zugehöriger Service-Level-Vereinbarungen. Schließlich bleibt als wichtiges Instrument der Ausbau der verursachungsgerechten Verrechnung von IT-Kosten- und -Leistungen zu nennen, denn ohne Kenntnis der IT-Kosten kann weder im Fachbereich noch in der IT eine Kostenkontrolle erfolgen. Insgesamt haben wir den Eindruck, dass die Leistungsorientierung in der IT und im IT-Controlling deutlich gesteigert werden muss.

IT-Controlling-Werkzeuge konsequent einführen und nutzen

Die mangelnde Nutzung von Controllingwerkzeugen ist durch verstärkte Nutzung klassischer Instrumente (Meilensteintrendanalyse, Wirtschaftlichkeitsrechnungen) und auch die Einbeziehung neuerer Ansätze (z.B. reale Optionen) zu beseitigen. Ein wirksames Mittel für das IT-Management sind IT-Kennzahlensysteme. Daher sollte die Konzeption und der Aufbau von individuellen IT-Kennzahlensystemen verstärkt vorangetrieben werden. Das IT-Controlling kann seinen systembildenden Aufgaben und seiner Verantwortung als Navigator für das IT-Management nur dann gerecht werden, wenn es die vorhandenen Methoden kennt und einsetzt.

Softwareunterstützung für das IT-Controlling verbessern

Als letzter Punkt bleibt der Einsatz von Software im IT-Controlling zu erwähnen. Die Erhebung und Verwaltung des IT-Anlagevermögens durch geeignete Tools und Werkzeuge dient nachweislich zur Reduktion von IT-Kosten, insbesondere im Bereich der Arbeitsplatzsysteme einschließlich Software. Allerdings muss der Tooleinsatz – im Sinne des Controllings – angemessen sein. Die eingesetzten Tools müssen systematisch genutzt werden. IT-Controlling darf nicht mit der Implementierung von Controlling-Software verwechselt werden.

D.2   Ausgewählte Softwaretools für das IT-Controlling

Hinweis: Die in den folgenden Abschnitten beschriebenen Produkte stellen exemplarisch die Leistungsfähigkeit typischer IT-Lösungen für das IT-Controlling dar. Die Produktauswahl stellt keine Wertung der Produktqualität dar. Die hierfür verwendeten Ausgangsmaterialien sind in der Regel frei verfügbare Produktinfos der jeweiligen Hersteller.

Für die Richtigkeit und Aktualität der Angaben übernimmt der Autor keine Haftung. Zur vertiefenden Information wird auf die jeweilige Website der Hersteller verwiesen.

D.2.1   Funktionsumfang von IT-Controlling-Software

Die Auswahl von IT-Controlling-Tools wird dadurch erschwert, dass es kein allgemeines Verständnis über den Funktionsumfang gibt. Meist werden nur Teile des in der Abbildung 110 dargestellten Funktionsumfangs angeboten. Der Grund liegt darin, dass in den Unternehmen bereits Softwaresysteme im Einsatz sind, die Teile der aufgeführten Funktionen abdecken bzw. prinzipiell abdecken können. So kann ein Unternehmen mit einer ERP-Lösung neben der allgemeinen Kostenrechnung grundsätzlich auch die IT-Kostenrechnung unterstützen. Das gleiche gilt für die Beschaffung von IT-Komponenten. Spezielle IT-Controlling-Tools bieten zwar mehr Komfort, induzieren aber zusätzliche Lizenzgebühren und Einführungs- und Wartungskosten.

Kategorie	Funktionen
IT-Finanzen und IT-Kostenrechnung	• IT-Budgetierung (Planung, Isterfassung und Analyse von IT-Budgets) • Leistungsdatenübernahme (z.B. Verbrauchsmengen des Rechenzentrums, Kommunikationsdaten, Internetgebühren, Störungsmeldungen) • Kostenarten, -stellen und -trägerrechnung (Plan, Ist, Abweichungsanalyse und Reporting) • IT-Kennzahlenmanagement (Planung, Istdatengenerierung, Reporting, Analyse von IT-Kennzahlen)
IT-Strategie	• IT-Strategie (Erfassung, Darstellung) und IT-Bebauungsplanung • Erstellung und Überwachung der Balanced-Scorecard
IT-Infrastruktur-Management	• Assetmanagement (Hardware, Komponenten) • Lizenzmanagement
Geschäftspartner-Management	• Geschäftspartnerdaten (Leistungsspektrum, Projekte, Qualitätsbeurteilungen, Standardkonditionen) • Kontrakte (Preise, Konditionen, Mindestabnahmemengen) • Verträge (z.B. Mietverträge für Rechenzentrum, Hardwaremiete/Leasing) • SLA-Management
IT-Prozess-Management	• Modellierung, Simulation, Analyse und laufende Überwachung von IT-Prozessen • Unterstützung ausgewählter IT-Prozesse (Incident- und Problem-Management, Change- und Configuration-Management, Procurement,

Abbildung 110: Funktionsumfang von IT-Controlling-Software

Die Marktübersicht in Tabelle 3 listet in alphabetischer Reihenfolge eine Reihe von Herstellern für IT-Controlling-Tools auf. Sie erhebt nicht den Anspruch auf Vollständigkeit. Anregungen für Erweiterungen nimmt der Autor gerne entgegen.

Tabelle 3: IT-Controlling-Software (Auswahl)

Hersteller	Produkte	Funktionen
CATENIC AG, Bad Tölz **www.catenic.de**	CATENIC Anafee	Werkzeug für die Verrechnung und Dokumentation von IT-Leistungen.
Corporate Planning AG, Hamburg, www.corporate-planning.com	Corporate Planner, CP MIS/BSC u.a.	Werkzeuge für das allgemeine Unternehmenscontrolling, die aber auch für IT-Controllingaufgaben nutzbar sind, z.B. IT-Kennzahlensystem, Balanced Scorecard.
IDS Scheer AG, Saarbrücken www.ids-scheer.de	ARIS-Toolset mit zahlreichen Modulen	Werkzeuge für die Geschäftsprozessmodellierung und das Prozessperformance-Management. Die Komponente für die Balanced-Scorecard lässt sich für die IT-Balanced-Scorecard nutzen.
Managesoft Deutschland GmbH, Frankfurt www.managesoft.de	ManageSoft®	Produktsuite für das Softwaremanagement (z.B. Softwareverteilung), Assetmanagement, Handheld-Management und Service-Desk.
Nicetec GmbH Osnabrück www.nicetec.de	NetInsight	Produkte für das IT-Controlling, insb. IT-Leistungsverrechnung nach dem ITIL-Standard.
Peregrine Systems Inc. San Diego www.peregrine.com/de	Asset Center Service Center	Produkte für das IT-Assetmanagement und IT-Servicemanagement. Unterstützung der ITIL-Referenzprozesse.
Quadriga Informatik GmbH, Offenbach www.quadriga.de	Quadriga IT, Quadriga-Mobile, Web-IT	Basisfunktionen für die Unterstützung des IT-Controllers. Insb. Assetmanagement und Helpdesk.
SAP AG, Walldorf www.sap.com	mySAP® ERP SAP® SEM®"	Anbieter von Standardanwendungssoftware für Enterprise Resource Planning, Customer Relationship Management, Supply Chain Management u. a.

		Unternehmensfunktionen. Einige der Produkte können auch im Rahmen des IT-Controllings genutzt werden.
USU AG, Möglingen www.usu.de	Valumation	Umfassende Produktsuite mit einem „Komplettangebot" speziell für das IT-Controlling. Mehrere separat einsetzbare Module für • Infrastructure Management, • Service/Change Management • Finance Management. Die Unterstützung für das IT-Controlling ist sehr umfassend, vom Asset Management über die IT-Kosten- und Leistungsrechnung.

D.2.2 Asset Center / Service Center (Peregrine)

Die Firma Peregrine Systems (www.peregrine.com/de) bietet für das IT-Controlling Lösungen zum IT-Assetmanagement und zum IT-Servicemanagement an. Die Produkte unterstützen die Best-Practice-Modelle der IT-Infrastructure Library (ITIL).

Das Unternehmen tritt als Anbieter von Lösungen, die zwischen dem Leistungsanbieter (Provider) und dem Endanwender liegen auf. Hierzu zählen u.a. folgende Einzelkomponenten: Network-Management, Storage-Management, Database-Management, Security-Management und Device-Management.

Der Begriff *Service-Management* wird sehr weit gefasst. Hierunter werden u. a. folgende Leistungen angeboten:

• Nutzung von Best Practices (Service Establishment),

• Prozessautomatisierung für Routineprozesse, z.B. als webbasierte Employee Self Service (Service Control),

• Service-Level-Management (Service Alignment),

• Management der Outsourcing-Beziehungen zum externen Provider (Outsourcing).

Die Produkte für das *Asset-* und *Licence-Management* unterstützen z. B. die Beantwortung folgender Fragen:

- Welche IT-Güter sind vorhanden?

- Wo sind sie?

- Wer nutzt sie?

bzw.

- Welche Software wurde beschafft? Wird sie genutzt?

- Welche Software wird genutzt? Wurde sie beschafft?

- Wie lassen sich Softwareverträge und -Lizenzen effizient verwalten?

- Wie lässt sich der Softwarebestand optimieren?

- Wie lassen sich Einsparungen bei Softwareeinkauf und -wartung erzielen?

D.2.3   Catenic AG (Anafee)

Die Bad Tölzer Catenic AG (www.catenic.de) bietet ein Produkt zur Abrechnung von Dienstleistungen an. Hierunter fällt insbesondere auch die detaillierte IT-Leistungsverrechnung und Dokumentation an. Auf Basis einzelner Transaktionen (z. B. „Kundenauftrag anlegen", „Kostenbericht erstellen" werden automatisiert Mengen erfasst und für eine Leistungsverrechnung bereitgestellt. Somit können auf Basis konkreter Geschäftsvorfälle in der Fachabteilung vereinbarte Preise verbrauchsabhängig bewertet werden. Das Produkt bietet Schnittstellen zu den Softwarelösungen der SAP AG an. Die Funktionalitäten des Produktes umfassen u.a. (vgl. www.catenic.de):

- Definition der IT-Services,

- Kalkulation der Stückkosten und Ermittlung der Preise,

- Abrechnung mit Details über Verbrauchsmengen und verrechneten Preisen,

- Verbrauchsmengen- und Kostenübernahmen aus Vorsystemen,

- Kosten- und Mengenplanung,

- Reporting mit Monitoring von Plan-Ist-Abweichungen,

- Dokumentation und langfristige Speicherung der Verrechnungspreise und deren Herleitung.

Ziel ist es, Abrechnungsgrößen zu nutzen, die nicht von technischen Detailgrößen geprägt sind, sondern sich an betriebswirtschaftlichen Anforderungen orientieren und deren Verrechnungsbasis für den Anwender verständlich sind, z.B. „Anlegen eines neuen Kunden" (vgl. Catenic, o. J.)

D.2.4   Corporate Planning AG (CP MIS/BSC)

Das Produkt „CP MIS/BSC" der Corporate Planning AG (www.corporate-planning.com), das sich speziell mit der BSC-Methode beschäftigt, ist auf die spezifischen Anforderungen kleinerer und mittlerer Unternehmen zugeschnitten.

IT-Kennzahlensysteme werden häufig auf Basis von Spreadsheet-Programmen erstellen, da diese flächendeckend an fast jedem Büroarbeitsplatz verfügbar und leicht zu bedienen sind. Allerdings sind auch einige Gefahren beim Einsatz von Spreadsheets zu bedenken. Da die Daten bei Aktualisierung meist überschrieben werden, fehlt oft eine Historisierung der Daten. Verschachtelte Formeln in Verbindung mit fehlenden Dokumentationen führen leicht zu Missverständnissen oder gar zu Fehlern, die zu falschen Entscheidungen führen können. Das Produkt „Corporate Planner", ist ein Planungs- und Analysewerkzeug für Controller, das sich in diesem Anwendungsbereich etabliert hat. Das Werkzeug lässt sich z.B. im IT-Controlling dazu einsetzen, ein IT-Kennzahlenschema zu erstellen. Hierzu können verschiedene Datenquellen wie ERP-Systeme, Eigenentwicklungen, PC-Datenbanken oder eigene Schätzungen genutzt werden.

D.2.5   IDS-Scheer AG

Die IDS Scheer AG aus Saarbrücken ist bekannt als Anbieter von Werkzeugen für die Modellierung und Analyse von Geschäftsprozessen. Ihr Produkt „ARIS-Toolset" wurde vor einiger Zeit um die Methode Balanced Scorecard ergänzt. Es kann daher auch im Rahmen des IT-Controllings für die Nutzung der Balanced-Scorecard-Methode genutzt werden. Das Werkzeug bietet spezifische Modellierungsobjekttypen an, z. B. den Objekttyp „Perspektive", der sich einzeln oder in ein BSC-Ursache-Wirkungsdiagramm integrieren läßt.

Daneben stehen weitere Modellierungskonstrukte wie Organigramm, Wertschöpfungskettendiagramm oder Funktionsbaum für einen Einbau in die BSC-Darstellungen zur Verfügung.

Der Einsatz von Modellierungstools für die BSC-Erstellung ist dann interessant, wenn das Werkzeug bereits im Unternehmen im Einsatz ist, z. B. für die Prozessmodellierung.

D.2.6   ManageSoft Deutschland GmbH

Die deutsche Niederlassung des amerikanischen Unternehmens ManageSoft (www.managesoft.de) bietet unter dem Produktnamen ManageSoft® eine Produktreihe für zentrale Fragen des IT-Controllings an. Die Produkte umfassen Komponenten bzw. Einzelprodukte für folgende Aufgabenstellungen:

- ***Softwareverteilung:*** Verteilen, Aktualisieren und Managen von Software auf Desktops, Servern und mobilen Endgeräten,

- ***Servermanagement:*** Automatisierte Bereitstellung, Aktualisierung und Management von verteilten Serverumgebungen,

- ***Fernsteuerung und Fehlerdiagnose*** für dezentrale Desktops, Server und mobile Geräte,

- ***Management von mobilen Systemen***.

Die Softwareverteilung basiert auf zentralen Richtlinien, die mit den Endgeräten abgeglichen werden. Bei Abweichungen der lokalen Installationen von den Richtlinien erfolgt eine automatische Reparatur bzw. Neuinstallation fehlender Komponenten.

D.2.7   Nicetec GmbH

Die Osnabrücker Nicetec GmbH (www.nicetec.de) bietet u.a. Produkte für das IT-Controlling an. Inbesondere wird das Gebiet der IT Leistungsverrechnung und Service Management nach dem ITIL-Standard abdeckt.

Das Produkt „netinsight" bietet die Möglichkeit, IT-Dienstleistungen aus der Kundensicht in einem Servicekatalog mit Preisen und anderen Informationen abzubilden.

Das Produkt „flowscope" dient der Messung des IP-Netzverkehrs und damit der Datengewinnung für die IT-Leistungsverrechnung.

D.2.8 Quadriga Informatik GmbH

Die Offenbacher Quadriga Informatik GmbH (www.quadriga.de) bietet unter dem Produktnamen „Quadriga IT" und weiteren Produktbezeichnungen mehrere Werkzeuge für IT-Controller an. Unterstützt werden u. a. folgenden Aufgaben:

- IT-Ressourcenverwaltung (Quadriga IT),

- Mobiles Informationssystem (Quadriga-Mobile),

- IT-Helpdesk (Web-IT).

Das Produkt Quadriga-IT dient der Erfassung und Verwaltung von Software-Lizenzen, Anwenderdaten, Lieferantendaten und Verträgen sowie von Räumen und Standorten des IT-Equipments. Die Erfassung der Assets wird unterstützt durch ein „PCScan", die eine automatisierte Funktion zum Auslesen von PCs, Druckern u. a. Netzwerkkomponenten erlaubt.

Das Produkt Quadriga-Mobile bietet für IT-Service-Mitarbeiter die Möglichkeit, für den Einsatz relevante Informationen auf einen PDA herunter zu laden und vor Ort zur Problemlösung zu benuten. Über einen Barcode-Scanner wird die Erfassung von Geräteseriennummern etc. erleichtert.

Web-IT ist der intranetgestützte IT-Helpdesk des Anbieters. Anwender können neben der klassischen Telefonhotline über das Intranet Probleme melden. Der Fortgang der Störungsbearbeitung kann vom Anwender über den Helpdesk verfolgt werden, was zu einer Entlastung der Telefon-Hotline beiträgt.

D.2.9 SAP AG

IT-Controlling-Funktionen können zumindest teilweise durch in vielen großen Unternehmen bereits etablierte ERP-Systeme und weitere Komponenten aus dem Business Intelligence-Umfeld unterstützt werden.

So ist eine IT-Kostenrechnung zu großen Teilen auch in Controlling-Modulen des Produktes mySAP® ERP der Walldorfer SAP AG realisierbar, da sie als spezielle Form einer Kosten- und Leistungsrechnung angesehen werden kann. Darüber hinaus bietet der Hersteller das Werkzeug „SAP® SEM®" für die Unterstützung der Balanced-Scorecard-Methode an, das grundsätzlich auch für die IT-Balanced-Scorecard einsetzbar ist.

D.2.10   USU AG

Das Stuttgarter Unternehmen USU AG (www.usu.de) bietet ein speziell für Aufgaben im IT-Controlling konzipiertes modulares Anwendungspaket unter dem Produktnamen „Valuemation" (vgl. USU 2005) mit zahlreichen Funktionen an. Aus diesem Grund werden die Produkte ausführlicher dargestellt.

Das Softwarepaket besteht aus den drei Komponenten:

- Infrastructure Management,

- Service/Change Management,

- Finance Management.

Ein zentraler Baustein, die **Systems Management Suite**, stellt grundlegende Funktionen bereit. Ein Inventory System ist z.B. in der Lage, eine automatisierte Software- und Hardwareinventur aller am Unternehmensnetz angeschlossenen Komponenten durchzuführen. Änderungen an der Hardware- oder Software-konfiguration können so automatisiert erkannt und ggf. beseitigt werden. Ein Remote-Control System erlaubt die Fernwartung und Fehleranalyse von Komponenten. So kann z. B. ein Service-Mitarbeiter auf einem entfernten Rechner Fehleranalysen durchführen oder einen Bootvorgang initialisieren.

Infrastructure   Die Komponente **Infrastructure Management** unterstützt die
Management   Verwaltung des IT-Betriebs. Sie enthält die Module Asset Manager, Contract Manager und den Licence Manager.

Das Modul **Asset Manager** dient der Bestandsverwaltung von IT-Vermögensgegenständen, wie Desktops, Server, Mobilfunkgeräte, PDAs, Netzwerkkomponenten u. a.

Das IT-Assetmanagement beantwortet losgelöst vom hier betrachteten Produkt beispielsweise folgende Fragen:

- Wie viele Personal-Computer, Laptops, Drucker und weitere Endgeräte haben wir im Unternehmen bei welchen Anwendern an welchen Standorten im Einsatz?

- Welcher Anwender hat mehr als einen Personalcomputer bzw. Laptop?

- Welche Konfiguration wurde angeschafft?

- Welche Erweiterungen wurden aus welchem Grund ergänzt?

- Welche Geräte haben wir im letzen Jahr bei welchen Lieferanten beschafft?

- Ist das Gerät gekauft oder geleast?

- Wer ist Vertragspartner des Kauf- bzw. Leasingvertrages?

- Wie lauten die Vertragslaufzeiten, Kündigungsfristen, monatlichen Raten, Abschreibungsbeträge etc.?

- Wie hoch ist die Anzahl unserer Office-Lizenzen?

Durch das Assetmanagement erlangt der Nutzer einen detaillierten Überblick über seine IT-Ressourcen und deren Nutzung bzw. Zuordnung zu Anwendern.

Das Modul **Contract Manager** dient der Verwaltung von Kontrakten, also Kauf-, Miet- oder Leasingverträgen für IT-Produkte oder Dienstleistungen. Das Modul speichert z.B. Bindungsfristen für Verträge und Zahlungsverpflichtungen und unterstützt die Vertragsüberwachung.

Das Modul **Licence Manager** unterstützt die Ausnutzung der Lizenzvereinbarungen mit Softwarelieferanten. Ein Abgleich von Bestandsdaten mit automatisch erzeugten Inventurdaten ermöglicht dem Anwender einen detaillierten Überblick über abgeschlossene Verträge und ausgeschöpfte Lizenzen.

Service/Change Management

Die Komponente **Service/Change Management** dient der Unterstützung der Beschaffung von IT-Produkten und IT-Leistungen sowie deren Support und Wartung. Sie enthält die Module Service/Change Manager und den Procurement Manager.

Das Modul **Service/Change Manager** dient auf Basis der IT Infrastructure Library (ITIL) einer Unterstützung des Problemmanagements, also der Verwaltung und Beseitigung von Störungs- und Fehlermeldungen (Tickets). Durch die Abbildung von SLAs kann auch deren Einhaltung in der täglichen Praxis unterstützt werden.

Der **Procurement Manager** ist ein Werkzeug zur Unterstützung des IT-Beschaffungsprozesses, ausgehend von der Bedarfsmeldung bis hin zum Wareneingang und zur Bezahlung. Ein Warenkorb und mehrstufiger Genehmigungsprozess unterstützt die individuelle intranetgestützte Gestaltung der Geschäftsprozesse. Eine Schnittstelle zur SAP®-Software erlaubt es, dort Bestellanforderungen anzulegen und Wareneingangsmeldungen zu übernehmen und weiterzuverarbeiten.

Die Komponente **Finance Management** unterstützt schwerpunktmäßig die Verrechnung von IT-Kosten und IT-Leistungen sowie deren Planung und Analyse. Sie enthält die Module Risk Manager, Costing/Charging Manager und den Planning/Budgeting Manager.

Das Modul **Costing/Charging Manager** unterstützt die klassische IT-Kosten- und IT-Leistungsverrechnung. Mengen- oder Wertdaten können von typischen „Vorsystemen" wie z. B. Host, Personalmanagement, Telefonabrechnungssystemen übernommen und weiterverarbeitet werden. Einfache Kosten-Umlagen, Leistungsorientierte Verrechnungen auf Basis von Service Levels sowie wertorientierte Verrechnungen (%-Satz vom Umsatz) sind in Abhängigkeit vom IT-Kostrenrechnungsmodell des Unternehmens möglich.

Das Modul **Planning/Budgeting Manager** unterstützt die Planung und Überwachung von IT-Budgets und IT-Investitionen. Es ist ein an IT-Controller bzw. Controller adressiertes Werkzeug, mit dem eine dezentrale Kostenplanung und Überwachung unterstützt werden kann. Das Werkzeug unterstützt eine reine Kostenplanung und eine Mengenorientierte Planung sowie eine IT-Produktkalkulation. Über eine Schnittstelle zur SAP®-Software lassen sich Ist-Daten übernehmen und mit den Plandaten rollierend abgleichen.

E   Anhang

E.1   Literaturverzeichnis

Albayrak, C. A.; Olufs, D.: Innovatives IT-Controlling im Konzernverbund, in: Horvath, P. (Hrsg.): Die Strategieumsetzung erfolgreich steuern, Stuttgart 2004, S. 107-123

Appel, D.; Brauner, S., Preuss, P.: Einsatz von SAP Strategic Enterprise Management als IT-gestütztes Balanced Scorecard-System, in: Information Management & Consulting, 17. Jg., Heft 2, 2002, S. 88-94

Bacher, M. R.: Outsourcing als strategische Marketing-Entscheidung, Wiesbaden, 2000

Bauer, H.: Innovative Leistungsverrechnung am Fallbeispiel der Glasklar AG, in: Controller-Magazin, Heft 03, 2005a S. 290-292

Bauer, H.: IT-Budgetierung: Tauziehen im Jahresrhythmus, in: Information Management, Band 20, Heft 2, 2005b, S. 91-94

Beißel, J.; Steinke, K.-H.; Wirth, M.: Investitions- und Projektcontrolling im Lufthansa Konzern, in: Controlling & Management (ZfCM), Sonderheft 1, 2004, S. 64

Bereszewski, M.: Trendwende: IT-Budgets steigen wieder, in: InformationWeek Nr. 3/4, 11.03.2004, S. 30-32

Britzelmaier, B.: Informationsverarbeitungscontrolling, Stuttgart und Leipzig 1999

Buchta, D.; Klatt, M.; Kannegieser, M.: Performance Management zur strategischen Steuerung der Informationstechnologie, in: Controller Magazin, Heft 3/2003, S. 277-282

Buchta, D.; Eul, M.; Schulte-Croonenberg, H.: Strategisches IT-Management, Wiesbaden 2004

Bundschuh, M.; Fabry, A.: Aufwandsschätzung von IT-Projekten, Bonn 2000

Bundschuh, M.: Einsatz und Nutzen der Function-Point-Methode, in: Projekt Management, Heft 1, 2005, S. 23-30

Catenic (Hrsg.): Catenic IT billing solutions ag: Mehr Transparenz – weniger Kosten! → IT-Controlling mit Catenic Anafee, Bad Tölz, o. J.

Clement, R.; Gadatsch, A.; Kütz, M.; Juszczak, J. (Hrsg.): IT-Controlling in Forschung und Praxis, Tagungsband zur 2. Fachtagung IT-Controlling, Sankt Augustin, 21. und 22.02.2005, Schriftenreihe des Fachbereiches Wirtschaft Sankt Augustin, Fachhochschule Bonn-Rhein-Sieg, Band 13

Deloitte & Touche: Outsourcing und Offshoring mit indischen IT-Unternehmen. Die IT-Welt im Wandel, 2003

Deutsche Bank Research: Offshoring Report 2005, Ready for take off, Nr. 52, Frankfurt, 14.06.2005

Dobschütz, von, L.; Barth, M.; Kütz, M.; Möller, H.-P. (Hrsg.): IV-Controlling, Wiesbaden 2000

Ellermann, H.: Exclusiv-Umfrage, Make or Buy, in: CIO-Magazin, Heft 03/2003a, S. 52-60

Ellermann, H.: Shelfware, Lizenz zum Entrümpeln, in: CIO-Magazin, Heft 10/2003b, S. 44-51

Fiedler, R. Controlling von Projekten, Braunschweig/Wiesbaden, 2001

Friedrich, D.: Top-Nearshoring-Standorte im Vergleich, in: CIO-Magazin, online im Internet http://www.cio.de, Abruf am 03.03.2005

Form, St.; Hüllman, U.: Chance- und Risk-Scorecarding. Umsetzungsaspekte eines IT-gestützten strategischen Reporting, in: Controlling, Heft 12, 2002, S. 691-700

Mayer, E./Freidank, C.-C., (Hrsg.): Controlling-Konzepte, 6. Aufl., Wiesbaden 2003

Gadatsch, A.: Grundkurs Geschäftsprozess-Management, 4. Aufl., Wiesbaden, 2005

Gadatsch, A.; Gerick, T.; Rauh, C. IT-Kosten- und Leistungsverrechnung in der Praxis, in: Controller Magazin, Heft 04, 2005, S. 331-335

Gadatsch, A.; Juszczak, J, Kütz, J.: Ergebnisse der Umfrage zum Stand des IT-Controlling im deutschsprachigen Raum, in: Schriftenreihe des Fachbereiches Wirtschaft Sankt Augustin, Fachhochschule Bonn-Rhein-Sieg, Band 12, Sankt Augustin 2005

Gadatsch, A.; Mayer, E.: Masterkurs IT-Controlling, 2. Aufl., Wiesbaden 2005

Gadatsch, A.; Uebelacker, H.: Return-on-Investment (RoI) in IT-Projekten. Ist ein RoI ausserhalb von Konsolidierungsprojekten darstellbar?, in: Controller-Magazin, Heft 11, 2004, S. 519-522

Gerick, T.; Wagner, B.: Transparente IT-Assets: TCO contra RoI. In: Controller-Magazin, Heft 9, 2003, S. 495-501

Glohr, C.: Der CIO als Kostenmanager, in: Informatik Spektrum, Bank 26, Heft 2, 2003, S. 134-139

Grauer, M., Blasius, I.; Berger, G.: Risiko-Controlling und Risikomonitoring in Softwareprojekten, in: Controller Magazin, Heft 1, 2004, S. 62-65

Gruner, K.; Jost, Ch.; Spiegel, F.: Controlling von Softwareprojekten, Erfolgsorientierte Steuerung in allen Phasen des Lifecycles, Wiesbaden 2003

Heinrich, L.: Informationsmanagement, Informationsmanagement, 4. Aufl., München und Wien 1992

Heinrich, L.: Informationsmanagement, 7. Auflage, München und Wien 2002

Heinrich, C.; Bernhard, M.: Eine erfolgreiche IT-Ausgründung – Die ALBA EDV Beratungs- und Service GmbH, in: Bernhard, M. G.; Lewandowski, W.: (Hrsg.) Service-Level-Management in der IT, Wie man erfolgskritische Leistungen definiert und steuert, 4. Aufl., Düsseldorf 2000, S. 105-118

Heinzl, A.: Die Rolle des CIO in der Unternehmung, in: Wirtschaftsinformatik, 43. Jg., 2001, Heft 4, S. 408-420

Henrich, A.: Management von Softwareprojekten, München und Wien, 2002

Hodel, M.; Berger, A.; Risi, P.: Outsourcing realisieren, Wiesbaden 2004

Höhnel, W.; Krahl, D.; Schreiber, D.: Workshop: IT-Controlling im Mittelstand, in:Clement, R.; Gadatsch, A.; Kütz, M.; Juszczak, J. (Hrsg.): IT-Controlling in Forschung und Praxis, Tagungsband zur 2. Fachtagung IT-Controlling, Sankt Augustin, 21. und 22.02.2005, Schriftenreihe des Fachbereiches Wirtschaft Sankt Augustin, Fachhochschule Bonn-Rhein-Sieg, Band 13, S. 157-164

Hölzle, P.; Grünig, C.: Projektmanagement, Freiburg et al. 2002

Holtz, B.; Gadatsch, H.: Key Performance Indicators (KPI) als Werkzeuge im IT-Controlling-Konzept, in: Schriftenreihe des Fachbereiches Wirtschaft Sankt Augustin, Fachhochschule Bonn-Rhein-Sieg, Band 10, Sankt Augustin 2004

IABG (Hrsg.):V-Modell, Entwicklungsstandard für IT-Systeme des Bundes, Vorgehensmodell, Kurzbeschreibung http://www.v-modell.iabg.de, Abruf am 05.06.2004

IEEE Institute of Electrical and Electronics Engineers, Inc. (Ed.): IEEE Std. 1045-1992, 1993, S. 9 ff.

itSMF (Autorenteam): IT Service Management, eine Einführung, Zeewolde,2002

Jaeger, F. K.: Portfolio-Management: Entscheidungsgrundlage für zukünftige IV-Vorhaben, in: Der Controlling Berater, Heft 4, 2002, S. 47-70

Jäger-Goy, H.: Führungsinstrumente für das IV-Management, Frankfurt/Main et al. 2002

Kalthoff, C.; Kunz, S.: Projektmanagement bei der Entwicklung kritischer Softwaresysteme, in: Projektmanagement, Heft 2, 2004, S. 33-35

Kaufmann, L. Der Feinschliff für die Strategie. Balanced Scorecard, in: Harvard Business Manager, Heft 6, 2002, S. 35-41

Klasen, P.; Zimmermann, L.: IT Portfolio Management - Prozesse rücken in den Mittelpunkt, in: Information Management, Band 20, Heft 2, 2005, S. 79-84

Klostermeier, J.: Stephen McGuckin, DHL, Der Pragmatiker, in: CIO-Magazin, Heft 6, 2004a, S. 68-70

Klostermeier, J.: Prozessunterstützung im Allfinanzkonzern. Zweimal IT im Vorstand, in: CIO-Spezial, Heft 1, 2004b, S. 18-19

Kudernatsch, D.: Performance Measurement im IT-Management, in: Praxis der Wirtschaftsinformatik, HMD 227, Heft 10/2002, S. 56-66

Kütz, M. (Hrsg.): Kennzahlen in der IT, Heidelberg 2003

Klotz, M.; Dorn, D.: Controlling von IV-Beschaffungsverträgen – Bedeutung, Ziele und Aufgaben, in: Praxis der Wirtschaftsinformatik, Heft 241, Februar 2005, S. 97-106

Kolisch, R.; Veghes-Ruff, O. A., Offshore-Software-Projekte, in: WISU, Heft 07, 2005, S. 917-923

Kramer, W.: IT-Projekte wirtschaftlich initiieren und führen am Beispiel einer "strategischen Neuausrichtung der IT-Landschaft eines mittelständischen Unternehmens", Vortrag, Kongress „Strategisches IT-Kostenmanagement, TÜV-Akademie, Düsseldorf, 18.09.2002

Krcmar, H.; Buresch, A. (Hrsg.): IV-Controlling auf dem Prüfstand, Wiesbaden 2000

Krcmar, H.; Son, S.: IV-Controlling, in: Wirtschaftsinformatik, 46. Jg. (2004), Heft 3, S. 165-166

Mertens, P.: Informationstechnik in Deutschland – ein Auslaufmodell?, in: Informatik Spektrum, Band 27, Heft 3, 2004, S. 225-259

Michels, J. K.: IT-Benchmarking, 2. Aufl., Düsseldorf 2005

Müller, A.; Thienen, L. von; Schröder, H.: IT-Controlling: So messen Sie den Beitrag der Informationstechnologie zum Unter-

nehmenserfolg, in: Der Controlling Berater, Heft 01, 2005, S. 99-122

Neukam, H.: IT-Cost & Performance – Praxisbeispiel aus einem Unternehmen der chemischen Industrie, Vortragsunterlagen, IT-Kennzahlensysteme erfolgreich aufbauen, Konferenz der TüV-Akademie, Köln 16.09.2004

Pomberger, G.; Blaschek, G.: Software-Engineering, München und Wien 1993

Son, S.: IT-Kennzahlen beim IT-Outsourcing, Controlling von Outsourcing-Beziehungen mit Hilfe eines IT-Kennzahlensystems, Kongress der TüV-Akademie „Professioneller Aufbau eines IT-Kennzahlensystems" Düsseldorf, 30.03.2004, Vortragsunterlagen

Rittweger, Ch.: Service-Level-Agreements sind entscheidend für den Erfolg, in: Computer Zeitung, 34. Jg., Nr. 32, 11.08.2003, S. 19

Ruiz Ben, E.; Claus, R.: Offshoring in der deutschen IT-Branche, in: Informatik Spektrum, Band 28, Heft 1, 2005, S. 34-39

SAPINFO: Offshoring der Zukunft, in: SAPINFO, Ausgabe 125, März 2005, S. 94-97.

Schmitz, A.: PC-Standard bei BASF, Einer für alle, in: CIO-Magazin, Heft 1-2/2004, S. 30-31

Tepker, K.-H.: IT-Controlling: So erzielen Sie Transparenz in der IT-Leistungsverrechnung, in: Der Controlling-Berater, o. Jg., Heft 6, 16.06.2002, S. 51-74

Tiemeyer, E.: IT-Servicemanagement kompakt, München, 2005

T-Systems: IT-Outsourcing – Entscheidung zum Erfolg, Tagungsunterlagen, Bonn, 24.04.2002

USU AG: Valuemation, Produktbeschreibung, Möglingen, 2005 (online im Internet http://www.usu.ag, Abruf am 03.03.2005)

van Grembergen, W./van Bruggen,R.: Measuring and Improving Corporate Information Technologie through the Balanced Scorecard, The Electronic j: Of Information Systems Evaluation, 1. Jg., Heft 1, 1998, Artikel 3

Versteegen, G.: (Hrsg.): Risikomanagement in IT-Projekten, Berlin et al. 2003

Vogel, M.: Standardisieren mit Druck. Globales Netzwerk bei Heidelberger, in: CIO-Magazin, Heft 1-2/2003, S. 30-31

Vogel, M.: Offshore Outsourcing, Einmal Indien und zurück, in: CIO-Magazin, Heft 02, 2005, S. 12-18

Wild, M.; Herges, S.: Total Cost of Ownership (TCO) – Ein Überblick, Arbeitspapier Nr. 1/2000, Universität Mainz, http.//wi.bwl.uni-mainz.de

Wischnewski, E.: Modernes Projektmanagement, Braunschweig und Wiesbaden, 7. Aufl., 2001

Wolf, K., Holm, C.: Total Cost of Ownership: Kennzahl oder Konzept?, in: Information Management & Consulting, Heft 2/1998, S. 19-23

E.2   Abkürzungsverzeichnis

ARIS	Architektur Integrierter Informationssysteme
ASP	Application Service Provider / Providing
BSC	Balanced Scorecard
CIO	Chief Information Officer
CPO	Chief Process Officer
EFQM	European Foundation Quality Model
IT	Informationstechnik
IT-BSC	IT-Balanced Scorecard
ITIL	IT Infrastructure Library
IV	Informationsverarbeitung
KMU	Kleinere und mittlere Unternehmen
NPV	Net Present Value
ROI	Return on Invest
SLA	Service Level Agreement
SSO	Single Sign On
TK	Telekommunikation
TQM	Total Quality Management

E.3   Sachwortverzeichnis

E.4   Über den Autor

Prof. Dr. rer. pol. Andreas Gadatsch

o. Professor für BWL, insb. Wirtschaftsinformatik

University of Applied Sciences (FH Bonn-Rhein-Sieg)

Grantham-Allee 20

D-53757 Sankt Augustin

(Jahrgang 1962), abgeschlossene Lehre zum Industriekaufmann, Erwerb der Fachhochschulreife, Studium der Betriebswirtschaftslehre mit Schwerpunkt Controlling und Rechnungswesen bei *Prof. Dr. Elmar Mayer* an der *Fachhochschule Köln,* Abschluss als Diplom-Betriebswirt. Anschließend nebenberuflich Studium der Wirtschaftswissenschaften an der *FernUniversität Hagen,* Abschluss als Diplom-Kaufmann, Promotion als externer Doktorand zum Dr. rer. pol. am Lehrstuhl für Wirtschaftsinformatik bei *Prof. Dr. Hermann Gehring.*

Von 1986 bis 2000 in verschiedenen Unternehmen *(Jean Walterscheid GmbH, Lohmar; Uni Cardan Informatik GmbH, Rösrath; Klöckner Humboldt Deutz AG, Köln und Deutsche Telekom AG, Bonn)* als Berater, Projektleiter und IT-Manager tätig. Zuletzt als Leiter Arbeitsplatzsystem-Management und IT-Sicherheit im zentralen Informationsmanagement der Deutschen Telekom AG.

Zum WS 2000/2001 Berufung als Professor für Betriebswirtschaftslehre, insb. Organisation und Datenverarbeitung an die *FH Köln.* Zum SS 2002 Wechsel auf den Lehrstuhl für Betriebswirtschaftslehre, insb. Wirtschaftsinformatik am Fachbereich Wirtschaft der *FH Bonn-Rhein-Sieg* in St. Augustin, primär für die Studiengänge Betriebswirtschaftslehre und Wirtschaftsinformatik.

Lehraufträge an weiteren Hochschulen (seit WS 1996: Fachhochschule Köln im Studiengang Betriebswirtschaftslehre, im SS 2001 und WS 2001/2002: Universität Siegen im Studiengang Wirtschaftsinformatik, ab WS 2004/2005: Vicenna Akademie der privaten Fachhochschule des Mittelstandes in Bielefeld im Masterstudiengang Management und Controlling in der Gesundheitswirtschaft). Seit 2005 Schlichter der IT-Schlichtungsstelle der IHK Bonn-Rhein-Sieg.

Die anwendungsbezogene Lehre und Forschung umfasst die Einsatzmöglichkeiten betriebswirtschaftlicher Standardanwendungssoftware, das Geschäftsprozess- und Workflow-Management und den Aufbau des Lehrgebietes IT-Controlling.

Zahlreiche Beratungsprojekte, Vorträge, Seminare, Workshops und Konferenzleitungen für Unternehmen unterschiedlicher Branchen auf den vorgenannten Fachgebieten.

Weit über 100 Publikationen, davon acht Bücher.

Kontakt: Andreas.Gadatsch@fh-bonn-rhein-sieg.de

Internet: www.wis.fh-brs.de/gadatsch